本著作的出版得到了

◆ 国家自然科学基金项目(72071096)

◆ 江苏省社科基金项目(19GLB018)

◆ 江苏高校哲学社会科学研究重点项目(2018SJZDI052)

◆ 江苏高校哲学社会科学重点研究基地"绿色发展与环境治理研究中心"

◆ 江苏大学专著出版基金

资助

江苏大学五棵松文化丛书
江苏大学专著出版基金资助出版

绿色产品的
市场竞争决策研究

企业可持续发展视角

李真　孟庆峰◎著

上海三联书店

序

众所周知,在全球资源环境压力日益突出的情况下,提供绿色环保产品已成为国际潮流和趋势,也迫切要求我国企业加快推进设计、开发、制造符合市场需求的绿色环保产品,提高产品的竞争力。

但是,由于生产成本、消费者认知等诸多原因,目前绿色产品的市场竞争力较弱,企业该如何改变这一现状是值得研究的问题,例如,绿色产品的市场竞争决策问题是一类涉及众多系统要素、众多主体(如生产企业、政府、行业竞争者、消费者等)、多元目标(如市场占有率、收益、环境绩效等)、众多分布式资源(如资金、产品、技术等)以及产品的绿色转型等复杂性问题,从而要求我们在新的视角下,运用新的理论与方法对企业绿色产品的市场竞争决策问题进行探索。

该书立足于企业可持续发展的视角,基于系统复杂性审视企业绿色产品的竞争决策问题,运用博弈论、计算实验等方法开展了相关决策问题的研究,并提出了一些新的观点,取得了一些新的成果。

本书涉及到管理科学、信息科学、计算机科学等理论与方法,本书作者为青年学者,能够运用多学科方法研究复杂管理问题,这是值得充分鼓励的。

研究现实中的复杂管理问题,首先要尊重问题自身的客观复杂性,尽量通过多学科方法提升研究者自己的认识、分析问题的能力,而不能不管实际情况,用脱离实际的模型与假设强加于实际问题,这样的态度特别值得青年学者们记取。

本书之出版,除了对于推动博弈论、计算实验方法在我国社会科学研究领域中的普及与应用具有积极意义,更值得肯定的是本书作者的学术创新精神与实事求是的科学态度。希望有更多的学者,特别是青年学者在科学研究中,进一步保持和发扬严谨求实的科学精神,为繁荣我国社会科学研究做出积极贡献。

盛昭瀚

2021 年 4 月

目　录

第一篇：企业绿色产品的定价决策

第1章 绪论

1.1 研究背景与意义

经济的快速发展破坏了生态平衡,全球温室效应、环境破坏、资源短缺等问题日益突出,节能减排、减少污染、改善环境已成为全球的重要任务(Chekima 等,2016)。虽然政府制定和出台了一系列环境相关的法律法规,并根据具体情况采取行动,然而最终反映出的环境污染治理效果并不如人意。如北京的雾霾、太湖的水污染、三峡库区的环境问题等等,这些环境问题引起了政府的极大关注。追根溯源,虽然不合理的生产方式是引发环境危机的主要原因,但不可持续的消费行为亦难辞其咎,约 30%~40% 的环境恶化是消费者不可持续的消费行为导致的直接结果(Chen 和 Chai,2010)。因此,实现可持续性消费,开发与推广绿色产品已成为全球各国的共识,促使消费者主动购买绿色产品的行为对于环境大有裨益。

根据国标 GB/T 33761—2017,绿色产品是指在全生命周期过程中,符合环境保护要求,对生态环境和人体健康无害或危害小、资源能源消耗少、品质高的产品(《绿色产品评价通则》,2017),而为了与其他竞争产品相区别,凸显出产品的环境友好性程度,产品绿色度的概念应运而生。绿色度是产品在其整个生命周期中对资源和能源的输入量、对环境的输出量及这些输入输出对环境的友好程度的综合评价量化指标(刘红旗和陈世兴,2000),企业能够通过可靠的方式向消费者传达其产品绿色度水平,如产品的能耗水平、温室气体排放量、汽车的百公里油耗等指标(Zhu 和 He,2017)。

为了实现绿色发展与可持续发展,中国政府激励制造企业生产绿色产品,鼓励消费者改变消费模式,实行绿色消费,主动购买绿色产品(白春光和唐家福,2017)。我们对中国政府近 10 年以来所出台的激励绿色产品发展的相关政策进行了相关梳理,部分内容如下所示。

◆ 2011 年,"十二五"规划《纲要》:"倡导文明、节约、绿色、低碳消费理念,推动形成与我国国情相适应的绿色生活方式和消费模式。鼓励消费者购买使用节能节水产品、节能环保型汽车和节能省地型住宅,减少使用一次性用品,限制过度包装,抑制不合理消费。推行政府绿色采购"。绿色消费模式是资源节约型、环境友好型的消费模式,是符合可持续发展战略的消费模式。推行绿色消费模式,包括衣、食、住、行等都向勤俭节约、绿色低碳、文明健康的方式转变。

◆ 2013 年,《关于开展工业产品生态设计的指导意见》:引导企业开展工业产品生态设计,促进生产方式、消费模式向绿色低碳、清洁安全转变。生态设计是提升产品竞争力的迫切要求。在全球资源环境压力日益突出的情况下,提供绿色环保产品已成为国际潮流和趋势,迫切要求我国加快推进产品生态设计工作,开发、制造符合国际市场需求的绿色环保产品,提高产品的国际竞争力。

◆ 2015 年 5 月,《中共中央国务院关于加快推进生态文明建设的意见》:培育绿色生活方式、倡导勤俭节约的消费观;广泛开展绿色生活行动,推动全民在衣、食、住、行、游等方面加快向勤俭节约、绿色低碳、文明健康的方式转变,坚决抵制和反对各种形式的奢侈浪费、不合理消费;积极引导消费者购买节能与新能源汽车、高能效家电、节水型器具等节能环保低碳产品,减少一次性用品的使用,限制过度包装;大力推广绿色低碳出行,倡导绿色生活和休闲模式,严格限制发展高耗能、高耗水服务业;在餐饮企业、单位食堂、家庭全方位开展反食品浪费行动;党政机关、国有企业要带头厉行勤俭节约。

◆ 2015 年 5 月,《中国制造 2025》行动纲领:提到全面推行绿色制造,强化产品全生命周期绿色管理,构建高效、清洁、低碳、循环的绿色制造体系;制定绿色产品、绿色工厂、绿色园区、绿色企业标准体系,开展绿色评价;到 2020 年,建成千家绿色示范工厂和百家绿色示范园区,部分重化工行业能源资源消耗出现拐点,重点行业主要污染物排放强度下降 20%;到 2025 年,制造业绿色发展和主要产品单耗达到世界先进水平,绿色制造体系基本建立。

◆ 2015 年 9 月 11 日,《生态文明体制改革总体方案》:建立统一的绿色产品标准、认证、标识等体系,完善对绿色产品研发生产、运输配送、购买使用的财税金融支持和政府采购等政策;建立统一的绿色产品体系;将目前分头设立的环保、节能、节水、循环、低碳、再生、有机等产品统一整合为绿色产品,建立统一的绿色产品标准、认证、标识等体系;完善对绿色产品研发生产、运输配送、购买使用的财税金融支持和政府采购等政策。

◆ 2016年3月1日,《关于促进绿色消费的指导意见》:按照绿色发展理念和社会主义核心价值观要求,加快推动消费向绿色转型。加强宣传教育,在全社会厚植崇尚勤俭节约的社会风尚,大力推动消费理念绿色化;规范消费行为,引导消费者自觉践行绿色消费,打造绿色消费主体;严格市场准入,增加生产和有效供给,推广绿色消费产品;完善政策体系,构建有利于促进绿色消费的长效机制,营造绿色消费环境。鼓励绿色产品消费。继续推广高效节能电机、节能环保汽车、高效照明产品等节能产品。加快畅通绿色产品流通渠道,鼓励建立绿色批发市场、绿色商场、节能超市、节水超市、慈善超市等绿色流通主体。

◆ 2016年3月16日,《国民经济和社会发展第十三个五年规划纲要》之主要目标:生态环境质量总体改善。生产方式和生活方式绿色、低碳水平上升;能源资源开发利用效率大幅提高,能源和水资源消耗、建设用地、碳排放总量得到有效控制,主要污染物排放总量大幅减少;主体功能区布局和生态安全屏障基本形成;倡导合理消费,力戒奢侈消费,制止奢靡之风;在生产、流通、仓储、消费各环节落实全面节约要求;管住公款消费,深入开展反过度包装、反食品浪费、反过度消费行动,推动形成勤俭节约的社会风尚;推广城市自行车和公共交通等绿色出行服务系统;限制一次性用品使用。

◆ 2016年11月21日,《认证认可检验检测发展"十三五"规划》:加快推动出台统一的绿色产品认证、标识体系建设方案,统一管理要求、统一技术支撑和信息平台;研究建立覆盖产品全生命周期的绿色产品评价体系,建立各有关行业主管部门、各级地方政府共同参与、共同推动,认证机构及企业自愿参加的绿色产品体系建设实施工作机制。

◆ 2016年12月7日,《国务院办公厅关于建立统一的绿色产品标准、认证、标识体系的意见》：健全绿色市场体系，增加绿色产品供给，建立统一的绿色产品标准、认证、标识体系。《意见》明确了统一绿色产品内涵和评价方法；建立符合中国国情的绿色产品标准、认证、标识体系；实施绿色产品认证；研究制定绿色产品评价标准；健全绿色产品认证有效性评估与监督机制；建立统一的绿色产品信息平台；推动国际合作和互认，积极应对国外绿色壁垒等，共7个方面重点任务。

◆ 2018年6月21日，《国家发展改革委关于创新和完善促进绿色发展价格机制的意见》之目标：到2020年，有利于绿色发展的价格机制、价格政策体系基本形成，促进资源节约和生态环境成本内部化的作用明显增强；到2025年，适应绿色发展要求的价格机制更加完善，并落实到全社会各方面各环节。

◆ 2019年1月11日，《生态环境部全国工商联关于支持服务民营企业绿色发展的意见》：建立环保产业供给方与需求方交易信息平台，推动生态环保市场健康发展；加快推动设立国家绿色发展基金，鼓励有条件的地方政府和社会资本共同发起区域性绿色发展基金，支持民营企业污染治理和绿色产业发展；积极推动资源环境价格改革，加快形成有利于资源节约、环境保护、绿色发展的价格机制；引导民营企业形成绿色发展的合理预期。

◆ 2019年5月5日，中国国家市场监督管理总局制定的管理办法——《绿色产品标识使用管理办法》：市场监管总局统一发布绿色产品标识，建设和管理绿色产品标识信息平台，并对绿色产品标识使用实施监督管理；结合绿色产品认证制度建立实际情况，相关认证机构、获证企业根据需要自愿使用绿色产品标识；使用绿色产品标识时，应遵守本办法所规定相关要求。

◆ 2020年10月29日，《中共中央关于制定国民经济和社会发展第十四个五年规划和二〇三五年远景目标的建议》:强化绿色发展的法律和政策保障,发展绿色金融,支持绿色技术创新,推进清洁生产,发展环保产业,推进重点行业和重要领域绿色化改造;推动能源清洁低碳安全高效利用。

◆ 2021 年 2 月 22 日,《国务院关于加快建立健全绿色低碳循环发展经济体系的指导意见》:促进绿色产品消费;加大政府绿色采购力度,扩大绿色产品采购范围,逐步将绿色采购制度扩展至国有企业;加强对企业和居民采购绿色产品的引导,鼓励地方采取补贴、积分奖励等方式促进绿色消费;推动电商平台设立绿色产品销售专区;加强绿色产品和服务认证管理,完善认证机构信用监管机制;推广绿色电力证书交易,引领全社会提升绿色电力消费;严厉打击虚标绿色产品行为,有关行政处罚等信息纳入国家企业信用信息公示系统。

从这些政策与规划中,我们可以深刻地认识到我国政府对于绿色产品和绿色消费的重视程度。虽然我国在大力推动绿色生产和绿色消费,也取得了相当大的成绩,但是目前仍然存在绿色产品市场竞争力弱,市场占有率不高,企业设计与开发绿色产品动力不足等问题。首先,与普通产品相比,绿色产品通常具有更高的价格。这是由于绿色产品一般采用无毒的、可降解的、可回收以及对环境污染较少甚至无污染的原材料(Lin 和 Chang,2012)。因此,尽管许多消费者都表示自身是环境保护者或喜欢绿色产品,但是能够落实于实际行动并持续购买绿色产品的只有少部分(Chen 和 Sheu,2017)。部分消费者表示愿意为绿色产品支付环保溢价,但是其愿意支付的溢价往往低于绿色产品相对于普通产品的溢价(Li 等,2016)。据 Simth 等(2013)估计,全球绿色产品市场份额不到 4%。

其次,产品的绿色环保属性会向终端消费者传达其对环境友好和满足社会期望等特征,从而使得产品更受消费者欢迎(Cai 等,

2017)。为了提升企业形象,获取竞争优势,许多企业都开始转变生产方式,推出绿色产品(Govindan 等,2014),但是由于生产成本、资金、技术能力、对消费者需求预测的差异,形成了不同绿色度的产品共同竞争的局面。但遗憾的是,现实中企业主动进行产品绿色度水平决策的积极性不高(Sheth 等,2011),2013 年,全球绿色产品的市场份额还不足 4%(Smith 等,2013)。因此,对于企业的产品绿色度水平决策进行研究具有现实的紧迫性。

虽然目前绿色产品的发展仍有进一步的空间,但我们必须清楚认识到,产品绿色度的差异将会成为企业获得差异化竞争优势的重要因素之一,企业若能主动提高产品的绿色度水平,主动进行绿色决策,生产具有更高绿色度水平的产品,不仅对于环境大有裨益,也在履行社会责任的过程中提升了企业社会形象并为企业营造了新的竞争优势(Chen,2008)。

企业为了获得竞争优势,需要对绿色产品的相关属性进行决策,比如绿色产品的价格决策,诱饵决策以及绿色度水平决策等。但企业对于绿色产品的各项决策均是各因素权衡下的结果。首先,企业在制定决策时,需要依据其产品的销量、利润水平等竞争绩效来推测市场需求;其次,企业自身的历史经验、自身的技术水平等也对企业的决策起着重要影响(Moser 等,2014);再次,竞争对手的竞争决策,尤其是市场上最具竞争力的标杆企业,往往也会成为企业决策时所学习、模仿的对象。这些因素的共同作用导致企业绿色产品的相关决策机制较为复杂,使得企业的绿色决策与消费者真实需求间往往存在着一定的差距。

综上所述,企业对绿色产品的决策是一类涉及众多系统要素、异质主体、多元目标、复杂交互机制的具有情景依赖性的复杂性科学问题。具体表现在:(1)系统中主体的多元性与交互性,企业绿色产品决策问题包括制造商、消费者、政府、竞争者等主体,且这些主体之间存在着较为复杂的交互关系与博弈行为;(2)系统中主体的异质性,企业根据自身属性、能力的不同相应决策绿色产品的价格、诱饵策略或者绿色度水平等,而消费者本身的价格敏感度、绿色度敏感度和从众强度等也不尽相同,而这些影响因素的不同将会使得企业制定出不同的决策;(3)系统中主体的自适应性,在系统中,消费者产品购买决策行为并不是一成不变的,而是会随着周期的变化相应地进行调整。市场中产品信息的改变、制造商生产决策的变化、消费者间的交互均会对其决策行为造成影响。因此,主体间的交互行为常常使得系统涌现出动态的、非线性的结果。

因此,本书在考虑上述相关因素的基础上,借助相关理论与研究方法,对于企业绿色产品的价格决策、诱饵决策、绿色度水平决策等科学问题展开相关研究,旨在为提升绿色产品市场竞争力奠定基础,为企业合理制定相关决策提供理论依据,进而为我国最终实现绿色消费与可持续发展提供相关建议。

1.2 概念、理论与方法

1.2.1 概念界定

1.2.1.1 绿色产品

"绿色产品"一词最早出现在 20 世纪 70 年代的美国的环境污染法规中,"绿色"这一术语在多个维度被使用,包括生态、企业社会反响、公平贸易、技术、新消费者主义以及可持续性等等。虽然开发与推广绿色产品的重要性已经得到了全球的认可与肯定,但由于"绿色"所涵盖的范围较广,导致"绿色产品"一直属于一个较宽泛的范畴(Yan 等 2015,Fraccascia 等 2017),许多学者与机构都试图基于各自的角度来界定绿色产品的定义。

Peattie(1995)将绿色产品定义为"和传统或竞争性产品相比,在生产、使用和处理方面的环境和社会绩效得到显著改善的产品"。Reinhardt(1998)则认为绿色产品与普通产品之间的区别就在于绿色产品能够带来更大的环保效益或者产生了更小的环境成本;欧盟(2001)定义绿色产品为"耗费更少的资源,对环境的影响和风险均较低,并在概念阶段就预防废物产生的产品"。这两个定义均突出了绿色产品的全生命周期性。汪波等(2001)将绿色产品定义为"能够满足用户的功能需求,并在其生命周期过程中能够经济地实现节省能源和资源,减少或消除环境污染,具有很好的生态效果的产品",这一定义突出了绿色产品功能与生态效果的统一。Seyfang(2005)将绿色产品定义为使用产品在被生产过程中用各种环境无危害的服务和技术以及化学品,例如污水处理、固体废物管理、空气污染管理等服务;Ottman 等(2006)界定绿色产品是"指通过节约能源或资源、减少或消除使用有毒物质、污染和废物来努力保护或改善自然环境的产品",这一定义强调了绿色产品对于环境的具体影响。Kicimaa 和Micjwitz(2006)则认为绿色产品是指从设计最初至实现最终产品均节约能源和污染的产品;Vlek 和 Steg(2010)认为能够节约生产用料并且能够可重复利用以及可回收的产品就是绿色产品;Durif 等(2010)基于工业的角度,将绿色产品定义为遵循 3R 标准(Reduce,Recuse & Recycle)且往往具有生物可降解性的产品。

Dangelico 和 Pontrandolfo(2010)等基于原材料的角度,定义绿色产品为"较传统产品相比,使用更少量原材料的产品,或仅以可持续的速度使用回收材料或天然/可生物降解材料的产品,又或者是由可回收材料制成且被设计为可重复使用、拆解与再制造的产品",这一定义包含了消极的、普通的与积极的这三种对环境的影响。Azevedo 等(2011)认为绿色产品应该具备较少的副作用、较轻的危害性、较少的有毒物质、较少的健康危害、较高的可回收性等对环境友好的特征;Lin 和 Chang(2012)则认为与普通产品相比,绿色产品一般采用无毒的、可降解的、可回收以及对环境污染较少甚至无污染的原材料,因此价格相对来说也较高;吴波等(2014)认为绿色产品是指通过采用先进的设计和制造技术,对环境危害较少或无危害且能耗较低的产品。基于食品的角度,Kareklas 等(2014)将绿色产品定义为"是目前公认具有节约资源和能源、有益环境和有益个人健康的无害产品",突出了绿色产品对健康的影响。中华人民共和国国标GB/T 33761—2017(2017)则将绿色产品定义为在全生命周期过程中,符合环境保护要求,对生态环境和人体健康无害或危害小、资源能源消耗少、品质高的产品,这一定义为中国的绿色产品认证奠定了基础。

基于上述各个定义的梳理,可以看出,由于"绿色"一词的覆盖范围较广,各个学者与机构往往基于某一个或几个角度来界定绿色产品,导致绿色产品仍然是一个相对的且较为宽泛的概念,本书采用国标GB/T 33761—2017(2017)的定义来界定绿色产品。

1.2.1.2 产品绿色度水平

绿色产品的概念逐渐明确后,将绿色产品与普通产品相区别,且进一步细分绿色产品的需求日益增加,产品绿色度水平的概念逐渐由绿色产品中衍生出来,且同样是一个相对宽泛的概念。刘飞与曹华军(2000)将产品绿色度水平定义为产品绿色的程度或对环境的友好程度。刘红旗和陈红兴(2000)将产品绿色度水平定义为产品在其整个生命周期中对资源和能源的输入量、对环境的输出量及这些输入输出对环境的友好程度的综合评价指标。向东等(2001)认为产品绿色度水平是评价绿色产品技术先进性、环境协调性和经济合理性的综合指标,并提出了函数 $G = f(T, E, C, t)$,其中 T 表示技术先进性,E 表示环境协调性,C 表示经济合理性,t 表示时间,f 表示时间的增函数。朱庆华与窦一杰(2011)认为产品绿色度水平为产品在全生命周期的绿色环保程度,包括产品的有毒有害物质含量、产品零部件的可回收性、使用能耗水平和使用材料量等衡量指标。Zhu 等(2017)将产品绿色度水平定义为产品多个绿色属性的综合影响,产品绿色度水平对于消费者是透明的,且制造商可以通过可靠的方式向消费者传达产品的绿色度水平,如汽车的百公里耗油量,能源之星标准认证的排放水平等指标。

综上所述,产品的绿色度水平的定义往往为产品对环境影响程度的量化值,本书将采用文献(朱庆华和窦一杰,2011)的定义来界定产品的绿色度水平,本书中企业的产品绿色度水平决策指的就是企业在每一周期重新确定其所生产产品的平均绿色度水平。

1.2.1.3 绿色供应链

绿色供应链这一概念的提出与环境保护密不可分。在绿色供应链概念被提出之前,环境保护只是作为一个独立的领域存在。然而,随着工业发展所造成的生态环境破坏及其产生的恶劣后果,环境保护的观念被引入到供应链之中,许多组织都试图在供应链中采用绿色实践来实现世界环境的可持续发展,一种充分考虑企业环境绩效的供应链运营模式引起了各界人士的关注(张子元和傅端香,2020)。因此,在这一背景下,绿色供应链的概念应运而生。

绿色供应链的概念最早由美国密歇根州立大学的制造研究协会在 1996 年进行一项环境负责制造的研究中首次提出,其被定义为是环保意识、资源最大化的利用和供应链各环节的有效整合,在提高供应链效益的同时,又对环境的负面影响最小(Handfield 等,1996)。绿色供应链是一种在整个供应链中综合考虑环境影响和资源效率的现代管理模式,它以绿色制造理论和供应链管理技术为基础,涉及供应商、生产厂、销售商和用户,其目的是使得产品从物料获取、加工、包装、仓储、运输、使用到报废处理的整个过程中,对环境的负作用最小,资源效率最高(王能民,2015)。

1.2.1.4 产品诱饵效应

在已有的两个产品选项中引入恰当的第三个产品使得原有选项中的目标产品的优势高于竞争产品,那么这第三个产品选项就被称为诱饵,这种现象则被称为"诱饵效应"。诱饵效应又被称作为"吸引力效用",最早可以追溯到 20 世纪 80 年代。

在 1982 年,Huber 等人做了一个非常著名的诱饵效应实验,在实验中让参与者在一个 25 分钟车程的五星级旅馆和一个只有 5 分钟车程的三星级旅馆两者之间选择,在这里不考虑消费者的收入水平、旅馆价格等因素,只考虑旅馆服务水平和路程长短优势这两个维度。一般而言,消费者会在较短的车程和较高的旅馆服务水平两者之间纠结。如果此时引入一个 35 分钟车程的四星级旅馆作为诱饵,结果表明更多的消费者选择了 25 分钟车程的五星级旅馆;而如果引入的是一个 15 分钟车程的二星级旅馆,实验发现 5 分钟车程的三星级旅馆则更受消费者欢迎。

诱饵效应现象的发生表明了消费者心理的变化及其决策过程的复杂性,也引起了市场营销学家和心理学家的广泛关注,各式各样的理论解释也被提了出来,如:"权重变化理论"(Wedell 和 Pettibone,1996)、"损失厌恶理论"(Pettibone 和 Wedell,2000)、"启发式决策理论"(Simonson,1989)等等。

根据关注视角的不同,诱饵策略有着不同的分类方式。例如,根据诱饵产品是否可以被消费者实际选择或者购买,可以分为真实诱饵策略和伪诱饵策略;根据诱饵产品与目标产品的相对位置,可以分为不对称受控诱饵策略、妥协诱饵策略等。本书以诱饵产品是否可以被实际选择或购买为基准,在不同消费者互动情景下对伪诱饵策略和真实诱饵策略进行相应的研究分析。

1.2.1.5 双渠道

电子商务的快速发展促进了双渠道的产生,为了扩大产品的市场覆盖面以及满足消费者的购物需求,传统的销售渠道模式逐渐向双渠道销售模式转变。双渠道指的是线上和线下两种渠道,线上渠道是指通过网络进行的电子商务贸易活动,由厂家直销的线上购买渠道;线下渠道是指通过门店、实体店进行产品销售的贸易渠道。由两种渠道构成的渠道则称为双渠道(Arndt,1967)。

双渠道的产生同时也推动了双渠道供应链的发展,双渠道供应链是指分销系统中存在供应商的电子直销渠道和独立零售商的传统渠道的供应链,是多渠道供应链的一种特殊形式(Slaughter 等,2013)。双渠道供应链模式分为以下四种(Levy 等,2011)。

(1) 分散混合双渠道供应链。如图 1-1 所示,首先,制造商将产品分别批发给线下实体零售商和线上网络零售商,接着,线下零售商通过线下传统渠道实体店将产品销售给消费者,线上零售商通过线上网络销售平台将产品销售给消费者。整个过程制造商和消费者不直接接触,只是负责将产品批发给线下和线上零售商,而零售商则负责产品的最终销售和运营全过程,此时的线上、线下零售商存在着竞争关系。

(2) 水平整合双渠道供应链。如图 1-2 所示,首先,由制造商将产品批发给零售商,制造商不直接接触消费者,然后,零售商通过线下实体店以及线上网络销售平台销售产品给消费者,此时的零售

图 1 - 1　分散混合双渠道供应链

商不存在线下线上的渠道冲突,而是一种互利共赢的关系,线下实体店可以利用网上销售平台提高产品销量,网上销售平台可以依靠线下实体店实现产品快速送达消费者手中。

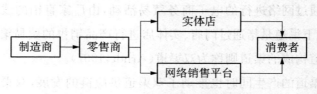

图 1 - 2　水平整合双渠道供应链

(3) 部分整合双渠道供应链。如图 1 - 3 所示,该结构下,制造商有两种销售渠道,一种是制造商通过线下渠道将产品批发给实体店零售商,接着实体店零售商将产品销售给消费者;另一种是制造商通过线上网络直销平台直接将产品销售给消费者,与消费者直接接触。部分整合双渠道供应链结构下,制造商和实体店零售商存在着一定的竞争关系。

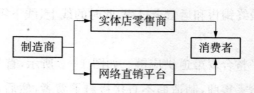

图 1 - 3　部分整合双渠道供应链

（4）垂直整合双渠道供应链。如图 1 - 4 所示，制造商通过两种渠道销售产品，一种是制造商直接通过其自己设立的线下实体店渠道销售产品，零售商不参与其中；另一种是制造商通过线上网络直销平台直接将产品销售给消费者，两种渠道下制造商均直接与消费者接触，制造商对两种渠道有绝对的控制权，且该种渠道模式不存在渠道冲突。

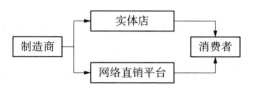

图 1 - 4　垂直整合双渠道供应链

本书中所涉及的双渠道供应链是部分整合双渠道供应链模式。考虑由制造商主导的双渠道供应链模式，制造商生产普通产品和绿色产品，并通过双渠道销售两种产品，一种是制造商通过线下传统零售渠道将普通产品批发给线下零售商，再由零售商将产品销售给消费者；另一种是制造商通过线上网络渠道直接将绿色产品销售给消费者，线上直销模式的存在减少了产品运营过程中一些不必要的中间环节。

1.2.1.6　消费者交互

交互一词的来源可以追溯到传播学理论，1948 年 Wiener 基于传播学的视角对交互进行定义，即交互是指信息接收者（Receiver）根据来自信源（Source）的信息内容（Message）向信源进行反馈（Feedback），通过双方之间不断的反馈来不断地修改信息本身和反馈内容，最终达成良好有效的双向沟通（Wiener，1948）。此后，根据关注的视角和研究领域的不同，众多学者对交互进行了各式各样的定义。而在这众多定义之中 Libai 等（2010）对消费者交互的定义是较具有代表性的:消费者交互是一种将信息从一个消费者(一群消费者)交换到另外一个消费者(一群消费者)的行为,并且这个行为同时可能改变参与者的偏好甚至是实际购买决策。

本书在此借鉴 Wiener(1948)对交互的定义,认为消费者交互是指消费者之间对信息不断交流和反馈的沟通过程。早在 20 世纪 60 年代学者们就认识到了消费者间交互的重要性,Arndt(1967)指出消费者间的交互行为在给企业带来利益的同时还能够促进企业的发展。在这之后,消费者交互领域受到了学术界和实践界的广泛关注。随着信息技术的迅猛发展,网络环境中的消费者交互行为受到更多的关注(Slaughter 等,2013)。

部分学者发现消费者之间的交互行为对消费者购买决策行为起着十分重要的作用。Levy 等(2011)通过研究发现,消费者之间积极的社交互动不仅是企业关系营销中日益重要的因素,在团体旅游业中促进消费者间的交互也能够提高旅游团成员的满意度;刘林林和刘人境(2017)认为品牌管理者在关注该品牌给消费者好处的同时不能忽视消费者之间的互动;Crouch 等(2016)表明,与消费者和品牌代表之间的互动相比,消费者之间的互动才是影响消费者品牌依恋和后续购买行为的真正因素;Levy(2015)发现旅游业营销人员可以增加消费者之间的互动来增强消费者的感知价值,为旅客带来额外的情感利益,从而增强企业的市场竞争力;Wu(2007)则发现消极的消费者交互和消费者不满意、积极的消费者交互和消费者满意之间均存在强相关性。

1.2.2 理论基础

1.2.2.1 复杂自适应系统理论

复杂自适应系统理论(Complex Adaptive System,简称 CAS)为

John Holland 于 1994 年所提出的一套系统科学理论(Holland 1995，Holland 2020)。CAS 理论的核心观点为：主体的适应性造就系统的复杂性。其基本思想为：CAS 是由中等数量的，具有自身目的性与主动性、活力与智能性的主体(Agent)所构成的系统，例如人脑、人体免疫系统、城市交通系统等，主体在与其所处的环境、其他主体相互影响、相互作用的过程中，持续不断地接收外部的信息并做出学习、吸取经验等适应性反馈，来相应地对其自身的结构、行动等做出调整，进而使得其自身得到成长，能够更好地适应系统，而主体所处的环境也受主体行动的影响不断地变化，进而驱动了系统发展与进化。

CAS 理论涵盖了微观与宏观两个层次，微观层面关注的是主体，各主体在与环境及其他主体交互的作用下遵从刺激—反馈模型对外界的信息做出学习、行动等适应性行为，并依据效果相应地调整其行为以更好的与系统相匹配；而在宏观层面关注的则是系统，整个系统在各微观主体的相互作用下涌现出系统的分化、新层级的生成等新的结构与现象，而这些新的结构与现象往往是令人难以预料的，也较难从微观层面推断出来，因此这套自底向上由微观层面的行为涌现到宏观层面的理论更符合现实中自然、社会、经济、组织的实际演化规律，为人们理解复杂系统提供了科学的思路与工具(刘洪，2004)。

Holland 教授认为，CAS 一般包含四个通用特征——集聚(aggregation)、"流"(flows)、非线性(non-linearity)与多样性(diversity)，与三大机制——标识(tagging)、内部模块(internal model)与积木块(building blocks)，通过这四个通用特征与三大机制的搭配组合，导致了各个微观主体相互影响与作用，从而呈现出 CAS 的复杂性与适应性特征。

（1）集聚：其包含两个含义，一为微小的低级个体基于特定的方式聚合成为较大的高级聚合体，二为根据相似性的原则将个体聚合成一类。

（2）流：个体在与所处环境、其他个体交互的过程中，均存在物质、能量与信息的流动，流动通畅与否、效率高低都对系统的演化结果起着差异性的影响。

（3）非线性：个体在与所处环境、其他主体相互作用的影响下，呈现出的变化不是简单的线性关系，而这也是系统复杂性形成的根源之一。

（4）多样性：各个主体在诸多因素的共同作用下，为了更好地适应各自所处的系统而呈现出了不同的演化路径与特征，从而逐渐将不同个体、系统间的差别加大，导致 CAS 具备了多样化的特征。

（5）标识：主体的标识是各主体相互区别的依据，同时，各主体在相互作用下也是基于标识来集聚形成相应的聚合体。

（6）内部模块：CAS 中，每个主体都在相互作用下基于各自的经验对外部的信息做出相应的反馈行为，这样的反馈机制便是所谓的内部模块，通过内部模块，主体能够预知一定的外界信息的结果，因此，内部模块是主体适应性行为产生的内在机制。

（7）积木块：积木块是主体及系统现有的行为规则与机制，简单的积木块可以通过搭配组合转变为复杂、大型的积木块，因此 CAS 的复杂性基本并不在于积木块的多寡，而在于积木块的组合方式。

由以上的特征与机制可以看出，CAS 理论通过自底向上的由微观层面的主体的自适应行为涌现出宏观层面的系统特征与行为，体现出其是一个基于主体的持续动态演变发展的演化系统，为人们认识了解复杂自适应系统提供了新的视角与新的工具，因此已被广泛的应用于自然、生物、经济、社会、工程等领域的研究。

1.2.2.2　复杂网络理论

关于复杂网络的研究,最早可以追溯到 18 世纪伟大的数学家欧拉对著名的"Konihsberg 七桥问题"的研究。两位匈牙利数学家 Erdos 和 Renyi 在 20 世纪 60 年代建立的随机图理论(Random Graph Theory)被公认为是在数学上开创了复杂网络理论的系统性研究,并在此后的 40 年里,随机图理论一直成为研究复杂网络的基本理论。

复杂网络理论是用一种全新的视角来看待复杂系统的,它关注的是复杂系统内部主体之间相互关联的拓扑结构,而这种网络拓扑结构是理解整个系统复杂性的基础。复杂网络的研究思路是强调系统的结构并从网络结构角度分析复杂系统的功能。现实世界中许多复杂系统都可以用复杂网络来进行建模,即将复杂网络中的基本元素定义为节点,根据建模研究的目的定义网络中两个节点之间的联系,若两者之间存在一定的交互或关联则两者之间存在一条边相连,若两者之间不存在交互和关联,则两者之间不存在直接相连的边。如:在社交网络中,人作为网络中的基本元素构成了复杂网络的节点,人与人之间的交互联系则构成了节点之间相连的边。

随着信息技术的不断发展,研究人员借助计算机技术对现实世界生活中的复杂系统展开相应的调查和研究,发现众多现实生活系统中的复杂网络符合小世界网络特征,如在合作的电影演员、发明家、社会交往的网络中均观察到存在小世界网络的性质(Bohlmann 等,2010)。复杂网络包括规则网络、随机网络、小世界网络和无标度网络等等。在这里简单介绍一下小世界网络。Watts 和 Stroggatz (1998)提出小世界网络模型,认为小世界网络模型是由一个具有 N 个节点的环状网开始,每个节点以概率 P 向周围与它最近的 K 个节点随机进行重连。已有研究表明,现实世界中消费者互动网络就具有典型的小世界网络特征(Bhole and Hanna,2015)。

1.2.2.3　自组织理论

自 20 世纪 60 年代起,自组织理论开始建立并逐渐发展完善成为一种系统的理论,主要的研究对象涵盖生物、经济、社会等复杂自组织系统,聚焦于这些自组织系统的形成与演化问题。哈森定义自组织为"如果系统在获得空间的、时间的或功能的结构过程中,没有受到外界的特定干扰,此系统就是自组织的",定义中的特定是指系统的功能与结构并非外界强行施加的,而是系统在内外部各因素的作用下,自主演化,自行从无序走向有序的演化过程。自组织理论是一个庞大的理论群,由耗散结构理论、协同学、超循环理论、突变学、分型结构、混沌等理论组成,而耗散结构理论与协同学理论属于自组织理论的核心。

（1）耗散结构理论

耗散结构理论是由比利时物理学家普利高津所提出的非平衡状态的开放系统理论。该理论认为,非平衡状态的开放系统不断的与外界进行物质、能量的交换,在外界条件达到一定的阈值时,量变能够转化为质变,系统由无序混乱的状态转化为时间、空间、功能与结构上达到协调有序的状态。该理论为自组织系统的内外部条件进行了阐述,因此为自组织的形成提供了前提条件。由耗散结构理论可知,系统要实现由无序混乱到有序稳定状态的转变,必须要满足以下四个条件:①系统必须保持开放状态,能够持续的与外界进行物质、能量与信息的流动;②系统处于非平衡状态,能够随着时间相应的进行演化;③系统内部各要素间存在非线性的相互作用;④系统存在涨落变化。

（2）协同学理论

德国物理学家哈肯提出了协同学理论,对于自组织由无序状态向有序状态的转变提供了动力机制的科学解释。协同学理论认为,各子系统或要素的相互竞争、相互合作使得系统内部产生了协同效应,从根本上驱动着系统自发的从无序转变为有序状态,并导致系统产生了一些微观系统不存在的结构与特征。

协同学理论的基本原理包括"协同导致有序"与"支配原理"。"协同导致有序"认为,非平衡状态的子系统必然存在差异,而差异会导致竞争,子系统为了获得竞争优势,会自发的相互合作与协同,从而导致系统走向有序状态。"支配原理"则认为,竞争下有的子系统较为强势,能够发挥自身优势并支配其他子系统的演化,对整个系统的结构与功能演化起着决定作用,这样的子系统则被称为"序参量"。因此,协同学理论被认为是自组织理论的动力机制。

（3）超循环理论

超循环理论研究了自组织系统的普遍演化形式,其认为,超循环包含反应循环、催化循环与超循环三级循环形式,揭示了生物系统由低级循环向高级转变的循环形式,基于生物学的角度为自组织的演化形式提供了解释。

（4）突变学

突变理论最初用于数学领域,后逐渐拓展用于研究从一个稳定系统跃迁到另一稳定系统的非连续演化结果,该理论认为自组织系统演化具有临界、突变与渐变三种形式,为自组织形成的途径与演化过程中突变的可能性进行了解释。

（5）分形结构

分形结构理论来源于几何学不规则图形的研究,在非规则的图形中,分形是指组成个体与整体往往具有结构上的相似之处。分形结构理论揭示出自组织子系统与整体的相似之处,为理解自组织系统复杂的演化过程提供了思路。

（6）混沌理论

混沌理论指出，混沌是系统内在的随机性，初始子系统极为微小的变化也会导致最终系统的演化结果较大的差异，导致自组织系统长期的结果难以预料。

1.2.2.4　消费者效用理论

消费者效用是指消费者能够从某一产品或服务得到多大程度的满足，以消费者剩余作为函数依据，是消费者对所购买产品的一种主观评价。由于消费者在进行购买决策时会对自己的效用进行分析，尽量使自己的效用能达到最大，因此，消费者对于同一产品的购买意愿可能不同，由此造成了市场需求的变动。

消费者效用理论的假设条件有以下三个：

（1）消费者具有完全理性（对自己消费的物品有完全的了解，自觉把效用最大化作为目标）；

（2）存在消费者主权（消费者决定自己的消费，消费者的决策决定生产）；

（3）效用仅仅来源于物品的消费。

目前，在供应链的相关研究中，很多学者引入价格、时间、服务、成本和消费者偏好等来构建消费者效用函数，以此来研究从消费者角度出发的供应链运营决策。

1.2.3　研究方法

1.2.3.1　博弈论理论

1. 博弈论基本概念与分类

博弈是独立于运气、技术的一种策略。例如，在篮球比赛中的挡拆战术，或者在比赛最后关头，通过犯规战术来赢得一次进攻机会以取得最后胜利。在大多数的情况下，博弈中的策略是一种确定性策略,会涉及到与他人之间的相互影响。博弈论就是分析这样的交互式决策过程。博弈论,也称为对策论,是研究具有斗争或竞争性质现象的理论和方法,解释研究相互依存、相互影响的决策主体的理性决策行为以及这些决策的均衡结果的理论,是应用数学的一个分支,也是运筹学的一个重要学科(罗云峰,2007)。目前在生物学、经济学、国际关系学、计算机科学、政治学、军事战略等学科都有广泛的应用。在供应链管理的博弈论方法,主要用于研究供应链成员在相互影响下的决策行为以及最优策略问题。

一般的博弈问题是由七个要素构成:局中人、行动、信息、策略、支付、结果和均衡。其中,局中人、策略和支付是描述一个博弈所需要的最基本的要素,局中人、行动和结果统称为博弈规则。局中人是指博弈中的决策主体,其目的是通过选择行动(或策略)以最大化自己的支付(效用)水平;行动是指局中人在博弈中的决策变量;信息是指局中人在博弈过程中的知识;策略是指局中人的行动规则;支付是指在一定的策略组合下参与者得到的确定效用水平;结果是指博弈分析者关注的事件合集;均衡则是指所有局中人的最优策略组合(罗云峰,2007)。

博弈论的内容非常丰富,体系非常庞大。博弈结构每个方面的特征都可以作为博弈分类的依据。根据参与者的数量可以分为两人博弈和多人博弈;根据参与者决策的数量可以分为有限博弈和无限博弈;根据支付情况可以分为零和博弈、常和博弈和变和博弈;根据博弈过程可分为静态博弈、动态博弈和重复博弈;根据信息结构可分为完全信息博弈和不完全信息博弈,以及完美信息动态博弈和不完美信息动态博弈;最后还可以根据参与者的理性和行为逻辑的差异分为完全理性博弈和有限理性博弈,非合作博弈和合作博弈。各种博弈分类相互之间都是交叉的,并不存在严格的层次关系。本文中所涉及到的是斯坦克尔伯格(Stackellberg)博弈,它是一种非合作博弈形式,其中的参与者分为领导者和跟随者(Rongqing Zhang 等,2016)。

2. Stackelberg 博弈

Stackelberg 博弈是由德国经济学家 Heinich Von Stackelberg 于 1934 年在研究市场经济问题时提出的具有主从递阶结构的决策问题,Stackelberg 博弈中存在主导者和跟随者,主导者在博弈过程中起着主导作用,跟随者根据主导者的决策决定自己的最优决策。

在 Stackelberg 博弈中,主导者是一个不同的决策者,要比其他成员有权力,可以预期到跟随者的反应,并且利用这些反馈信息来做出自己的最优决策。当 Stackelberg 均衡时,主导者先按照效用最大化原则决定自己的产量(定价),跟随者在观察到主导者的决策后,再选择自己所能采取的利润最大化的产量(或定价)。主导者在决定自己的决策时会考虑到跟随者的反应,并将这一反应纳入到自己的决策中去(宋翡,2017)。Stackelberg 博弈有以下几个方面的特点:

(1) 有两个或两个以上决策的参与者,且相互独立,每个参与者有各自控制的决策变量。本篇的参与者主要是制造商和零售商,传统渠道下,制造商的决策变量是普通产品和绿色产品的批发价格,普通产品零售商的决策变量是普通产品的销售价格,绿色产品零售商的决策变量是绿色产品的销售价格。双渠道下,制造商的决策变量是普通产品的批发价格和绿色产品的销售价格,零售商的决策变量是普通产品的销售价格。

(2) 决策过程体现主从关系,即跟随者根据领导者的决策来决定自己的策略选择。本篇将制造商作为领导者,零售商作为跟随者。

(3) 供应链内某一成员的某项决策会影响其他成员的决策和利益,即供应链内各成员是一种相互影响、相互制约的关系。例如,制造商对普通产品批发价格的决策会影响普通产品零售商对普通产品销售价格的决策。

（4）各成员最终采取的策略是在其他成员给定策略的前提下的最优策略，即博弈的均衡结果是各方都能接受的满意策略。

在 Stackelberg 博弈供应链中，主从关系决定了 Stackelberg 博弈均衡的求解思想是最优解求解采取逆向推导方法，领导者先考虑跟随者的决策问题，然后将求解出的决策变量表达式带入领导者的决策模型中进行求解，最后得出主导者的最优解（罗海丹，2014）。

Stackelberg 博弈论模型应用的范围较广，主要用来解决的问题是各参与者的定价策略问题。本篇中应用 Stackelberg 博弈模型，分别对传统渠道及双渠道构建博弈模型，分析在不同渠道结构下政府补贴对绿色供应链定价决策的影响，本篇中主要分析的是在制造商和零售商之间的博弈，且制造商作为主导者，零售商作为跟随者进行决策。

1.2.3.2　计算实验

近年来，随着计算机能力的提升与社会科学研究的逐步深入，运用计算机的计算能力计算实验方法（computational experiments）得到了越来越多学者的运用，且出现在金融、社会、文化等诸多领域的研究中（叶飞等，2018）。盛昭瀚与张维（2011）正式阐述了计算实验方法的定义：计算实验方法是以系统科学的综合集成方法论为指导，集成了复杂自适应系统理论、演化理论、计算机智能建模技术，并通过计算机构造微观主体的行为规则与其相互之间的关联影响的社会科学情景，并根据模拟仿真的实验结果分析社会科学系统的复杂性及相应的演化规律的一种研究方法。

计算实验方法借鉴了复杂自适应系统理论，基于微观主体自身的行为规则、微观主体与所处环境和其他主体的交互，涌现出宏观系统的现象、行为与演化规律,而多主体建模与仿真方法(Multi-agent Based Modeling And Simulation,ABMS)作为一种建模研究方法能够较好地模拟微观个体及其互动关系,因此被广泛地用于计算实验中,并常常与系统动力学、复杂网络等建模方法相结合。基于 ABMS 的计算实验方法具有如下的三个优点:

(1) ABMS 能够定义多种主体类型来代表系统中的不同参与主体,因此计算实验方法能够在研究中考虑主体的异质性特征,各异质性的主体自主行动、相互影响,构成了虚拟的系统,与现实系统更为吻合(Garcia,2005)。

(2) 通过 ABMS,计算实验方法能够自底向上的通过异质性、自主性的微观主体的行为规则观察宏观系统的"涌现"特征,实现微观与宏观研究的统一(Schramm 等,2010),从而既能够实现对微观主体的行为及互动规则的研究,又能够厘清复杂系统的宏观行为的演化规律。

(3) 通过 ABMS 的构建与初始数据的设置,计算实验方法就能呈现出相应的复杂系统的演化路径,因此我们基于统计或调研等方式获取的数据作为计算实验的数据,通过不同的实验情景的设置,就能反映并揭示出复杂社会科学系统的运行机制,同时为灾难应急等较为复杂、难以预料的现象提供一些实际的指导(Zhang 等,2011)。

计算实验方法的应用主要包括以下几个步骤。首先,分析现实系统,抽取出研究的具体问题,并对研究对象及其所处的环境进行界定;其次,借助于知识、经验与现有的研究成果,对所研究的系统进行一定的科学处理,形成研究的基本假设;再次,基于 ABMS 等建模方法,构建可以应用于计算环境的计算实验模型,主要包括主体所处环境建模、主体行为规则建模与主体交互规则建模等;随后,计算实验模型实现,即应用编程技术,在计算机环境下创建出研究所涉及的各个主体并运行构建出的计算实验模型,并通过改变研究指标的相关参数设置多个实验情景,观察不同实验情景下复杂系统涌现出的演化结果;最终,对所得的实验结果进行评估与对比分析,依据评估的标准来判断计算实验模型是否需要进一步修正,若无需要则采用多种分析方式将不同情景下的实验结果对比分析,以探究研究指标对系统整体结果及其演化趋势的影响。

计算实验方法,在系统科学的综合集成理论的指导下,融合了复杂自适应系统理论等理论,并采用了基于多主体建模、系统动力学等建模方法,成功地实现了由异质性、适应性主体的行为自底向上的研究社会科学复杂系统的效果,进而形成了将定性与定量分析相结合、科学实验、综合集成的理论体系,并被越来越多的学者灵活应用于各领域的研究中。

1.3 研究内容及章节安排

通过目前绿色产品在市场竞争的过程中所遇到的问题以及对相关文献的梳理,本书主要采用博弈论以及计算实验方法针对复杂情景下企业绿色产品决策的一些典型问题进行了研究,具体涉及绿色产品定价决策、诱饵策略决策、绿色度水平决策等三个大方面。本书内容的章节安排如图1-5所示,共包含8章内容。

第1章:绪论,对绿色产品决策的研究背景与意义进行了阐释,并对本书研究中所涉及的概念进行了界定,阐述了相关研究所借助的理论基础以及所采用的研究方法。本书研究的核心内容包含三篇,共计6个章节。

第一篇:企业绿色产品的定价决策(本书第2章、第3章):借助

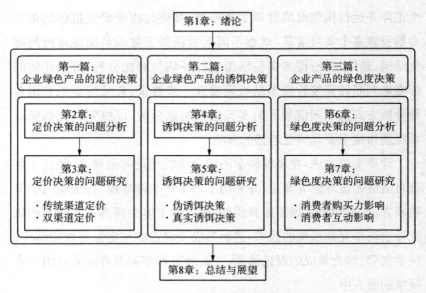

图1-5　全书内容的章节结构

Stackelberg博弈论和数值仿真的研究方法,分别将消费者异质性及消费者双重偏好考虑到市场需求中,研究了传统渠道及双渠道下,政府补贴给不同供应链成员时绿色产品的最优定价决策,并将不同补贴情境下的最优解进行对比,同时,通过数值仿真进一步分析了政府补贴、消费者异质性及消费者双重偏好对产品价格、需求量及企业利润的影响,从而为企业绿色产品在不同渠道结构下政府补贴不同主体时进行定价决策提供理论依据。

　　第二篇:企业绿色产品的诱饵决策(本书第4章、第5章):本研究在分析单个消费者个体诱饵效应基础之上,通过数理分析的方法提出了绿色产品诱饵策略理论可行域,并以绿色产品价格和绿色度为标准,将诱饵策略区域分为四类:Ⅰ类绿色产品诱饵策略(诱饵产品价格和绿色度均比绿色产品低)、Ⅱ类绿色产品诱饵策略(诱饵产品价格比绿色产品低且绿色度比绿色产品高)、Ⅲ类绿色产品诱饵策略(诱饵产品价格和绿色度均比绿色产品高)、Ⅳ类绿色产品诱饵策略(诱饵产品价格高于绿色产品且绿色度低于绿色产品);然后,基于此研究区域,在考虑了消费者间交互行为的基础之上,构建了相应的计算实验研究模型,探究了在确定的消费者交互情景下绿色产品伪诱饵策略设置和绿色产品真实诱饵策略设置以及消费者交互特征(消费者邻居节点数量、重连概率、从众程度)对绿色产品伪诱饵策略效果和真实诱饵策略效果的影响,为企业合理的决策绿色产品诱饵策略提供一定的理论依据。

第三篇:企业产品的绿色度决策(本书第 6 章、第 7 章):企业的产品绿色度决策行为是企业获取差异化竞争优势的重要手段,也是企业履行社会责任的关键着眼点。随着部分企业主动采取产品绿色度决策,不同绿色度的产品竞争绩效呈现出差异化的涌现特征,同时企业的产品绿色度决策行为也受到了消费者购买需求驱动的影响。一方面,消费者的购买力属性往往是其自身购买需求的首要影响因素;另一方面,消费者的互动特征往往是互动下不同消费者群体购买需求的重要影响因素。基于此,本篇基于多维度绩效指标,探究了消费者购买力属性与互动特征影响下企业产品绿色度水平决策以及不同绿色度产品的竞争绩效的演化趋势与涌现特征,从而为企业合理进行产品绿色度决策提供一定的参考建议。

第 8 章:结论与展望,主要是对全书的研究内容与结论进行总结,并对未来的研究方向进行了展望。

第一篇

企业绿色产品的定价决策

第 2 章 企业绿色产品定价决策的问题分析

2.1 研究背景及意义

随着科技进步和经济的发展,地球上的资源日益紧缺,同时环境污染也在进一步加剧(杨晓辉和游达明,2021),人们逐渐注意到工业发展所造成的生态环境破坏及其产生的恶劣后果,各个国家将环境改善的焦点都汇聚在了绿色发展上,世界范围内环境意识的觉醒使得环境保护的观念被引入到供应链之中,绿色供应链已成为全球绿色发展的趋势之一(Khan 等 2019,Seuring 2013)。绿色供应链的概念在 1996 年首次被提出,其被定义为是环保意识、资源最大化的利用和供应链各环节的有效整合,在提高供应链效益的同时,又对环境的负面影响最小(Handfield 等,1996)。

绿色供应链要求各节点企业的存在与发展都是以与环境相容为前提,并要求各节点企业在生产、制造、销售等过程中对环境产生的负面影响最小,因此,为了达到供应链绿色发展的要求,减少环境污染,绿色供应链的管理则变得尤为重要。绿色产品作为供应链绿色实践的重要因素之一,是绿色供应链管理过程中所涉及的重要内容之一。绿色产品是指在不影响产品功能和质量的前提下,提高产品与环境的兼容性(Seuring 和 Müller 2008,Azevedo 2011)。绿色产品已被公认为经济增长和环境可持续性的重要因素之一(Ranjan 和 Jha,2019)。

近年来,许多企业不断推出绿色产品来获取竞争优势,提升企业形象,并在环境保护方面取得了一定的成效(Fang 等,2020)。例如,上海通用汽车自 2008 年"绿动未来"战略启动以来,扎实推进企业全方位绿色发展,截至 2014 年底,上海通用旗下产品已 100% 采用新一代动力总成技术,整体平均油耗比 2009 年降低了 13.5%,制造系统的单车能耗五年来下降了 29.4%,单车废水排放降低了 29.6%(《上海通用汽车发布"2020 战略"》,2015)。另外,格力、海尔等企业也不断地推出绿色产品来提升自身的环保形象并推动绿色发展。

然而,尽管绿色产品在节能减排、减少环境污染方面的效益是显而易见的,但是绿色产品在市场中的竞争力不强,绿色产品的生产和推广仍然存在一些制约因素(Zhao 和 Chen,2019)。主要表现在,一方面,由于绿色产品的发展处于初期阶段,企业对绿色产品的宣传力度不够,使得消费者对绿色产品的认识水平不高,对绿色产品的偏好程度较低,而消费者绿色意识作为影响消费者购买决策的重要因素之一,较低的绿色意识导致消费者对绿色产品的购买意愿也较低,从而使得绿色产品在市场中处于竞争劣势。另一方面,由于大多数绿色产品开发需要企业付出大量的设计、研发等费用,这将给供应链企业带来高昂的投资成本(Lou 等,2020)。这样不仅会降低企业进行绿色生产的动力,还会导致许多企业在对绿色产品进行定价时,将绿色产品的价格定得很高,进而降低消费者对绿色产品的购买意愿,从而给绿色产品的发展带来一定的阻碍(Oliveira 等,2018)。

在此情形下,为了推动绿色产品的发展,提升其产品市场竞争力,对企业绿色产品的定价决策进行研究则显得尤为重要,定价决策问题将直接影响到绿色供应链的运作效率和最优利润。近年来,绿色供应链的定价决策也逐渐成为学术界研究的热点,但在绿色供应链实践中,定价决策也面临一定的挑战。

首先,随着绿色管理理念的不断发展,政府作为市场平衡调节和控制的主体,对市场的管理,也由传统的管理模式向绿色管理模式转变。政府作为各项制度法规、补贴政策的提出者和实施者,对于绿色供应链中各节点企业的运作和决策有着重要影响。近年来,为了推动绿色供应链的发展,中国政府推出了一系列的补贴政策(Gao 等,2020)。例如:2012 年 5 月,中国国务院宣布拨出 265 亿人民币(41亿美元)专门用于补贴节能家电一年,主要涵盖五大家电类别,平板电视、冰箱、空调、洗衣机和热水器(Zhou 和 Huang,2016);2015 年,中国财政部发布了《关于 2016—2020 年新能源汽车推广应用财政支持政策的通知》,对购买新能源汽车的消费者进行一定的补贴;2018年,中国财政部正式发布《关于调整完善新能源汽车推广应用财政补贴政策的通知》,对新能源汽车的补贴政策做出了相应的调整。"十三五"期间,国务院印发的《中国制造 2025》更是提出要全面推行绿色制造,构建高效、清洁的绿色制造体系,所以我国政府对绿色产品的财政补贴政策将在相当长的一段时间内保持存在。政府补贴政策的实施,一方面提高了绿色供应链在整个市场中的竞争力,另一方面很大程度推动了绿色发展,从而进一步改善生态环境(Stucki 等,2018)。同时,政府补贴政策的实施也给绿色供应链的定价决策带来了较大影响,由于政府对绿色供应链成员进行补贴,使得企业对产品的定价会基于政府补贴的金额及补贴的主体来做出相应的变化。因此,在政府补贴影响下,绿色供应链该如何进行合理的定价决策是一个值得深入探讨的问题。

其次,随着电子商务的飞速发展,越来越多的消费者选择网络渠道来购买产品。据中国互联网络信息中心发布第 45 次《中国互联网络发展状况统计报告》显示,截至 2020 年 3 月,中国网络购物用户规模达 7.10 亿,较 2018 年底增长 16.4%,占网民整体的 78.6%(《中国互联网络发展状况统计报告》,2020)。面对不断增长的网络零售市场,同时为了满足消费者不断升级的消费体验需求,传统的供应链逐渐向双渠道供应链转型,即供应链企业除了通过传统的线下零售渠道销售产品之外,还开通线上渠道来销售产品(Dai 等 2019,Hsiao 和 Chen 2014)。通过线上线下结合的销售方式扩大绿色产品市场覆盖范围,并进一步达到提高企业利润和环保形象的目的(Dai 等 2019,Hsiao 和 Chen 2014)。然而尽管线上直销渠道的开通会提高制造商的市场占有率,但是两个渠道产品的不同价格会影响到消费者的选择,导致渠道的需求变动,因此在双渠道销售共存的情况下,各渠道制定有效的价格决策才能使整个供应链都受益,而在这种大潮流的驱动下,消费者的偏好也在一定程度上影响着制造商与零售商的定价决策。在这样的情形下,绿色供应链将如何进行定价决策则是一个现实而又亟待解决的问题。

综上所述,政府补贴政策的实施和销售渠道的拓展均在一定程度上推动了绿色供应链的发展,但同时也为其进行定价决策带来了复杂性的挑战。政府补贴不同主体情境下绿色供应链中企业的定价决策过程会有何差异？在只有传统销售渠道和拥有双渠道的绿色供应链中企业定价决策会如何变化？何种补贴方式何种渠道下能为绿色供应链中的企业带来更高的销量和利润？这些均是现实而又亟待解决的问题。

基于此，本篇将从绿色供应链的角度出发，依据消费者效用理论及 Stackelberg 博弈，构建由制造商、零售商、消费者构成的传统渠道及双渠道两种不同渠道结构下的绿色供应链定价模型，分别将消费者异质性、消费者双重偏好考虑到市场需求中，在传统渠道及双渠道两种结构下，研究政府补贴不同主体时绿色供应链中普通产品和绿色产品的最优协同定价决策，同时，对不同补贴情境下的产品定价决策、需求量以及企业利润进行比较，并分析政府补贴、消费者异质性、消费者双重偏好对绿色供应链中产品定价决策、需求量及企业利润的影响，为绿色供应链中企业在不同渠道结构下政府补贴不同主体时进行定价决策提供理论依据，旨在促进绿色供应链的发展。

本篇聚焦于传统及双渠道结构下，考虑政府补贴不同主体的绿色供应链中普通产品和绿色产品的协同定价决策研究，该研究具有一定的理论与实践意义，如下所示：

（1）理论意义

本篇从绿色供应链的角度出发，分别考虑消费者的异质性及消费者双重偏好，运用消费者效用理论及 Stackelberg 博弈，构建传统渠道及双渠道下政府补贴不同主体的绿色供应链中产品定价决策博弈模型，研究绿色供应链中普通产品和绿色产品的协同定价决策问题。在实际问题基础之上拓展新的研究问题，从理论上丰富和完善政府补贴、双渠道及绿色供应链定价决策相关的研究内容，为制造商和零售商提供建议性的理论指导。对于绿色供应链研究本身而言，从微观上,为绿色供应链中的企业建立和完善绿色发展的管理模式提供理论依据,并有助于相关企业做出合理的定价决策;从宏观上,对我国推动绿色经济的发展具有理论指导意义。

(2)实践意义

由于资源和环境问题的日益突出,企业不得不重视绿色供应链管理,然而绿色供应链管理作为新兴的企业管理战略,很多企业缺乏实施绿色供应链管理的经验,尽管政府出台了一系列补贴政策来推动绿色供应链的发展,但取得的效果不是很明显。而且,随着电子商务的飞速发展,绿色供应链中许多企业都纷纷在传统零售渠道的基础上引入线上直销渠道,希望以此来提高企业的市场竞争力,并进一步推广绿色产品,这就进一步加大了绿色供应链管理决策的难度。因此,本篇基于博弈论的方法,分别考虑消费者的异质性及双重偏好,通过建立科学的数学模型以及应用合理的数值仿真,研究传统渠道及双渠道情况下,政府对绿色供应链中不同主体进行补贴时,绿色供应链中的企业如何对普通产品和绿色产品进行协同定价决策的问题。本篇的研究为处于政府补贴不同主体情境下的绿色供应链上下游企业进行产品定价决策提供依据,同时,为不同渠道结构下的绿色供应链在实际生产生活中制定价格决策给予指导。

2.2　国内外研究现状及评述

2.2.1　绿色供应链决策研究现状

随着资源环保压力的增加及绿色供应链的不断发展,绿色供应链管理已经逐渐成为企业可持续发展的重要战略,而绿色供应链决策问题也成为学术界研究的热点。近年来,国内外学者已经对绿色供应链决策方面的问题进行了较为深入的研究。

　　根据现有研究可知,目前对绿色供应链的决策问题研究主要集中在绿色供应链定价决策方面。Chen 和 Sheu(2009)论证了在竞争激烈的市场环境中,环境规制定价策略的合理设计能够促进绿色供应链企业的产品责任延伸。Zhang 等(2014)研究了在绿色产品与非绿色产品共存与替代的市场需求的基础上,单周期绿色供应链的定价与协调问题。Esmaeili 等(2016)基于 Stackelberg 博弈提出并比较了几种不同收集策略下的定价模型,并在此基础上,确定了闭环供应链中各模型的最优定价策略。石平等(2016)研究了公平关切行为和产品绿色化效率对绿色供应链定价策略、产品绿色度、供应链各方利润以及整体利润的影响。江世英等(2016)考虑了风险规避度和产品绿色度、消费者偏好等因素,建立了集中决策博弈模型和制造商领导 Stackelberg 博弈模型,并比较了两种博弈模型中,产品绿色度、批发价格、产品价格与风险规避度的相互影响。Liu 和 Yi(2017)研究了大数据环境下考虑目标广告投入和产品绿色化成本的绿色供应定价策略。刘会燕和戢守峰(2017)探讨了双寡头制造商和一个零售商构成的二阶绿色供应链的竞合关系和研发模式选择问题,给出了各种情境下的均衡绿色度和均衡定价决策。Chen 等(2017)研究了一个具有纵向和横向竞争的双寡头绿色供应链,制造商的市场势力对供应链成员的定价策略和绿色策略的影响。黄辉等(2018)以制造商主导的二级闭环供应链为研究对象,分析了公平偏好对供应链最优定价策略的影响。马鹏和张晨(2018)考虑了绿色供应链背景下由两个制造商和一个零售商组成的二级供应链定价策略问题。曹晓刚等(2019)研究了闭环供应链成员公平关切的情形下,成员及整个系统的差别定价最优决策与协调策略。Rahmani 和 Yavari(2019)研究了当市场需求中断时,绿色供应链的定价问题,结果表明,当破坏扩大市场规模或降低绿化成本时,两种决策结构中的最优价格都将提高。Gao 等人(2020)研究了分散和集中条件下绿色供应链的定价与监管问题。宋英华等(2020)考虑了绿色供应链成员具有风险规避特性,通过设计谎报系数,分别推导谎报情形下的最优批发价、绿色度和零售价,研究了风险规避程度及谎报程度对决策的影响。

2.2.2 政府补贴研究现状

为了促进绿色供应链的发展,达到改善环境质量的目的,各国政府将环境质量改善的焦点汇聚在了绿色产品的开发与推广上,许多国家推出了一系列的补贴政策来推动绿色供应链的发展,政府补贴对绿色供应链决策影响这一问题也得到了学术界的广泛关注。

在政府补贴制造商对绿色供应链决策的影响方面,朱庆华和窦一杰(2011)建立考虑产品绿色度和政府补贴的三阶段博弈模型,研究政府的最优单位产品补贴系数、生产商的最优绿色度与最优产品价格。徐春秋等(2014)构建了有政府补贴的低碳产品和普通产品差别化定价模型,发现政府补贴低碳产品制造商的情况下的差别定价能实现低碳产品制造商利润、零售商利润和供应链系统利润的帕累托改善。Yu 等(2016)建立了考虑绿色偏好和补贴制造商的优化模型,研究发现补贴制造商政策不仅可以为制造商创造更多的利润,而且可以为政府节省补贴投资。Guo 等(2016)探讨了政府补贴制造商对社会福利及供应链成员利润的影响。Yang 和 Xiao(2017)构建了在制造成本和消费者需求模糊不确定性的条件下,政府补贴制造商的绿色供应链三种博弈模型。曹细玉和张杰芳(2018)研究了政府对制造商的碳减排技术创新投入补贴,结果表明碳减排技术创新投入的补贴比例变化对供应链的最优碳减排量、订货量及期望利润的影响成正向变化关系。Zhan 等(2018)研究了在政府补贴制造商的情况下,分散和集中决策模式下制造商和零售商的决策问题,发现政府补贴对绿色产品的推广和供应链成员的分散决策更有利。Xue 等(2019)研究了政府补贴制造商对节能产品零售价格、节能水平、市场需求、供应链利润和社会福利的影响,结果表明,政府补贴与节能水平、产品价格和市场需求正相关,能够显著提高社会福利水平。傅端香等(2019)通过建立博弈模型研究了政府补贴制造商以及制造商和零售商的风险规避对绿色供应链定价策略、产品绿色度、供应链各方利润及整体利润的影响。江世英和方鹏骞(2019)研究了在政府对制造商研发补贴背景下,采用博弈论进行理论建模,建立了以政府、制造商和零售商为主体的三阶段博弈模型,研究表明政府对制造商进行补贴会提高社会福利水平。Lou 等(2020)研究了两级供应链中政府对制造商的绿色补贴以及制造商和零售商的最优策略问题。朱琳和窦祥胜(2020)基于政府对制造商进行生产成本补贴的政策环境,在零售商与制造商共同进行生态努力的假设下,讨论了绿色产品的零售价格、批发价格以及绿色度的均衡结果。

政府补贴消费者对绿色供应链决策的影响也受到了许多学者的关注。Ma 等(2013)研究了补贴消费者对闭环供应链的影响,在介绍政府消费补贴计划和闭环供应链的基础上,分析了政府资助计划绩效前后渠道成员的决策,发现所有购买新产品的消费者都是不同程度的政府消费补贴的受益者,且消费补贴有利于闭环供应链的扩张。Huang 等(2013)分析了燃料汽车供应链、电力和燃料汽车供应链在双寡头环境下,政府实施补贴消费者激励计划,来促进电动汽车的销售。Luo 等(2014)等研究了欧美国家政府为新能源汽车购买者提供一定价格优惠时政府补贴对新能源汽车供应链的影响。罗春林(2014)基于政府对消费者的补贴和合作博弈的方法研究了电动汽车供应链的最优定价与期望销量等问题,研究表明政府补贴额度越高,供应链绩效越好。Cohen 等(2015)分析了政府和供应商在设计消费者补贴政策时的互动,发现政府直接向消费者提供补贴会影响供应商的生产和定价决策。田一辉和朱庆华(2016)探究了在政府价格补贴下竞争企业间绿色供应链管理的扩散过程,讨论了政府对消费者进行补贴给社会福利、绿色产品销量和实施绿色供应链管理的企业比例带来的影响。Chemama 等(2018)研究政府利用消费者补贴来推广绿色技术及随着时间的推移政策调整将如何与行业的生产决策交互作用,研究表明,对于灵活的消费者补贴政策,供应商在预期利润方面表现得更好。Li 等(2018)研究了政府补贴消费者策略,分析了消费补贴和替代补贴对供应链环境友好型产品的影响,发现消费补贴对两类消费者都有好处,而替代补贴对替代消费者有好处,但对初级消费者有伤害,并且两种补贴都对企业有利。He 等(2019)探讨了制造商的渠道结构和定价决策,以及政府对购买再制造产品的消费者补贴政策,研究表明,更高的补贴水平对消费者和整个供应链都有利。Liu 和 Tsaur(2020)调查了消费补贴作为影响消费者购买绿色智能手机意愿的调节因素的作用。

2.2.3 双渠道研究现状

随着互联网的飞速发展,电子商务市场呈现出井喷式的发展态势。传统零售渠道与线上直销渠道相结合的双渠道销售模式受到许多制造企业的青睐,而引入新的直销渠道,会冲击原有销售渠道,引发渠道冲突。近年来,学者们对双渠道供应链的研究主要集中在双渠道供应链的协调问题、考虑消费者行为与偏好对双渠道供应链决策影响等方面,本研究从这两个方面对前人的研究做的归纳和综述如下:

在双渠道供应链的协调问题研究方面，Huang 等(2013)探讨了零售商风险指标对零售价格、订货量、利润的影响，并提出了一种改进的风险分担契约，以协调双渠道供应链。但斌和徐广业(2013)针对双渠道供应链中同一产品在不同渠道间的替代性，研究了传统渠道和电子渠道间的库存协调问题，并建立了能够协调双渠道供应链的两方收益共享契约模型。Modak 等(2014)分析了在特许经营费和剩余利润通过讨价还价进行分配的情况下，所有单位数量折扣的渠道协调问题。丁锋和霍佳震(2014)研究了双渠道供应链系统在价格竞争和服务竞争同时作用下供应链的协调运作策略。Shang 和 Yang(2015)研究了利用利润分享契约来协调双渠道供应链，描述了两阶段和三阶段双渠道供应链的帕累托最优契约。Zhang 等(2015)研究了利用批发价、直接渠道价格和一次性费用的合同来协调双渠道供应链，以应对需求中断和生产成本中断的情况。吴晓志等(2015)利用博弈论和合同理论的原理设计收益共享契约，发现当供应链处于稳定状态时，收益共享契约可以用来实现同价双渠道供应链的协调。黄大荣等(2016)研究了制造商提供服务时的两级双渠道供应链协调问题，发现在收入共享因子和成本共担因子满足一定条件下，可实现制造商提供服务的双渠道供应链协调。Luo 等(2016)研究了一种基于零售商订货量和服务水平的三部制关税转移支付方案，发现该协调机制在一定条件下能够实现双通道协调。王先甲等(2017)提出了带固定补偿的收益共享契约的设计方法和纳什讨价还价协商模型确定固定补偿的方法，来寻找双渠道供应链可实施的协调策略。龚本刚等(2017)以单制造商和单零售商的双渠道供应链为对象，研究了双方联合投资 RFID 技术下的双渠道供应链协调问题。唐润和彭洋洋(2017)研究了传统销售渠道和网上直销渠道共存情形下的混合渠道协调问题，设计了协调机制，通过契约参数的合理设计实现传统渠道和网上直销渠道的协调。浦徐进等（2018）考察了实体店服务产生的需求正溢出效应和参照价格效应，设计了能够实现供应链整体协调的服务成本分担契约。Aslani 和 Heydari（2019）探讨了在渠道中断下双渠道供应链中的产品绿色和协调问题。经有国和孟月霞（2019）研究发现当契约参数满足一定条件时，不仅可以实现系统协调而且可以使系统成员达到帕累托改进。Li 等（2020）研究了双渠道供应链协调契约，分别设计了含特许经营费的收入共享契约和含特许经营费和政府补贴的批发价格契约，实现了供应链协调。

在考虑消费者行为与偏好对双渠道供应链决策影响方面，Khouja 等（2010）基于两种不同偏好类型的消费者，指出了消费者的偏好因渠道而异，偏好水平取决于价格预期以及渠道间的价格差。许垒和李勇建（2013）构建了依赖网络渠道风险和零售渠道搜索成本的消费者选择模型，在此基础上分析了四类双渠道供应链结构下的厂商最优决策和渠道效率问题。朱玉炜和徐琪（2013）研究了网络直销与传统分销混合双渠道中消费者具有时间偏好情形下的供应链竞争问题，提出一种考虑消费者时间敏感性的定价和需求竞争策略。范小军和刘虎沉（2015）在考虑消费者的在线渠道接受度差异的基础上，探讨了在线渠道导入的双渠道定价策略问题。曹晓刚等（2015）基于消费者对传统零售渠道和网络直销渠道需求偏好的不一致，研究了双渠道闭环供应链的决策问题。Li 等（2015）研究了由制造商和独立零售商组成的双渠道供应链系统中消费者行为因素对供应链决策的影响。He 等（2016）评估了消费者搭便车对双渠道闭环供应链产品生命周期碳排放的影响，并评估政府电子商务税对碳排放的影响。浦徐进和龚磊（2016）考察了由于实体店促销努力而新进入市场消费者的"搭便车"行为，设计了一个制造商分担实体店促销努力成本的协调机制来改善供应链运作效率。Ji 等(2017)研究了连锁企业在零售渠道和双渠道情况下的减排行为,并分析了一个集总量管制和交易管制以及消费者低碳偏好于一体的详细模型,研究结果表明,当消费者的低碳敏感度满足一定条件时,在线渠道的引入对厂商是有利的。戢守峰等(2017)构建了零售商三种融资模式下双渠道供应链订货与定价策略模型,并分析了消费者偏好与不同融资模式对供应链订货与定价策略的影响。Liu 等(2019)研究了双渠道供应链中购买决策过程中的厌恶消费者行为,确定了双渠道供应链中的最优价格策略,并讨论了厌恶消费者的决策。李宗活等(2019)将消费者策略行为考虑到双渠道供应链中,分别构建分散与集中决策下短视型与策略型消费者并存的双渠道动态定价模型,探讨双渠道最优响应策略。龚本刚等(2019)通过考虑消费者渠道和低碳双重偏好,研究了产能约束下双渠道供应链成员决策与协调问题。Xin 等(2019)在考虑消费者细分的基础上,建立了同时反映消费者渠道偏好和低碳敏感性的线性需求函数,结果表明,双供应链成员的利润受系统参数如碳价格、消费者的低碳敏感性、渠道偏好等的影响。Zhang 等(2020)研究了如何在考虑消费者低碳偏好的情况下确保在双渠道低碳供应链中实施在线购物和店内提货的问题。梁喜和魏承莉(2020)研究了在原制造商、零售商和专利授权下进行再制造的第三方再制造商组成的双渠道闭环供应链中,消费者具有绿色偏好下各最优定价决策和对环保的影响。

2.2.4　研究评述

以上内容主要总结回顾了与本篇研究内容相近的已有研究成果,主要包含绿色供应链决策、政府补贴以及双渠道的相关研究,现有文献研究为本篇的研究奠定了良好的基础,但目前研究仍存在有待深入研究和拓展的空间，主要包括以下几点：

（1）绿色供应链决策相关的研究大多数关注传统单渠道下的绿色供应链定价决策，而较少有研究涉及到多渠道结构下绿色供应链的定价决策。实际上，随着电子商务的不断发展，许多绿色供应链中的企业建立了双渠道来销售产品，即除了通过传统渠道销售产品外，还建立线上直销渠道来销售产品，因此，企业在制定价格决策时，往往需要考虑的渠道结构会更加复杂。

（2）在现有的政府补贴相关研究中，大多数文献较为关注的是政府补贴单一、特定的供应链成员下的政府补贴给供应链决策带来的影响，但却较少有文献将政府对不同主体进行补贴对绿色供应链决策的影响进行比较分析。

（3）对于双渠道方面的研究，尽管许多文献关注了双渠道供应链的协调问题以及考虑了消费者的行为及偏好给双渠道供应链决策带来的影响，但是这些文献对双渠道供应链的研究大多数局限于销售单一产品，没有考虑在双渠道供应链中同时存在绿色产品和普通产品的情况，实际上，在双渠道绿色供应链，许多企业会通过双渠道来同时销售普通产品和绿色产品。

因此，本篇基于现有的研究成果，以绿色供应链为研究对象，把消费者异质性和消费者双重偏好分别考虑到市场需求中，在传统渠道及双渠道的背景下，研究不同补贴情境下绿色供应链中普通产品和绿色产品的协同定价决策，同时，对不同补贴情境下的产品定价决策、需求量以及企业利润进行比较，分析政府补贴、消费者异质性、消费者双重偏好对绿色供应链中产品定价决策、需求量及企业利润的影响，并进一步通过实际案例分析验证结论的有效性，旨在为促进绿色供应链的发展提供理论依据。

2.3　研究内容与创新点

本篇引入消费者效用理论、运筹学以及博弈论中的一些理论研究成果和理论研究方法。从绿色供应链的角度出发,将消费者异质性和消费者偏好分别考虑到市场需求中,分别基于传统渠道和双渠道结构的背景,探究不同补贴情境下的绿色供应链产品定价决策。具体来说,本篇通过运用现有的相关理论提出现实背景问题,建立相应的数理模型,通过运用消费者效用理论及博弈论的决策理论分别对不同情况下的模型进行分析和求解并结合相关的案例分析,从而得出具有理论价值和实际价值的结论。具体研究内容如下:

首先,本章阐述绿色供应链的相关研究背景及研究意义,引出本篇所要研究的主要问题。通过借鉴现有的绿色供应链决策、政府补贴及双渠道等方面的研究内容,梳理国内外相关文献的研究现状,并对这些文献进行评述与总结,进而阐述本篇的研究内容以及主要创新之处。

其次,考虑政府补贴不同主体的传统渠道绿色供应链定价决策研究。在第 3 章将构建一个传统渠道供应链定价模型,将消费者环保意识和消费水平考虑到市场需求中,依据相关理论和方法,研究在无政府补贴、政府补贴给制造商、政府补贴给绿色产品零售商、政府补贴给绿色产品消费者四种情境中,绿色供应链中普通产品和绿色产品的最优协同定价决策,并对比分析不同情境下普通产品和绿色产品的最优定价、需求量及企业利润的最优解,同时,进一步通过数值仿真分析并探讨政府补贴、消费者环保意识和消费水平对绿色供应链定价决策的影响,从而得出相应结论。

此外,考虑政府补贴不同主体的双渠道绿色供应链定价决策研究。将绿色产品传统零售渠道转为制造商线上销售绿色产品的直销渠道,将消费者绿色偏好和渠道偏好考虑到市场需求中,依据相关理论,研究在无政府补贴、政府补贴给制造商、政府补贴给绿色产品消费者三种情境中,绿色供应链中普通产品和绿色产品的最优协同定价决策,并对比分析普通产品和绿色产品的最优定价、需求量及企业利润的最优解,同时,进一步通过数值仿真分析并探讨政府补贴、消费者环保意识和消费水平对绿色供应链定价决策的影响,从而得出相应结论。

本篇研究内容的创新点主要有以下几点:

(1)与政府补贴给单一主体情境下研究绿色供应链问题相比,本研究分别考虑了无政府补贴、政府补贴制造商、政府补贴绿色产品零售商以及政府补贴绿色产品消费者四种情境,研究绿色供应链的最优定价及政府补贴对绿色供应链定价决策的影响变化问题;同时,为了使模型更加贴近现实,本研究将消费者异质性和消费者双重偏好考虑到市场需求中,从而对市场需求的刻画更加贴切,提升模型的有效性。

(2)现有文献在研究绿色供应链决策问题时,大多数文献考虑的是传统单渠道结构下的决策问题,本篇既研究传统渠道结构下的绿色供应链决策问题,又研究双渠道结构下的绿色供应链决策问题,此外,在双渠道下,以制造商传统零售渠道和线上直销渠道为背景,考虑通过双渠道销售两种产品,即线上直销渠道销售绿色产品,传统渠道销售普通产品,对以往的线性需求函数进行改进,使得绿色供应链定价决策模型更加贴近现实。

第3章　企业绿色产品定价决策的问题研究

3.1　传统渠道绿色产品定价决策的问题研究

科技水平的进步和经济的快速发展使得地球上的资源被大肆消耗,环境污染问题也越来越严重。在这样的背景下,绿色技术的发展和绿色产品的推广变得尤为重要。然而,尽管绿色发展在减少污染方面的效益是显而易见的,但由于大多数绿色技术需要投入大量的前期资本,导致生产成本的增加,从而会降低企业进行绿色生产的动因。因此,为了达到推动绿色发展,减轻污染和保护环境的目的,政府实施一些绿色发展激励措施变得尤为重要。本节将主要研究政府补贴不同主体情境下基于消费者异质性的传统渠道绿色供应链中的产品定价决策问题。将消费者环保意识和消费水平两个因素综合考虑到市场需求中,研究了在无政府补贴、政府补贴给制造商、政府补贴给绿色产品零售商、政府补贴给绿色产品消费者四种情境下,传统渠道绿色供应链中普通产品和绿色产品的协同定价问题,并将不同补贴情境下的产品价格决策、需求量以及利润进行了比较,进一步分析了政府补贴、消费者环保意识、消费者消费水平对传统渠道绿色供应链产品定价决策、需求量及企业利润的影响,旨在为传统渠道绿色供应链的发展提供理论依据。

3.1.1 问题描述与条件假设

本节研究的是由一个制造商、一个普通产品零售商和一个绿色产品零售商组成的传统渠道绿色供应链,供应链结构框架如图 3-1 所示,用 M,$R1$,$R2$ 分别表示制造商、普通产品零售商和绿色产品零售商。制造商生产普通产品和绿色产品,普通产品零售商销售普通产品,绿色产品零售商销售绿色产品。假设单位普通产品和单位绿色产品的生产成本分别为 c_n,c_g,由于绿色产品的生产需要投入大量的绿色技术,因此假设 $c_g > c_n$。

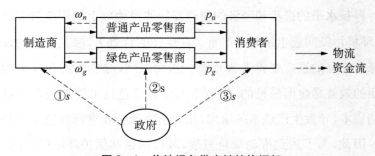

图 3-1 传统绿色供应链结构框架

为了促进绿色供应链的发展,用 s 表示政府对单位绿色产品的补贴额度,假设政府对绿色产品的补贴方式有三种,其中,一种是对制造商进行补贴,一种是对绿色产品零售商进行补贴,还有一种是对绿色产品消费者进行补贴。o 表示无政府补贴的情境,m 表示政府补贴给制造商的情境,r 表示政府补贴给绿色产品零售商的情境,c 表示政府补贴给绿色产品消费者的情境。假设制造商在市场中处于主导地位,零售商处于从属地位。

假设单位普通产品和单位绿色产品的批发价格分别为 ω_n^i, ω_g^i,销售价格分别为 p_n^i, p_g^i,需求量分别为 q_n^i, q_g^i,用 π_M^i, π_{R1}^i, π_{R2}^i 分别表示制造商、普通产品零售商和绿色产品零售商的利润,其中 i 表示四种不同补贴情境,$i=\{o,\ m,\ r,\ c\}$。

假设市场上消费者的异质性受环保意识和消费水平两个因素的影响,用 θ 表示消费者的环保意识系数 $(\theta>1)$, η 表示消费者的消费水平系数$(0\leqslant\eta\leqslant1)$。用 V 表示消费者对单位产品感知的产品效用,V 服从$[0,\ \alpha]$上的均匀分布,其累积分布函数为 $F(V)=\dfrac{V}{\alpha}$, α 为市场的潜在需求,假设消费者对普通产品和绿色产品所感知的产品效用相同,ηV 表示消费者对普通产品的支付意愿,$\theta\eta V$ 表示消费者对绿色产品的支付意愿。

根据以上假设,得到消费者购买普通产品和绿色产品的消费盈余分别为 $U_n=\eta V-p_n$, $U_g=\theta\eta V-p_g$。根据效用最大化原则可知,消费者购买普通产品需满足条件:$\dfrac{p_n}{\eta}\leqslant V\leqslant\dfrac{p_g-p_n}{\eta(\theta-1)}$;消费者购买绿色产品需满足条件:$V\geqslant\max\left\{\dfrac{p_g}{\theta\eta},\ \dfrac{p_g-p_n}{\eta(\theta-1)}\right\}$。

本节假设市场对普通产品和绿色产品都有需求,故可得 $\dfrac{p_n}{\eta}<$

$V < \dfrac{p_g - p_n}{\eta(\theta - 1)}$，$\dfrac{p_g - p_n}{\eta(\theta - 1)} < V < 1$。进一步得到普通产品和绿色产品的需求函数分别为：

$$q_n = \frac{p_g - \theta p_n}{\eta(\theta - 1)} \tag{3.1}$$

$$q_g = \alpha - \frac{p_g - p_n}{\eta(\theta - 1)} \tag{3.2}$$

3.1.2 模型构建与求解

3.1.2.1 无政府补贴模型

根据供应链结构以及普通产品和绿色产品的需求函数,可得制造商、普通产品零售商、绿色产品零售商的利润函数分别为:

$$\pi_M^o = (\omega_n^o - c_n)q_n^o + (\omega_g^o - c_g)q_g^o \tag{3.3}$$

$$\pi_{R1}^o = (p_n^o - \omega_n^o)q_n^o \tag{3.4}$$

$$\pi_{R2}^o = (p_g^o - \omega_g^o)q_g^o \tag{3.5}$$

命题 3.1:式(3.4)和式(3.5)分别是关于变量 p_n^o，p_g^o 的凹函数,将式(3.4)和式(3.5)的最优解代入式(3.3),可得出式(3.3)是关于变量 ω_n^o，ω_g^o 的凹函数。

证明:首先,将式(3.1)和式(3.2)分别代入式(3.4)和式(3.5)中得,
$\pi_{R1}^o = (p_n^o - \omega_n^o)\dfrac{p_g^o - \theta p_n^o}{\eta(\theta - 1)}$，$\pi_{R2}^o = (p_g^o - \omega_g^o)\dfrac{\alpha\eta(\theta - 1) - (p_g^o - p_n^o)}{\eta(\theta - 1)}$，由于 $\theta > 1$，$0 \leqslant \eta \leqslant 1$,可知 π_{R1}^o，π_{R2}^o 分别是关于变量 p_n^o，p_n^o 开口向下的抛物线的函数,所以可得出,π_{R1}^o 是关于变量 p_n^o 的凹函数,π_{R2}^o 是关于变量 p_g^o 的凹函数。

其次，对式（3.4）和式（3.5）进行求解，得出 $p_n^o = \dfrac{\omega_g^o + 2\theta\omega_n^o + \alpha\eta(\theta-1)}{4\theta-1}$，$p_g^o = \dfrac{2\theta\omega_g^o + \theta\omega_n^o + 2\alpha\theta\eta(\theta-1)}{4\theta-1}$，将式（3.1）、式（3.2），$p_n^o$，$p_g^o$ 分别代入式（3.3）中可得 $\pi_M = (\omega_n^o - c_n)\left[\dfrac{2\theta\omega_g^o + \theta\omega_n^o + 2\alpha\theta\eta(\theta-1)}{\eta(\theta-1)(4\theta-1)} + \theta\dfrac{-\omega_g^o - 2\omega_n^o - \alpha\eta(\theta-1)}{\eta(\theta-1)(4\theta-1)}\right] + (\omega_g^o - c_g)\left[1 - \dfrac{2\theta\omega_g^o + \theta\omega_n^o + 2\alpha\theta\eta(\theta-1)}{\eta(\theta-1)(4\theta-1)} + \dfrac{-\omega_g^o - 2\omega_n^o - \alpha\eta(\theta-1)}{\eta(\theta-1)(4\theta-1)}\right]$，

通过对该式关于 ω_n^o，ω_g^o 求二阶偏导，可得关于 ω_n^o，ω_g^o 的海塞矩阵：

$$\begin{bmatrix} \dfrac{\partial^2 \pi_M^o}{\partial \omega_n^{o2}} & \dfrac{\partial^2 \pi_M^o}{\partial \omega_n^o \partial \omega_g^o} \\ \dfrac{\partial^2 \pi_M^o}{\partial \omega_g^o \partial \omega_n^o} & \dfrac{\partial^2 \pi_M^o}{\partial \omega_g^{o2}} \end{bmatrix} = \begin{bmatrix} \dfrac{2\theta(1-2\theta)}{\eta(1-4\theta)(1-\theta)} & \dfrac{2\theta}{\eta(1-4\theta)(1-\theta)} \\ \dfrac{2\theta}{\eta(1-4\theta)(1-\theta)} & \dfrac{2-4\theta}{\eta(1-4\theta)(1-\theta)} \end{bmatrix}$$

海塞矩阵的一阶主子式 $D_1^o = \dfrac{2\theta(1-2\theta)}{\eta(1-4\theta)(1-\theta)} < 0$，二阶主子式 $D_2^o = \dfrac{4\theta}{\eta^2(1-4\theta)(1-\theta)} > 0$，因此，式（3.3）是关于 ω_n^o，ω_g^o 的凹函数，即存在一组唯一解。

由命题 3.1 可知，无政府补贴情况下的产品价格、需求量及企业利润如表 3-1 所示：

表 3-1　无政府补贴时的产品价格、需求量及企业利润

变量	最优解
ω_n^{o*}	$(\alpha\eta + c_n)/2$
ω_g^{o*}	$(\alpha\eta\theta + c_g)/2$
p_n^{o*}	$(-2\alpha\eta + 5\alpha\eta\theta + c_g + 2\theta c_n)/(-2+8\theta)$

变量	最优解
p_g^{o*}	$\theta(-3\alpha\eta+6\alpha\eta\theta+2c_g+c_n)/(-2+8\theta)$
q_n^{o*}	$\theta X_1/[2\eta(-1+\theta)(-1+4\theta)]$
q_g^{o*}	$X_2/[2\eta(-1+\theta)(-1+4\theta)]$
π_{R1}^{o*}	$\theta(X_1)^2/[4\eta(1-4\theta)^2(-1+\theta)]$
π_{R2}^{o*}	$(X_2)^2/[4\eta(1-4\theta)^2(-1+\theta)]$
π_M^{o*}	$[\theta(\alpha\eta-c_n)X_1+(\alpha\eta\theta-c_g)X_2]/[4\eta(-1+\theta)(-1+4\theta)]$

其中令 $X_1=-\alpha\eta(1-\theta)+c_g+(1-2\theta)c_n$，$X_2=-2\alpha\eta\theta(1-\theta)+$ $(1-2\theta)c_g+\theta c_n$，$X_3=\dfrac{\theta c_n+(1-2\theta)c_g}{2\alpha\theta(1-\theta)}$，$X_4=\dfrac{2\theta^2 c_n+(1-3\theta)c_g}{\theta\alpha(1-\theta)}$，

$X_5=\dfrac{4\alpha\eta(-1+\theta)+2(1-2\theta)c_g+2\theta c_n}{(1-2\theta)}$；

为保证求得的解为有效解，约束条件需满足 $0\leqslant q_g\leqslant q_n$（Yan 等，2015）。得到命题 3.2 如下。

命题 3.2：无政府补贴情况下，普通产品和绿色产品的市场竞争关系如下：

（1）当 $0\leqslant\eta\leqslant X_3$ 时，绿色产品的需求量为 0；

（2）当 $X_3<\eta<X_4$，市场中同时存在普通产品和绿色产品。

证明：（1）市场中不存在绿色产品的条件为 $q_g^{o*}\leqslant 0$，从而得

到 $-2\alpha\eta\theta+2\alpha\eta\theta^2+(1-2\theta)c_g+\theta c_n\leqslant 0$，即 $\eta\leqslant\dfrac{\theta c_n+(1-2\theta)c_g}{2\alpha\theta(1-\theta)}$，

又由假设可知 $0\leqslant\eta\leqslant 1$，故可得 $0\leqslant\eta\leqslant\dfrac{\theta c_n+(1-2\theta)c_g}{2\alpha\theta(1-\theta)}$，即 $0\leqslant$

$\eta\leqslant X_3$。

（2）市场中同时存在普通产品与绿色产品时，由于绿色产品还是初期发展阶段，因此，假设 $0 < q_g^{o*} < q_n^{o*}$，求解 $q_g^{o*} > 0$，解得 $\eta > \dfrac{\theta c_n + (1-2\theta)c_g}{2\alpha\theta(1-\theta)}$，由 $q_g^{o*} > q_n^{o*}$，可得 $\theta(-\alpha\eta(1-\theta) + c_g + (1-2\theta)c_n) - (-2\alpha\eta\theta(1-\theta) + (1-2\theta)c_g + \theta c_n) > 0$，解得 $\eta < \dfrac{2\theta^2 c_n + (1-3\theta)c_g}{\alpha\theta(1-\theta)}$，故可得 $\dfrac{\theta c_n + (1-2\theta)c_g}{2\alpha\theta(1-\theta)} < \eta < \dfrac{2\theta^2 c_n + (1-3\theta)c_g}{\alpha\theta(1-\theta)}$，即 $X_3 < \eta < X_4$。

由命题 3.2 可知当消费者的消费水平系数 $0 \leqslant \eta \leqslant X_3$ 时，制造商将不会生产绿色产品，主要是因为消费者的消费水平系数低，不想购买高消费高环保的绿色产品，导致消费者都去购买低消费低环保的普通产品，因此绿色产品的需求量为 0，制造商将不再生产绿色产品。当 $X_3 < \eta < X_4$ 时，制造商既生产普通产品也生产绿色产品，主要是因为消费者的消费水平系数提高，市场中有一部分的消费者愿意购买高消费高环保的绿色产品，因此，制造商将选择同时生产普通产品和绿色产品。

3.1.2.2　政府对绿色产品制造商的补贴模型

政府对生产绿色产品的制造商进行补贴时，制造商生产单位绿色产品获得的利润为 $\omega_g^m - c_g + s$，因此，可得制造商、普通产品零售商、绿色产品零售商的利润函数分别为：

$$\pi_M^m = (\omega_n^m - c_n)q_n^m + (\omega_g^m - c_g + s)q_g^m \tag{3.6}$$

$$\pi_{R1}^m = (p_n^m - \omega_n^m)q_n^m \tag{3.7}$$

$$\pi_{R2}^m = (p_g^m - \omega_g^m)q_g^m \tag{3.8}$$

命题 3.3：式（3.7）和式（3.8）分别是关于变量 p_n^m，p_g^m 的凹函数，将式（3.7）和式（3.8）的最优解代入式（3.6），可得出式（3.6）是关

于变量 ω_n^m，ω_g^m 的凹函数。

证明：首先，将式(3.1)和式(3.2)分别代入式(3.7)和式(3.8)中得，

$$\pi_{R1}^m = (p_n^m - \omega_n^m)\frac{p_g^m - \theta p_n^m}{\eta(\theta - 1)}, \quad \pi_{R2}^m = (p_g^m - \omega_g^m)\frac{\alpha\eta(\theta - 1) - (p_g^m - p_n^m)}{\eta(\theta - 1)},$$

由于 $\theta > 1$，$0 \leqslant \eta \leqslant 1$，可知 π_{R1}^m，π_{R2}^m 分别是关于变量 p_n^m，p_g^m 开口向下的抛物线的函数，所以可得出，π_{R1}^m 是关于变量 p_n^m 的凹函数，π_{R2}^m 是关于变量 p_g^m 的凹函数。

其次，对式（3.7）和式（3.8）进行求解，得出 $p_n^m = \dfrac{\omega_g^m + 2\theta\omega_n^m + \alpha\eta(\theta - 1)}{4\theta - 1}$，$p_g^m = \dfrac{2\theta\omega_g^m + \theta\omega_n^m + 2\alpha\eta(\theta - 1)}{4\theta - 1}$，将式（3.1）、式(3.2)，$p_n^m$，$p_g^m$ 分别代入式(3.6)中可得 $\pi_M^m = (\omega_n^m - c_n)\left[\dfrac{2\theta\omega_g^m + \theta\omega_n^m + 2\alpha\eta(\theta - 1)}{\eta(\theta - 1)(4\theta - 1)} + \theta\dfrac{-\omega_g^m - 2\theta\omega_n^m - \alpha\eta(\theta - 1)}{\eta(\theta - 1)(4\theta - 1)}\right] + (\omega_g^m - c_g + s)\left[1 - \dfrac{2\theta\omega_g^m + \theta\omega_n^m + 2\alpha\eta(\theta - 1)}{\eta(\theta - 1)(4\theta - 1)} + \dfrac{-\omega_g^m - 2\theta\omega_n^m - \alpha\eta(\theta - 1)}{\eta(\theta - 1)(4\theta - 1)}\right]$，

通过对该式关于 ω_n^m，ω_g^m 求二阶偏导，可得关于 ω_n^m，ω_g^m 的海塞矩阵：

$$\begin{bmatrix} \dfrac{\partial^2 \pi_M^m}{\partial \omega_n^{m\,2}} & \dfrac{\partial^2 \pi_M^m}{\partial \omega_n^m \partial \omega_g^m} \\[3mm] \dfrac{\partial^2 \pi_M^m}{\partial \omega_g^m \partial \omega_n^m} & \dfrac{\partial^2 \pi_M^m}{\partial \omega_g^{m\,2}} \end{bmatrix} = \begin{bmatrix} \dfrac{2\theta(1 - 2\theta)}{\eta(1 - 4\theta)(1 - \theta)} & \dfrac{2\theta}{\eta(1 - 4\theta)(1 - \theta)} \\[3mm] \dfrac{2\theta}{\eta(1 - 4\theta)(1 - \theta)} & \dfrac{2 - 4\theta}{\eta(1 - 4\theta)(1 - \theta)} \end{bmatrix}$$

海塞矩阵的一阶主子式 $D_1^m = \dfrac{2\theta(1 - 2\theta)}{\eta(1 - 4\theta)(1 - \theta)} < 0$，二阶主子式 $D_2^m = \dfrac{4\theta}{\eta^2(1 - 4\theta)(1 - \theta)} > 0$，因此，式(3.6)是关于 ω_n^m，ω_g^m 的凹函数，即存在一组唯一解。

由命题3.3可知，政府补贴给绿色产品制造商情况下的产品价

格、需求量及企业利润如表 3-2 所示：

表 3-2　政府补贴制造商时的产品价格、需求量及企业利润

变量	最优解
ω_n^{m*}	$(\alpha\eta + c_n)/2$
ω_g^{m*}	$(-s + \alpha\eta\theta + c_g)/2$
p_n^{m*}	$(-s - 2\alpha\eta + 5\alpha\eta\theta + c_g + 2\theta c_n)/(-2 + 8\theta)$
p_g^{m*}	$\theta(-2s - 3\alpha\eta + 6\alpha\eta\theta + 2c_g + c_n)/(-2 + 8\theta)$
q_n^{m*}	$\theta(-s + X_1)/[2\eta(-1 + \theta)(-1 + 4\theta)]$
q_g^{m*}	$[-s(1 - 2\theta) + X_2]/[2\eta(-1 + \theta)(-1 + 4\theta)]$
π_{R1}^{m*}	$\theta(-s + X_1)^2/[4\eta(1 - 4\theta)^2(-1 + \theta)]$
π_{R2}^{m*}	$[-s(1 - 2\theta) + X_2]^2/[4\eta(1 - 4\theta)^2(-1 + \theta)]$
π_M^{m*}	$[\theta(-s + X_1)(\alpha\eta - c_n) + (-s + 2\theta s + X_2)(s + \alpha\eta\theta - c_g)]/[4\eta(-1 + \theta)(-1 + 4\theta)]$

结论 3.1：当政府对生产绿色产品的制造商进行补贴时，政府对单位绿色产品的补贴额度 s 对批发价格、销售价格、需求量的影响如下：

① $\dfrac{\partial\omega_n^{m*}}{\partial s} = 0$，② $\dfrac{\partial\omega_g^{m*}}{\partial s} < 0$，③ $\dfrac{\partial p_n^{m*}}{\partial s} < 0$，④ $\dfrac{\partial p_g^{m*}}{\partial s} < 0$，

⑤ $\dfrac{\partial q_n^{m*}}{\partial s} < 0$，⑥ $\dfrac{\partial q_g^{m*}}{\partial s} > 0$。

证明：对普通产品和绿色产品的批发价格、销售价格、需求量求解关于补贴额度 s 的一阶偏导数可得：

① $\dfrac{\partial\omega_n^{m*}}{\partial s} = 0$，② $\dfrac{\partial\omega_g^{m*}}{\partial s} = -\dfrac{1}{2} < 0$，③ $\dfrac{\partial p_n^{m*}}{\partial s} = \dfrac{1}{2 - 8\theta} < 0$，

④ $\dfrac{\partial p_g^{m^*}}{\partial s} = \dfrac{\theta}{1-4\theta} < 0$，⑤ $\dfrac{\partial q_n^{m^*}}{\partial s} = -\dfrac{\theta}{2\eta(-1+\theta)(-1+4\theta)} < 0$，

⑥ $\dfrac{\partial q_g^{m^*}}{\partial s} = \dfrac{-1+2\theta}{2\eta(1-5\theta+4\theta^2)} > 0$；

由结论 3.1 可知，政府补贴制造商的情况下，绿色产品的批发价格、销售价格与政府补贴额度负相关，需求量与政府补贴额度正相关，主要原因是，制造商在获得政府补贴后，通过降低绿色产品批发价格与绿色产品零售商共享政府补贴，绿色产品零售商在获得共享的补贴后，通过降低绿色产品的销售价格来吸引消费者进行购买，从而提高绿色产品的需求量；对于普通产品而言，普通产品的批发价格不随补贴额度的变化而变化，普通产品的销售价格及需求量均与政府补贴额度呈负相关，这是由于政府补贴制造商导致绿色产品的销售价格下降，普通产品零售商不得不降低普通产品的销售价格来维持市场份额，但是缺乏资金支持，降价幅度有限，仍有一部分市场被绿色产品所替代。

3.1.2.3　政府对绿色产品零售商的补贴模型

政府对绿色产品零售商进行补贴时，绿色产品零售商销售单位绿色产品获得的利润为 $p_g^r - \omega_g^r + s$，因此，可得制造商、普通产品零售商、绿色产品零售商的利润函数分别为：

$$\pi_M^r = (\omega_n^r - c_n)q_n^r + (\omega_g^r - c_g)q_g^r \tag{3.9}$$

$$\pi_{R1}^r = (p_n^r - \omega_n^r)q_n^r \tag{3.10}$$

$$\pi_{R2}^r = (p_g^r - \omega_g^r + s)q_g^r \tag{3.11}$$

命题 3.4：式(3.10)和式(3.11)分别是关于变量 p_n^r，p_g^r 的凹函数，将式(3.10)和式(3.11)的最优解代入式(3.9)，可得出式(3.9)是关于变量 ω_n^r，ω_g^r 的凹函数。

证明:首先,将式(3.1)和式(3.2)分别代入式(3.10)和式(3.11)中得,$\pi_{R1}^r = (p_n^r - \omega_n^r) \dfrac{p_g^r - \theta p_n^r}{\eta(\theta - 1)}$,$\pi_{R2}^r = (p_g^r - \omega_g^r + s)$ $\dfrac{\alpha\eta(\theta - 1) - (p_g^r - p_n^r)}{\eta(\theta - 1)}$,由于 $\theta > 1$,$0 \leqslant \eta \leqslant 1$,可知 π_{R1}^r,π_{R2}^r 分别是关于变量 p_n^r,p_g^r 开口向下的抛物线的函数,所以可得出,π_{R1}^r 是关于变量 p_n^r 的凹函数,π_{R2}^r 是关于变量 p_g^r 的凹函数。

其次,对式(3.10)和式(3.11)进行求解,得出 $p_n^r = \dfrac{\omega_g^r + 2\theta\omega_n^r + \alpha\eta(\theta - 1) - s}{4\theta - 1}$,$p_g^r = \dfrac{2\theta\omega_g^r + \theta\omega_n^r + 2\alpha\theta\eta(\theta - 1) - 2\theta s}{4\theta - 1}$,将式(3.1)、式(3.2),$p_n^r$,$p_g^r$ 分别代入式(3.9)中可得 $\pi_M^r = (\omega_n^r -$

$c_n) \left[\dfrac{2\theta\omega_g^r + \theta\omega_n^r + 2\alpha\theta\eta(\theta - 1) - 2\theta s}{\eta(\theta - 1)(4\theta - 1)} + \theta \dfrac{-\omega_g^r - 2\theta\omega_n^r - \alpha\eta(\theta - 1) + s}{\eta(\theta - 1)(4\theta - 1)} \right] +$

$(\omega_g^r - c_g) \left[1 - \dfrac{2\theta\omega_g^r + \theta\omega_n^r + 2\alpha\theta\eta(\theta - 1) - 2\theta s}{\eta(\theta - 1)(4\theta - 1)} + \dfrac{-\omega_g^r - 2\theta\omega_n^r - \alpha\eta(\theta - 1) + s}{\eta(\theta - 1)(4\theta - 1)} \right]$,

通过对该式关于 ω_n^r,ω_g^r 求二阶偏导,可得关于 ω_n^r,ω_g^r 的海塞矩阵:

$$\begin{bmatrix} \dfrac{\partial^2 \pi_M^r}{\partial \omega_n^{r\,2}} & \dfrac{\partial^2 \pi_M^r}{\partial \omega_n^r \partial \omega_g^r} \\ \dfrac{\partial^2 \pi_M^r}{\partial \omega_M^r \partial \omega_g^r \partial \omega_n^r} & \dfrac{\partial^2 \pi_M^r}{\partial \omega_g^{r\,2}} \end{bmatrix} = \begin{bmatrix} \dfrac{2\theta(1 - 2\theta)}{\eta(1 - 4\theta)(1 - \theta)} & \dfrac{2\theta}{\eta(1 - 4\theta)(1 - \theta)} \\ \dfrac{2\theta}{\eta(1 - 4\theta)(1 - \theta)} & \dfrac{2 - 4\theta}{\eta(1 - 4\theta)(1 - \theta)} \end{bmatrix}$$

海塞矩阵的一阶主子式 $D_1^r = \dfrac{2\theta(1 - 2\theta)}{\eta(1 - 4\theta)(1 - \theta)} < 0$,二阶主子式 $D_2^r = \dfrac{4\theta}{\eta^2(1 - 4\theta)(1 - \theta)} > 0$,因此,式(3.9)是关于 ω_n^r,ω_g^r 的凹函数,即存在一组唯一解。

由命题 3.4 可知,可得政府补贴给绿色产品零售商的情况下的产品价格、需求量及企业利润如表 3-3 所示:

表 3-3 政府补贴绿色产品零售商时的产品价格、需求量及企业利润

变量	最优解
$\omega_n^{r^*}$	$(\alpha\eta+c_n)/2$
$\omega_g^{r^*}$	$(s+\alpha\eta\theta+c_g)/2$
$p_n^{r^*}$	$(-s-2\alpha\eta+5\alpha\eta\theta+c_g+2\theta c_n)/(-2+8\theta)$
$p_g^{r^*}$	$\theta(-2s-3\alpha\eta+6\alpha\eta\theta+2c_g+c_n)/(-2+8\theta)$
$q_n^{r^*}$	$\theta(-s+X_1)/[2\eta(-1+\theta)(-1+4\theta)]$
$q_g^{r^*}$	$(-s(1-2\theta)+X_2)/(2\eta(-1+\theta)(-1+4\theta))$
$\pi_{R1}^{r^*}$	$\theta(-s+X_1)^2/(4\eta(1-4\theta)^2(-1+\theta))$
$\pi_{R2}^{r^*}$	$[-s(1-2\theta)+X_2]^2/[4\eta(1-4\theta)^2(-1+\theta)]$
$\pi_M^{r^*}$	$[\theta(-s+X_1)(\alpha\eta-c_n)+(-s+2\theta s+X_2)(s+\alpha\eta\theta-c_g)]/[4\eta(-1+\theta)(-1+4\theta)]$

结论 3.2：当政府对绿色产品零售商进行补贴时，政府对单位绿色产品的补贴额度 s 对批发价格、销售价格、需求量的影响如下：

$$① \frac{\partial\omega_n^{r^*}}{\partial s}=0, ② \frac{\partial\omega_g^{r^*}}{\partial s}>0, ③ \frac{\partial p_n^{r^*}}{\partial s}<0, ④ \frac{\partial p_g^{r^*}}{\partial s}<0, ⑤ \frac{\partial q_n^{r^*}}{\partial s}<0, ⑥ \frac{\partial q_g^{r^*}}{\partial s}>0。$$

证明：对普通产品和绿色产品的批发价格、销售价格、需求量求解关于补贴额度 s 的一阶偏导数可得：

$$① \frac{\partial\omega_n^{r^*}}{\partial s}=0, ② \frac{\partial\omega_g^{r^*}}{\partial s}=\frac{1}{2}>0, ③ \frac{\partial p_n^{r^*}}{\partial s}=\frac{1}{2-8\theta}<0, ④ \frac{\partial p_g^{r^*}}{\partial s}=\frac{\theta}{1-4\theta}<0, ⑤ \frac{\partial q_n^{r^*}}{\partial s}=-\frac{\theta}{2\eta(-1+\theta)(-1+4\theta)}<0, ⑥ \frac{\partial q_g^{r^*}}{\partial s}=\frac{-1+2\theta}{2\eta(1-5\theta+4\theta^2)}>0;$$

　　由结论 3.2 可知,政府补贴绿色产品零售商的情况下,绿色产品的批发价格及需求量与政府补贴额度正相关,销售价格与政府补贴额度负相关,这是因为政府补贴绿色产品零售商时,制造商为了分摊到一定的补贴而提高绿色产品的批发价格,而绿色产品零售商在得到政府补贴后,通过降低销售价格与消费者分摊补贴,从而绿色产品的需求量也逐渐得到提高,因此,政府补贴绿色产品零售商对绿色产品的批发价格、需求量的提高及销售价格的降低有促进作用,即政府补贴绿色产品零售商能够促进绿色产品的销售。对于普通产品而言,政府补贴对普通产品的价格决策及需求量的影响与补贴制造商情况下的影响相同。

3.1.2.4　政府对绿色产品消费者的补贴模型

　　政府对绿色产品消费者进行补贴时,消费者购买普通产品和绿色产品的消费盈余分别为 $U_n = \eta V - p_n^c$, $U_g = \theta \eta V - p_g^c + s$。 根据效用最大化原则,求得政府补贴绿色产品消费者时,普通产品和绿色产品的需求函数分别为:

$$q_n^c = \frac{p_g^c - \theta p_n^c - s}{\eta(\theta - 1)} \tag{3.12}$$

$$q_g^c = \alpha - \frac{p_g^c - p_n^c - s}{\eta(\theta - 1)} \tag{3.13}$$

　　政府补贴绿色产品消费者的情况下,制造商、普通产品零售商、绿色产品零售商的利润函数分别为:

$$\pi_M^c = (\omega_n^c - c_n) q_n^c + (\omega_g^c - c_g) q_g^c \tag{3.14}$$

$$\pi_{R1}^c = (p_n^c - \omega_n^c) q_n^c \tag{3.15}$$

$$\pi_{R2}^c = (p_g^c - \omega_g^c) q_g^c \tag{3.16}$$

命题 3.5：式（3.15）和式（3.16）分别是关于变量 p_n^c，p_g^c 的凹函数，将式（3.15）和式（3.16）的最优解代入式（3.14），可得出式（3.14）是关于变量 ω_n^c，ω_g^c 的凹函数。

证明：首先，将式（3.12）和式（3.13）分别代入式（3.15）和式（3.16）中得，$\pi_{R1}^c = (p_n^c - \omega_n^c)\dfrac{p_g^c - \theta p_n^c - s}{\eta(\theta-1)}$，$\pi_{R2}^c = (p_g^c - \omega_g^c)\dfrac{\alpha\eta(\theta-1) - (p_g^c - p_n^c - s)}{\eta(\theta-1)}$，由于 $\theta > 1$，$0 \leqslant \eta \leqslant 1$，可知 π_{R1}^c，π_{R2}^c 分别是关于变量 p_n^c，p_g^c 开口向下的抛物线的函数，所以可得出，π_{R1}^c 是关于变量 p_n^c 的凹函数，π_{R2}^c 是关于变量 p_g^c 的凹函数。

其次，对式（3.15）和式（3.16）进行求解，得出 $p_n^c = \dfrac{\omega_g^c + 2\theta\omega_n^c + \alpha\eta(\theta-1) - s}{4\theta - 1}$，$p_g^c = \dfrac{2\theta\omega_g^c + \theta\omega_n^c + 2\alpha\theta\eta(\theta-1) - s + 2\theta s}{4\theta - 1}$，将式（3.12）、式（3.13），$p_n^c$，$p_g^c$ 分别代入式（3.14）中可得 $\pi_M^c = (\omega_n^c - c_n)\left[\dfrac{2\theta\omega_g^c + \theta\omega_n^c + 2\alpha\theta\eta(\theta-1) + 2\theta s - s}{\eta(\theta-1)(4\theta-1)} + \theta\dfrac{-\omega_g^c - 2\omega_n^r - \alpha\eta(\theta-1) + s}{\eta(\theta-1)(4\theta-1)}\right] + (\omega_g^c - c_g)\left[1 - \dfrac{2\theta\omega_g^c + \theta\omega_n^c + 2\alpha\theta\eta(\theta-1) + 2\theta s - s}{\eta(\theta-1)(4\theta-1)} + \dfrac{-\omega_g^c - 2\theta\omega_n^c - \alpha\eta(\theta-1) + s}{\eta(\theta-1)(4\theta-1)}\right]$，通过对该式关于 ω_n^c，ω_g^c 求二阶偏导，可得关于 ω_n^c，ω_g^c 的海塞矩阵：

$$
\begin{bmatrix}
\dfrac{\partial^2 \pi_M^c}{\partial \omega_n^{c2}} & \dfrac{\partial^2 \pi_M^c}{\partial \omega_n^c \partial \omega_g^c} \\[2mm]
\dfrac{\partial^2 \pi_M^c}{\partial \omega_g^c \partial \omega_n^c} & \dfrac{\partial^2 \pi_M^c}{\partial \omega_g^{c2}}
\end{bmatrix}
=
\begin{bmatrix}
\dfrac{2\theta(1-2\theta)}{\eta(1-4\theta)(1-\theta)} & \dfrac{2\theta}{\eta(1-4\theta)(1-\theta)} \\[2mm]
\dfrac{2\theta}{\eta(1-4\theta)(1-\theta)} & \dfrac{2-4\theta}{\eta(1-4\theta)(1-\theta)}
\end{bmatrix}
$$

海塞矩阵的一阶主子式 $D_1^c = \dfrac{2\theta(1-2\theta)}{\eta(1-4\theta)(1-\theta)} < 0$，二阶主子

式 $D_2^c = \dfrac{4\theta}{\eta^2(1-4\theta)(1-\theta)} > 0$，因此，式（3.14）是关于 ω_n^c，ω_g^c 的凹函数，即存在一组唯一解。

由命题 3.5 可知，可得政府补贴给绿色产品消费者的情况下的产品价格、需求量及企业利润如表 3-4 所示：

表 3-4　政府补贴绿色产品消费者时的产品价格、需求量及企业利润

变量	最优解
ω_n^{c*}	$(\alpha\eta + c_n)/2$
ω_g^{c*}	$(s + \alpha\eta\rho + c_g)/2$
p_n^{c*}	$(-s - 2\alpha\eta + 5\alpha\eta\rho + c_g + 2\theta c_n)/(-2+8\theta)$
p_g^{c*}	$(-2s + 6s\theta - 3\alpha\eta\rho + 6\alpha\eta\rho^2 + 2\theta c_g + \theta c_n)/(-2+8\theta)$
q_n^{c*}	$\theta(-s+X_1)/[2\eta(-1+\theta)(-1+4\theta)]$
q_g^{c*}	$[-s(1-2\theta)+X_2]/[2\eta(-1+\theta)(-1+4\theta)]$
π_{R1}^{c*}	$\theta(-s+X_1)^2/[4\eta(1-4\theta)^2(-1+\theta)]$
π_{R2}^{c*}	$[-s(1-2\theta)+X_2]^2/[4\eta(1-4\theta)^2(-1+\theta)]$
π_M^{c*}	$[\theta(-s+X_1)(\alpha\eta-c_n)+(-s+2\theta s+X_2)(s+\alpha\eta\rho-c_g)]/[4\eta(-1+\theta)(-1+4\theta)]$

结论 3.3：当政府对绿色产品消费者进行补贴时，政府对单位绿色产品的补贴额度 s 对批发价格、销售价格、需求量的影响如下：

① $\dfrac{\partial \omega_n^{c*}}{\partial s} = 0$，② $\dfrac{\partial \omega_g^{c*}}{\partial s} > 0$，③ $\dfrac{\partial p_n^{c*}}{\partial s} < 0$，④ $\dfrac{\partial p_g^{c*}}{\partial s} > 0$，⑤ $\dfrac{\partial q_n^{c*}}{\partial s} <$

0，⑥ $\dfrac{\partial q_g^{c*}}{\partial s} > 0$。

证明：对普通产品和绿色产品的批发价格、销售价格、需求量求解关于补贴额度 s 的一阶偏导数可得：

① $\dfrac{\partial \omega_n^{c^*}}{\partial s}=0$,② $\dfrac{\partial \omega_g^{c^*}}{\partial s}=\dfrac{1}{2}>0$,③ $\dfrac{\partial p_n^{c^*}}{\partial s}=\dfrac{1}{1-4\theta}<0$,④ $\dfrac{\partial p_g^{c^*}}{\partial s}=$

$\dfrac{1-3\theta}{1-4\theta}>0$,⑤ $\dfrac{\partial q_n^{c^*}}{\partial s}=-\dfrac{\theta}{2\eta(-1+\theta)(-1+4\theta)}<0$,

⑥ $\dfrac{\partial q_g^{c^*}}{\partial s}=\dfrac{-1+2\theta}{2\eta(1-5\theta+4\theta^2)}>0$;

由结论 3.3 可知,政府补贴绿色产品消费者的情况下,绿色产品的批发价格、销售价格及需求量与政府补贴额度均正相关,政府补贴提高了绿色产品的批发价格、销售价格及需求量,主要原因是政府补贴绿色产品消费者时,制造商和绿色产品零售商为了分摊到一定的补贴而提高绿色产品的批发价格和销售价格,此外,由于消费者购买绿色产品能够获得相应的政府补贴,因此能够进一步促进绿色产品的销售,从而绿色产品的需求量增加,即政府补贴绿色产品消费者同样有利于提高绿色产品的市场占有率。对于普通产品而言,政府补贴对普通产品的价格决策及需求量的影响与补贴制造商情况下和补贴绿色产品零售商的情况下的影响均相同。

结论 3.4:四种模型下的批发价格、销售价格、需求量及各利润的比较情况如下:

(1) $\omega_n^{o^*}=\omega_n^{m^*}=\omega_n^{r^*}=\omega_n^{c^*}$,$\omega_g^{r^*}=\omega_g^{c^*}>\omega_g^{o^*}>\omega_g^{m^*}$;

(2) $p_n^{o^*}>p_n^{m^*}=p_n^{r^*}=p_n^{c^*}$,$p_g^{c^*}>p_g^{o^*}>p_g^{m^*}=p_g^{r^*}$;

(3) $q_n^{o^*}>q_n^{m^*}=q_n^{r^*}=p_n^{c^*}$,$q_g^{m^*}=q_g^{r^*}=q_g^{c^*}>q_g^{o^*}$;

(4) $\pi_{R1}^{o^*}>\pi_{R1}^{m^*}=\pi_{R1}^{r^*}=\pi_{R1}^{c^*}$,$\pi_{R2}^{m^*}=\pi_{R2}^{r^*}=\pi_{R2}^{c^*}>\pi_{R2}^{o^*}$;

(5) 当 $s>\max\{0,X_5\}$ 时,$\pi_M^{m^*}=\pi_M^{r^*}=\pi_M^{c^*}>\pi_M^{o^*}$。

证明:(1)由 $\omega_n^{o^*}-\omega_n^{m^*}=\omega_n^{m^*}-\omega_n^{r^*}=\omega_n^{r^*}-\omega_n^{c^*}=\omega_n^{c^*}-\omega_n^{o^*}=$

0,可得 $\omega_n^{o^*}=\omega_n^{m^*}=\omega_n^{r^*}=\omega_n^{c^*}$;由 $\omega_g^{r^*}-\omega_g^{c^*}=0$,$\omega_g^{c^*}-\omega_g^{o^*}=\dfrac{1}{2}s$,

$\omega_g^{c^*} - \omega_g^{m^*} = s$，$\omega_g^{o^*} - \omega_g^{m^*} = \dfrac{1}{2}s$，因此，可得 $\omega_g^{r^*} = \omega_g^{c^*} > \omega_g^{o^*} > \omega_g^{m^*}$，同理可证 (2)、(3)、(4)。

（5）由 $\pi_M^{m^*} - \pi_M^{r^*} = 0$，$\pi_M^{m^*} - \pi_M^{c^*} = 0$，$\pi_M^{r^*} - \pi_M^{c^*} = 0$ 可得出，$\pi_M^{m^*} = \pi_M^{r^*} = \pi_M^{c^*}$，当 $s > X_5$ 时，可知 $\pi_M^{m^*} - \pi_M^{o^*} =$

$$\dfrac{s[s(-1+2\theta) + 2(1-2\theta)c_g + 2\theta c_n + 4\alpha\eta\theta(-1+\theta)]}{4\eta(-1+\theta)(-1+4\theta)} > 0，可得$$

$\pi_M^{m^*} > \pi_M^{o^*}$，即可得当 $s > \max\{0, X_5\}$ 时，$\pi_M^{m^*} = \pi_M^{r^*} = \pi_M^{c^*} > \pi_M^{o^*}$，

其中 $X_5 = \dfrac{4\alpha\eta\theta(-1+\theta) + 2(1-2\theta)c_g + 2\theta c_n}{(1-2\theta)}$。

由结论 3.4 可知，通过比较，首先，当政府补贴给制造商时，绿色产品的批发价格和销售价格都是最小的，当政府补贴给绿色产品消费者时，绿色产品的批发价格和销售价格都是最大的。当政府补贴给绿色产品零售商时，绿色产品的批发价格与补贴给绿色消费者时的相同，绿色产品的销售价格与补贴给制造商时的相同，主要是因为政府补贴给制造商时，制造商通过降低批发价格与绿色产品零售商共享政府补贴，绿色产品零售商通过降低销售价格与绿色产品消费者共享政府补贴，当政府补贴给绿色产品消费者时，制造商和绿色产品零售商分别通过提高批发价格和销售价格来共享政府补贴，当政府补贴给绿色产品零售商时，制造商通过提高批发价格来共享政府补贴，绿色产品零售商通过降低销售价格与消费者共享政府补贴。

其次，对于三种补贴方式，无论政府采取哪种补贴方式，普通产品的批发价格、销售价格、需求量，绿色产品的需求量以及各个企业的利润都不变。再次，普通产品的批发价格在补贴前后没有变化，而销售价格、需求量都是比补贴前的小，说明政府补贴减少了市场对普

通产品的需求,在企业利润方面,绿色产品零售商的利润比补贴前的利润大,普通产品零售商的利润比补贴前的利润小,当 $s > \max\{0,$ $X_5\}$ 时,制造商的利润比补贴前的利润大,说明政府补贴使得绿色产品零售商的利润增加,普通产品零售商的利润减少,而制造商的利润变化取决于政府补贴额度的大小。

3.1.3 数值仿真

为了验证政府补贴不同主体情境下基于消费者异质性的传统绿色供应链定价决策模型的有效性,下面将通过对模型内相关参数进行赋值,来进一步分析并验证相关结论。对算例中的参数赋值如下: $\alpha = 60$, $c_n = 10$, $c_g = 38$, $\theta = 2.86$, $\eta = 0.36$, $s = 16$。

3.1.3.1 模型最优解数值对比分析

将各参数赋值代入上文所计算的最优解式子中,并将四种模型的所得结果进行对比,如表3-5所示。

表3-5 模型最优解数值对比

i	ω_n^*	ω_g^*	p_n^*	p_g^*	q_n^*	q_g^*	π_{R1}^*	π_{R2}^*	π_M^*
o	15.80	49.89	17.28	53.67	6.34	5.65	9.40	21.40	103.96
m	15.80	41.89	16.52	49.29	3.06	11.06	2.20	81.84	237.64
r	15.80	57.89	16.52	49.29	3.06	11.06	2.20	81.84	237.64
c	15.80	57.89	16.52	65.29	3.06	11.06	2.20	81.84	237.64

从表3-5可知,与无政府补贴模型相比,在政府补贴三种不同主体模型下,普通产品的批发价格不变,销售价格下降,需求量减少,普通产品零售商的利润减少,绿色产品零售商的利润增加,且当 $s >$ $\max\{0, -33.49\}$ 时,制造商的利润增加。与无政府补贴模型相比,在政府补贴制造商模型下,绿色产品的批发价格和销售价格均下降,

需求量增加；在政府补贴绿色产品零售商模型下，绿色产品的批发价格升高，销售价格下降，需求量增加；在政府补贴绿色产品消费者模型下，绿色产品的批发价格和销售价格均升高，需求量增加。同时，由表 3-5 可进一步得到 $\omega_n^{o*} = \omega_n^{m*} = \omega_n^{c*}$，$\omega_g^{r*} = \omega_g^{c*} > \omega_g^{o*} > \omega_g^{m*}$，$p_n^{o*} > p_n^{m*} = p_n^{r*} = p_n^{c*}$，$p_g^{c*} > p_g^{o*} > p_g^{m*} = p_g^{r*}$，$p_n^{o*} > p_n^{m*} = p_n^{r*} = p_n^{c*}$，$q_g^{m*} = q_g^{r*} = q_g^{c*} > q_g^{o*}$，$\pi_{R1}^{o*} > \pi_{R1}^{m*} = \pi_{R1}^{r*} = \pi_{R1}^{c*}$，$\pi_{R2}^{m*} = \pi_{R2}^{r*} = \pi_{R2}^{c*} > \pi_{R2}^{o*}$，当 $s > \max\{0, -33.49\}$ 时，$\pi_M^{m*} = \pi_M^{r*} = \pi_M^{c*} > \pi_M^{o*}$，所得结果与结论 3.4 一致。

3.1.3.2　政府补贴的影响

在政府补贴三种不同主体情境下，政府补贴额度 s 在范围[0，16]内变动时对产品价格和需求量及企业利润的影响如图 3-2(a)、3-2(b)、3-2(c)、3-2(d)所示。

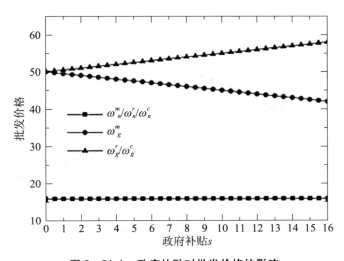

图 3-2(a)　政府补贴对批发价格的影响

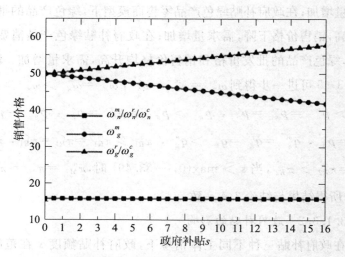

图 3-2(b)　政府补贴对销售价格的影响

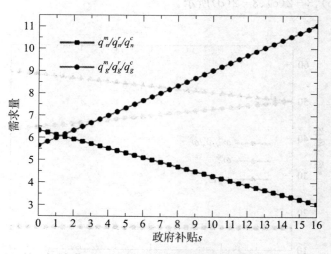

图 3-2(c)　政府补贴对需求量的影响

　　由图 3-2(a)、3-2(b)、3-2(c)、3-2(d)可知,在政府补贴绿色产品制造商时,绿色产品的批发价格和销售价格均随着补贴额度 s

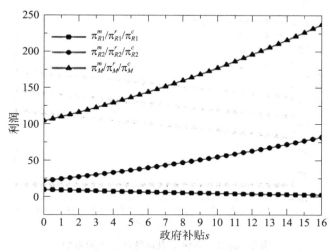

图 3 - 2(d)　政府补贴对利润的影响

的增加而降低;在政府补贴绿色产品零售商时,绿色产品的批发价格
均随着补贴额度 s 的增加而升高,绿色产品的销售价格均随着补贴
额度 s 的增加而降低;在政府补贴绿色产品消费者时,绿色产品的批
发价格和销售价格均随着补贴额度 s 的增加而升高;政府在补贴三
种不同主体情境下,随着补贴额度 s 的增加,普通产品的批发价格不
变,普通产品的销售价格和需求量均随之降低,绿色产品的需求量均
随之升高,制造商和绿色产品零售商的利润均随之升高,普通产品零
售商的利润均随之降低。说明政府补贴能够促进绿色产品的销售,
提高绿色产品的市场竞争力,从而推动绿色供应链的发展,且政府补
贴对制造商和绿色产品零售商有利,对普通产品零售商不利。

3.1.3.3　消费者环保意识的影响

为探究消费者环保意识系数对产品价格、需求量及企业利润的
影响,取 θ 的变动范围为 $[2.2, 3.2]$,所得结果如图 3 - 3(a)、3 - 3
(b)、3 - 3(c)、3 - 3(d)所示。

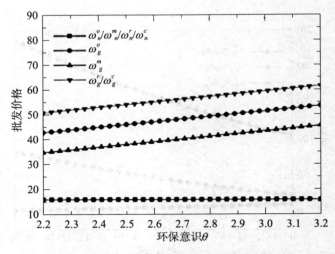

图 3-3(a)　环保意识对批发价格的影响

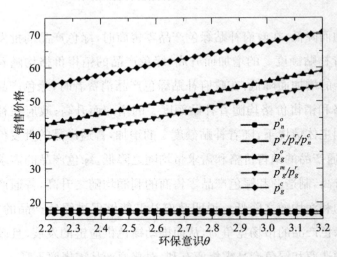

图 3-3(b)　环保意识对销售价格的影响

由图 3-3(a)、3-3(b)、3-3(c)、3-3(d)可知,在四个模型中,随着环保意识系数 θ 的增加,普通产品的批发价格均不变,普通产品的批发价格和需求量均逐渐降低;绿色产品的批发价格、销售价格及

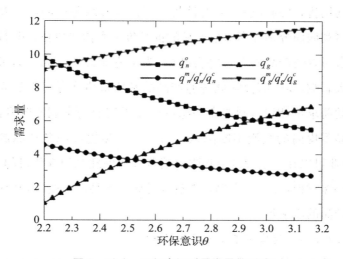

图 3 - 3(c)　环保意识对需求量的影响

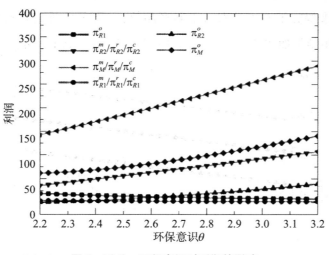

图 3 - 3(d)　环保意识对利润的影响

需求量均逐渐升高;制造商和绿色产品零售商的利润均逐渐升高,普通产品零售商的利润均逐渐降低,说明环保意识的提高会促进绿色产品的销售,抑制普通产品的销售。制造商和绿色产品零售商为获得更多利润而分别提高绿色产品的批发价格和销售价格;相对应地,消费者对普通产品需求量将会减少,为了避免普通产品的需求量受到太大影响,零售商会降低普通产品的销售价格来尽可能提高普通产品的需求量,因此,制造商和绿色产品零售商的利润不断升高,普通产品零售商的利润不断降低。为了进一步提高绿色产品的需求量,企业可以在一定程度上加强对消费者环保理念的宣传,提高消费者的环保意识,并进一步提高消费者对绿色产品的接受度,从而提高绿色产品的需求量。

3.1.3.4 消费者消费水平的影响

由约束条件得消费者消费水平 η 在 $[0.24, 0.39]$ 范围内变动时,市场中同时存在普通产品和绿色产品,取 η 的变动范围为 $[0.26, 0.36]$ 来探究消费者消费水平对产品价格、需求量及企业利润的影响,所得结果如图 3-4(a)、3-4(b)、3-4(c)、3-4(d)所示。

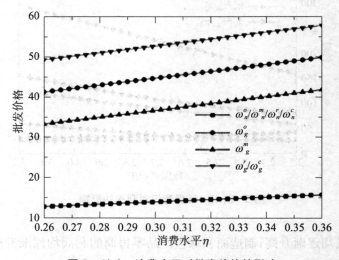

图 3-4(a) 消费水平对批发价格的影响

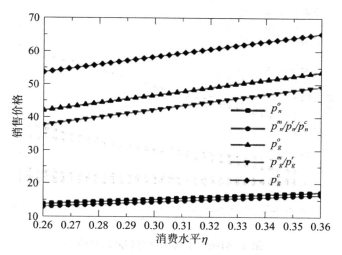

图 3-4(b)　消费水平对销售价格的影响

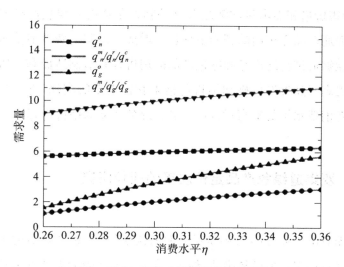

图 3-4(c)　消费水平对需求量的影响

由图 3-4(a)、3-4(b)、3-4(c)、3-4(d) 可知,在四种模型中,随着消费者消费水平系数 η 的增加,普通产品和绿色产品的批发价

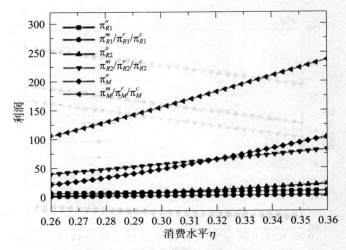

图 3-4(d)　消费水平对利润的影响

格、销售价格和需求量均随之升高,同时,制造商和绿色产品零售商以及普通产品零售商的利润也均随之增加。说明消费者消费水平的提高能够促进普通产品和绿色产品的销售,因此,制造商和零售商都纷纷提高产品批发价格和销售价格来获得更多的利润,进一步说明消费者消费水平的提高对普通产品和绿色产品的销售均有益。

3.2　双渠道绿色产品定价决策的问题研究

随着电子商务的兴起和互联网的快速发展,越来越多的企业引入网络直销渠道的营销模式,线上、线下渠道之间的渠道冲突日益加剧。同时,绿色管理理念引入供应链中,使得供应链环境变得更为复杂。本节将研究政府补贴不同主体情境下基于消费者双重偏好的双渠道绿色供应链中产品协同定价决策的问题。将消费者绿色偏好和渠道偏好双重偏好综合考虑到市场需求中,研究了在无政府补贴、政府补贴给制造商和政府补贴给绿色产品消费者三种情境下,双渠道绿色供应链中普通产品和绿色产品的协同定价决策问题,并将不同补贴情境下的产品价格决策、需求量以及利润进行了比较,进一步分析了政府补贴、消费者绿色偏好、消费者渠道偏好对双渠道绿色供应链产品定价决策、需求量及企业利润的影响,为双渠道绿色供应链中的企业在政府补贴不同主体情境下进行定价决策提供理论依据,旨在促进企业的绿色发展,进而推动环境的可持续发展。

3.2.1　问题描述与条件假设

本节针对由一个制造商 M 和一个普通产品零售商 $R1$ 组成的双渠道绿色供应链(供应链结构框架如图 3-5 所示),考虑消费者的绿色偏好和渠道偏好,研究在有、无政府补贴下,双渠道绿色供应链中普通产品和绿色产品的协同定价决策问题。制造商生产普通产品和绿色产品,并通过两种销售渠道将普通产品和绿色产品推向市场,一种是制造商通过线下渠道将普通产品以价格 ω_n 批发给普通产品零售商,普通产品零售商再以价格 p_n 将普通产品销售给消费者,则有 $p_n > \omega_n$,另一种是制造商通过线上直销渠道将绿色产品以价格 p_g 销售给消费者。假设单位普通产品和单位绿色产品的生产成本分别为 c_n, c_g,由于绿色产品的生产需要投入大量的绿色技术,因此假设 $c_g > c_n$。

为了促进绿色产品的发展,用 s 表示政府对单位绿色产品的补贴额度,假设政府对绿色产品的补贴方式有两种,其中,一种是对制造商进行补贴,一种是对绿色产品消费者进行补贴。m 表示政府补贴给制造商的情境,c 表示政府补贴给绿色产品消费者的情境。假设制造商在市场中处于主导地位,零售商处于从属地位。

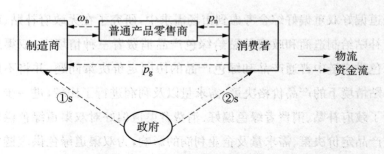

图 3-5　双渠道绿色供应链结构框架

假设单位普通产品的批发价格分别为 ω_n^i，普通产品和绿色产品的销售价格分别为 p_n^i，p_g^i，普通产品和绿色产品的需求量分别为 q_n^i，q_g^i，用 π_M^i，π_R^i 分别表示制造商,普通产品零售商的利润,其中 i 表示三种不同补贴情境,$i=\{o,m,c\}$。

同时,考虑市场上的消费者具有绿色偏好和渠道偏好双重偏好,随着消费者绿色意识的不断提高,消费者对绿色产品的偏好性影响其对绿色产品价格的接受程度,即拥有绿色偏好的消费者愿意为绿色产品支付比普通产品更高的价格。假设绿色产品的绿色水平为 ε,消费者对单位绿色产品的绿色水平敏感系数为 $\delta(0\leqslant\delta\leqslant1)$。假设消费者对线下渠道的偏好系数为 $\rho(0\leqslant\rho\leqslant1)$,则对线上直销渠道的偏好系数为 $(1-\rho)$。以 Huang 和 Swaminathan(2009)等建立的需求函数为基础,考虑消费者偏好及渠道间的相互影响,构建普通产品和绿色产品的需求函数为:

$$q_n=\rho\alpha-\beta p_n+\gamma p_g+(1-\delta)\varepsilon \qquad (3.17)$$

$$q_g=(1-\rho)\alpha-\beta p_g+\gamma p_n+\delta\varepsilon \qquad (3.18)$$

其中,q_n 和 q_g 分别是普通产品和绿色产品的需求量,p_n 和 p_g 分别是普通产品和绿色产品的销售价格,α 为线下渠道市场的潜在需求,β 为自身价格的需求弹性系数($\beta > 0$),γ 为交叉价格的需求弹性系数($\gamma > 0$),并假设 $\beta > \gamma > 0$,表示每个渠道自身价格的需求弹性大于交叉价格的需求弹性。

3.2.2　模型构建与求解

3.2.2.1　无政府补贴模型

在没有政府补贴的情况下,可得普通产品零售商、制造商的利润函数分别为:

$$\pi_R^o = (p_n^o - \omega_n^o)q_n^o \tag{3.19}$$

$$\pi_M^o = (\omega_n^o - c_n)q_n^o + (p_g^o - c_g)q_g^o \tag{3.20}$$

将(3.17)式代入(3.19)式中,可进一步得到普通产品零售商的利润函数为:

$$\pi_R^o = (p_n^o - \omega_n^o)\left[\rho\alpha - \beta p_n^o + \gamma p_g^o + (1-\delta)\varepsilon\right] \tag{3.21}$$

将(3.17)、(3.18)式代入到(3.20)式中,可进一步得到制造商的利润函数为:

$$\pi_M^o = (\omega_n^o - c_n)\left[\rho\alpha - \beta p_n^o + \gamma p_g^o + (1-\delta)\varepsilon\right] + \\ (p_g^o - c_g)\left[(1-\rho)\alpha - \beta p_g^o + \gamma p_n^o + \delta\varepsilon\right] \tag{3.22}$$

命题 3.6:式(3.21)是关于变量 p_n^o 的凹函数,式(3.22)是关于变量 ω_n^o,p_g^o 的凹函数。

证明:首先,由于 $\beta > 0$,可知 π_R^o 是关于变量 p_n^o 开口向下的抛物线函数,所以可得出,π_R^o 是关于变量 p_n^o 的凹函数,存在唯一解使式(3.21)达到最优。

其次,对式(3.21)进行求解,得出 $p_n^o = \dfrac{(1-\delta)\varepsilon + \alpha\rho + \gamma p_g^o + \beta\omega_n^o}{2\beta}$,

将 p_n^o 代入式(3.22)中得 $\pi_M^o = (\omega_n^o - c_n)\left[\rho\alpha - \dfrac{(1-\delta)\varepsilon + \alpha\rho + \gamma p_g^o + \beta\omega_n^o}{2} + \right.$

$\left. \gamma p_g^o + (1-\delta)\varepsilon\right] + (p_g^o - c_g)\left[(1-\rho)\alpha - \beta p_g^o + \gamma \dfrac{(1-\delta)\varepsilon + \alpha\rho + \gamma p_g^o + \beta\omega_n^o}{2\beta} + \delta\varepsilon\right]$,

通过对该式关于 ω_n^o，p_g^o 求二阶偏导，可得关于 ω_n^o，p_g^o 的海塞矩阵如下：

$$\begin{bmatrix} \dfrac{\partial^2 \pi_M^o}{\partial \omega_n^{o2}} & \dfrac{\partial^2 \pi_M^c}{\partial \omega_n^c \partial p_g^o} \\[3mm] \dfrac{\partial^2 \pi_M^o}{\partial p_g^o \partial \omega_n^o} & \dfrac{\partial^2 \pi_M^o}{\partial p_g^{o2}} \end{bmatrix} = \begin{bmatrix} -\beta & \gamma \\[2mm] \gamma & -2\beta + \dfrac{\gamma^2}{\beta} \end{bmatrix}$$

海塞矩阵的一阶主子式 $D_1^o = -\beta < 0$，二阶主子式 $D_2^o = 2\beta^2 - 2\gamma^2 > 0$，因此，式(3.22)是关于 ω_n^o，p_g^o 的凹函数，即存在一组唯一解。

由命题 3.7 可知，无政府补贴模型下的产品价格、需求量及企业利润如表 3-6 所示：

表 3-6　无政府补贴时的产品价格、需求量及企业利润

变量	最优解
ω_n^{m*}	$[Y_2 + c_n(\beta^2 - \gamma^2)]/[2(\beta^2 - \gamma^2)]$
p_n^{m*}	$[2\beta Y_2 + Y_4(\beta^2 - \gamma^2)]/[4\beta(\beta^2 - \gamma^2)]$
p_g^{m*}	$[Y_1 + c_g(\beta^2 - \gamma^2)]/[2(\beta^2 - \gamma^2)]$
q_n^{m*}	$Y_4/4$
q_g^{m*}	$Y_3/4\beta$
π_R^{m*}	$(Y_4)^2/16\beta$
π_M^{m*}	$[(Y_1 - (\beta^2 - \gamma^2)c_g)Y_3 + \beta Y_4(Y_2 - \beta^2 c_n + \gamma^2 c_n)]/[8(\beta^3 - \beta\gamma^2)]$

其中令 $Y_1 = (\gamma + \beta\delta - \gamma\delta)\varepsilon + \alpha(\beta - \beta\rho + \gamma\rho)$，$Y_2 = (\beta - \beta\delta + \gamma\delta)\varepsilon + \alpha(\gamma + \beta\rho - \gamma\rho)$，$Y_3 = 2\alpha\beta + \gamma\varepsilon + 2\beta\delta\varepsilon - \gamma\delta\varepsilon - 2\alpha\beta\rho + \alpha\gamma\rho + (-2\beta^2 + \gamma^2)c_g + \beta\gamma c_n$，$Y_4 = \varepsilon - \delta\varepsilon + \alpha\rho + \gamma c_g - \beta c_n$，$Y_5 = (\beta^2 - \gamma^2)(s - c_g)$，$Y_6 = \dfrac{-2\alpha\beta(1-\rho) + (2\beta^2 - \gamma^2)c_g - \gamma(\varepsilon + \alpha\rho + \beta c_n)}{(2\beta - \gamma)\varepsilon}$，

$Y_7 = \dfrac{(\beta - \gamma)\varepsilon - (2\beta + \gamma\rho - 3\beta\rho)\alpha + (2\beta^2 - \gamma^2 + \beta\gamma)c_g - (\beta^2 + \beta\gamma)c_n}{\varepsilon(3\beta - \gamma)}$。

为保证求得的解为有效解,研究的约束条件需满足 $0 \leqslant q_g < q_n$ (Yan 等,2015),从而得到命题 3.8 如下。

命题 3.8:无政府补贴模型下,普通产品和绿色产品的市场竞争关系如下:

(1) 当 $0 \leqslant \delta \leqslant \min\{1, Y_6\}$ 时,绿色产品的需求量为 0,其中 $Y_6 = \dfrac{-2\alpha\beta(1-\rho) + (2\beta^2 - \gamma^2)c_g - \gamma(\varepsilon + \alpha\rho + \beta c_n)}{(2\beta - \gamma)\varepsilon}$;

(2) 当 $\max\{0, Y_6\} < \delta \leqslant \min\{1, Y_7\}$,市场中同时存在普通产品和绿色产品。

证明:(1)市场中不存在绿色产品的条件为 $q_g^{o*} \leqslant 0$,从而得到 $2\alpha\beta + \gamma\varepsilon + 2\beta\delta\varepsilon - \gamma\delta\varepsilon - 2\alpha\beta\rho + \alpha\gamma\rho + (-2\beta^2 + \gamma^2)c_g + \beta\gamma c_n \leqslant 0$,即 $\delta \leqslant \dfrac{-2\alpha\beta(1-\rho) + (2\beta^2 - \gamma^2)c_g - \gamma(\varepsilon + \alpha\rho + \beta c_n)}{(2\beta - \gamma)\varepsilon}$，又由假设可知 $0 \leqslant \delta \leqslant 1$，故可得 $0 \leqslant \delta \leqslant \min\{1, Y_6\}$，其中 $Y_6 = \dfrac{-2\alpha\beta(1-\rho) + (2\beta^2 - \gamma^2)c_g - \gamma(\varepsilon + \alpha\rho + \beta c_n)}{(2\beta - \gamma)\varepsilon}$。

(2) 市场中同时存在普通产品与绿色产品时,由于绿色产品还是初期发展阶段,因此,假设 $0 < q_g^{o*} < q_n^{o*}$,求解 $q_g^{o*} > 0$,解得 $\delta > \dfrac{-2\alpha\beta(1-\rho) + (2\beta^2 - \gamma^2)c_g - \gamma(\varepsilon + \alpha\rho + \beta c_n)}{(2\beta - \gamma)\varepsilon}$，由 $q_g^{o*} < q_n^{o*}$，可

得 $\beta(\varepsilon - \delta\varepsilon + \alpha\rho + \gamma c_g - \beta c_n) - [(\gamma + 2\beta\delta - \gamma\delta)\varepsilon - 2\alpha\beta(-1 + \rho) + \alpha\gamma\rho + (-2\beta^2 + \gamma^2)c_g + \beta\gamma c_n] > 0$，解得 $\delta < $

$$\frac{(\beta - \gamma)\varepsilon - (2\beta + \gamma\rho - 3\beta\rho)\alpha + (2\beta^2 - \gamma^2 + \beta\gamma)c_g - (\beta^2 + \beta\gamma)c_n}{\varepsilon(3\beta - \gamma)},$$

又 $0 \leqslant \delta \leqslant 1$，故可得 $\max\{0, Y_6\} < \delta \leqslant \min\{1, Y_7\}$，其中

$$Y_7 = \frac{(\beta - \gamma)\varepsilon - (2\beta + \gamma\rho - 3\beta\rho)\alpha + (2\beta^2 - \gamma^2 + \beta\gamma)c_g - (\beta^2 + \beta\gamma)c_n}{\varepsilon(3\beta - \gamma)}。$$

由命题 3.8 可知当消费者绿色偏好系数 $0 \leqslant \delta \leqslant \min\{1, Y_6\}$ 时，制造商将不会生产绿色产品，主要是因为当消费者的绿色偏好系数较低时，消费者购买绿色产品的意愿也会很低，因此绿色产品的需求量为 0，制造商将不再生产绿色产品。当 $\max\{0, Y_6\} < \eta \leqslant \min\{1, Y_7\}$ 时，制造商既生产普通产品也生产绿色产品，主要是因为消费者的绿色偏好系数提高，市场中有一部分的消费者愿意购买高环保的绿色产品，因此，制造商将选择同时生产普通产品和绿色产品。

3.2.2.2 政府补贴绿色产品制造商模型

在该模型中，政府对制造商进行一定额度的绿色补贴，可得普通产品零售商、制造商的利润函数分别为：

$$\pi_R^m = (p_n^m - \omega_n^m)q_n^m \tag{3.23}$$

$$\pi_M^m = (\omega_n^m - c_n)q_n^m + (p_g^m - c_g + s)q_g^m \tag{3.24}$$

将(3.17)式带入(3.23)式中，可得普通产品零售商的利润函数为：

$$\pi_R^m = (p_n^m - \omega_n^m)[\rho\alpha - \beta p_n^m + \gamma p_g^m + (1 - \delta)\varepsilon] \tag{3.25}$$

将(3.17)、(3.18)式带入到(3.24)式中，可得制造商的利润函数为：

$$\pi_M^m = (\omega_n^m - c_n)\big[\rho\alpha - \beta p_n^m + \gamma p_g^m + (1-\delta)\varepsilon\big] +$$
$$(p_g^m - c_g + s)\big[(1-\rho)\alpha - \beta p_g^m + \gamma p_n^m + \delta\varepsilon\big]$$

$$(3.26)$$

命题 3.9:式(3.25)是关于变量 p_n^m 的凹函数,式(3.26)是关于变量 ω_n^m, p_g^m 的凹函数。

证明:首先,由于 $\beta > 0$,可知 π_R^m 是关于变量 p_n^m 开口向下的抛物线函数,所以可得出, π_R^m 是关于变量 p_n^m 的凹函数,存在唯一解使式(3.25)达到最优。

其次,对式(3.25)进行求解,得出 $p_n^m = \dfrac{(1-\eta)\theta + \alpha\rho + \gamma p_g^m + \beta\omega_n^m}{2\beta}$,将 p_n^m 代入式(3.26)中得: $\pi_M^0 = (\omega_n^o - c_n)\Big[\alpha\rho - \dfrac{(1-\eta)\theta + \alpha\rho + \gamma p_g^o + \beta\omega_n^o}{2} +$

$\gamma p_g^o + (1-\delta)\varepsilon\Big] + (p_g^o - c_g + s)\Big[(1-\rho)\alpha - \beta p_g^o + \gamma \dfrac{(1-\eta)\theta + \alpha\rho + \gamma p_g^o + \beta\omega_n^o}{2\beta} +$

$\delta\varepsilon\Big]$,通过对该式关于 ω_n^m, p_g^m 求二阶偏导,可得关于 ω_n^m, p_g^m 的海塞矩阵如下:

$$\begin{bmatrix} \dfrac{\partial^2 \pi_M^m}{\partial \omega_n^{m2}} & \dfrac{\partial^2 \pi_M^m}{\partial \omega_n^m \partial p_g^m} \\[3mm] \dfrac{\partial^2 \pi_M^m}{\partial p_g^m \partial \omega_n^m} & \dfrac{\partial^2 \pi_M^m}{\partial p_g^{m2}} \end{bmatrix} = \begin{bmatrix} -\beta & \gamma \\[2mm] \gamma & -2\beta + \dfrac{\gamma^2}{\beta} \end{bmatrix}$$

海塞矩阵的一阶主子式 $D_1^m = -\beta < 0$,二阶主子式 $D_2^m = 2\beta^2 - 2\gamma^2 > 0$,因此,式(3.26)是关于 ω_n^m, p_g^m 的凹函数,即存在一组唯一解。

由命题 3.9 可知,政府补贴制造商时产品价格、需求量及企业利润如表 3-7 所示:

表3-7　政府补贴绿色产品制造商时的产品价格、需求量及企业利润

变量	最优解
ω_n^{m*}	$[Y_2 + c_n(\beta^2 - \gamma^2)]/[2(\beta^2 - \gamma^2)]$
p_n^{m*}	$[2\beta Y_2 + (Y_4 - s\gamma)(\beta^2 - \gamma^2)]/[4\beta(\beta^2 - \gamma^2)]$
p_g^{m*}	$[Y_1 + (c_g - s)(\beta^2 - \gamma^2)]/[2(\beta^2 - \gamma^2)]$
q_n^{m*}	$(-s\gamma + Y_4)/4$
q_g^{m*}	$[s(2\beta^2 - \gamma^2) + Y_3]/4\beta$
π_R^{m*}	$(-s\gamma + Y_4)^2/16\beta$
π_M^{m*}	$[(Y_1 + Y_5)(2\beta^2 s - \gamma^2 s + Y_3) + \beta(-s\gamma + Y_4)(Y_2 - \beta^2 c_n + \gamma^2 c_n)]/[8(\beta^3 - \beta\gamma^2)]$

结论 3.5：当政府对生产绿色产品的制造商进行补贴时，政府对单位绿色产品的补贴额度 s 对批发价格、销售价格、需求量的影响如下：

① $\dfrac{\partial \omega_n^m}{\partial s} = 0$，② $\dfrac{\partial p_n^m}{\partial s} < 0$，③ $\dfrac{\partial p_g^m}{\partial s} < 0$，④ $\dfrac{\partial q_n^m}{\partial s} < 0$，⑤ $\dfrac{\partial q_g^m}{\partial s} > 0$。

证明：对产品批发价格、销售价格、需求量求解关于政府补贴额度 s 的一阶偏导数可得：

① $\dfrac{\partial \omega_n^m}{\partial s} = 0$，② $\dfrac{\partial p_n^m}{\partial s} = -\dfrac{\gamma}{4\beta} < 0$，③ $\dfrac{\partial p_g^m}{\partial s} = -\dfrac{1}{2} < 0$，

④ $\dfrac{\partial q_n^m}{\partial s} = -\dfrac{\gamma}{4} < 0$，⑤ $\dfrac{\partial q_g^m}{\partial s} = \dfrac{2\beta^2 - \gamma^2}{4\beta} > 0$。

结论 3.5 表明，政府补贴制造商的情况下，绿色产品的销售价格与政府补贴额度负相关，需求量与政府补贴额度正相关，主要原因是，当政府对制造商生产的绿色产品进行补贴时，制造商通过降低绿色产品的销售价格与消费者共享补贴，因此，随着补贴额度 s 的增加，绿色产品的销售价格逐渐降低，从而绿色产品的需求量逐渐增

加。对于普通产品而言,普通产品的批发价格不随补贴额度的变化而变化,普通产品的销售价格及需求量均与政府补贴额度呈负相关,主要是因为零售商为了保证市场规模不进一步缩小,不得不降低普通产品的销售价格,但仍有一部分市场被绿色产品所替代,因此,随着补贴额度 s 的增加,普通产品的销售价格逐渐降低,需求量逐渐减少。

3.2.2.3　政府补贴绿色产品消费者模型

在该模型中,政府对绿色产品消费者进行一定额度的绿色补贴,政府对绿色产品消费者进行补贴时,普通产品和绿色产品的需求函数分别为:

$$q_n^c = \rho\alpha - \beta p_n^c + \gamma(p_g^c - s) + (1-\delta)\varepsilon \tag{3.27}$$

$$q_g^c = (1-\rho)\alpha - \beta(p_g^c - s) + \gamma p_n^c + \delta\varepsilon \tag{3.28}$$

因此,进一步可得到普通产品零售商、制造商的利润函数分别为:

$$\pi_R^c = (p_n^c - \omega_n^c)q_n^c \tag{3.29}$$

$$\pi_M^c = (\omega_n^c - c_n)q_n^c + (p_g^c - c_g)q_g^c \tag{3.30}$$

将(3.27)式带入(3.29)式中,可得普通产品零售商的利润函数为:

$$\pi_R^c = (p_n^c - \omega_n^c)[\rho\alpha - \beta p_n^c + \gamma(p_g^c - s) + (1-\delta)\varepsilon] \tag{3.31}$$

将(3.27)、(3.28)式带入到(3.30)式中,可得制造商的利润函数为:

$$\pi_M^c = (\omega_n^c - c_n)[\rho\alpha - \beta p_n^c + \gamma(p_g^c - s) + (1-\delta)\varepsilon] + (p_g^c - c_g)[(1-\rho)\alpha - \beta(p_g^c - s) + \gamma p_n^c + \delta\varepsilon] \tag{3.32}$$

命题 3.10:式(3.31)是关于变量 p_n^c 的凹函数,式(3.32)是关于

变量 ω_n^c，p_g^c 的凹函数。

证明：首先，由于 $\beta > 0$，可知 π_R^c 是关于变量 p_n^c 开口向下的抛物线函数，所以可得出，π_R^c 是关于变量 p_n^c 的凹函数，存在唯一解使式(3.31)达到最优。

其次，对式（3.31）进行求解，得出 $p_n^c = \dfrac{-s\gamma + \theta - r\theta + \alpha\rho + \gamma p_g^c + \beta\omega_n^c}{2\beta}$，将 p_n^c 代入式(3.32)中得：$\pi_M^c = (\omega_n^c - c_n)\left[\alpha - \beta\left(\dfrac{-s\gamma + \varepsilon - \delta\varepsilon + \alpha\rho + \gamma p_g^c + \beta\omega_n^c}{2\beta}\right) + \gamma(p_g^c - s) + (1-\delta)\varepsilon\right] + (p_g^c - c_g)\left[(1-\rho)\alpha - \beta(p_g^c - s) + \left(\dfrac{-s\gamma + \varepsilon - \delta\varepsilon + \alpha\rho + \gamma p_g^c + \beta\omega_n^c}{2\beta}\right) + \delta\varepsilon\right]$，

通过对该式关于 ω_n^c，p_g^c 求二阶偏导，可得关于 ω_n^c，p_g^c 的海塞矩阵如下：

$$\begin{bmatrix} \dfrac{\partial^2 \pi_M^c}{\partial \omega_n^{c2}} & \dfrac{\partial^2 \pi_M^c}{\partial \omega_n^c \partial p_g^c} \\ \dfrac{\partial^2 \pi_M^c}{\partial p_g^c \partial \omega_n^c} & \dfrac{\partial^2 \pi_M^c}{\partial p_g^{c2}} \end{bmatrix} = \begin{bmatrix} -\beta & \gamma \\ \gamma & -2\beta + \dfrac{\gamma^2}{\beta} \end{bmatrix}$$

海塞矩阵的一阶主子式 $D_1^c = -\beta < 0$，二阶主子式 $D_2^c = 2\beta^2 - 2\gamma^2 > 0$，因此，式(3.32)是关于 ω_n^c，p_g^c 的凹函数，即存在一组唯一解。

由命题 3.10 可知，政府补贴绿色产品消费者时的产品价格、需求量及企业利润如表 3-8 所示：

表 3-8　政府补贴绿色产品消费者时的产品价格、需求量及企业利润

变量	最优解
ω_n^{c*}	$[Y_2 + c_n(\beta^2 - \gamma^2)]/[2(\beta^2 - \gamma^2)]$
p_n^{c*}	$[2\beta Y_2 + (Y_4 - s\gamma)(\beta^2 - \gamma^2)]/[4\beta(\beta^2 - \gamma^2)]$

（**续　表**）

变量	最优解
$p_g^{c\ *}$	$[Y_1 + (c_g + s)(\beta^2 - \gamma^2)]/[2(\beta^2 - \gamma^2)]$
$q_n^{c\ *}$	$(-s\gamma + Y_4)/4$
$q_g^{c\ *}$	$[s(2\beta^2 - \gamma^2) + Y_3]/4\beta$
$\pi_R^{c\ *}$	$(-s\gamma + Y_4)^2/16\beta$
$\pi_M^{c\ *}$	$[(Y_1 + Y_5)(2\beta^2 s - \gamma^2 s + Y_3) + \beta(-s\gamma + Y_4)(Y_2 - \beta^2 c_n + \gamma^2 c_n)]/[8(\beta^3 - \beta\gamma^2)]$

结论 3.6：在政府补贴绿色产品消费者模型下，政府对单位绿色产品的补贴额度 s 对产品批发价格、销售价格、需求量的影响如下：

① $\dfrac{\partial \omega_n^{c\ *}}{\partial s} = 0$，② $\dfrac{\partial p_n^{c\ *}}{\partial s} < 0$，③ $\dfrac{\partial p_g^{c\ *}}{\partial s} > 0$，④ $\dfrac{\partial q_n^{c\ *}}{\partial s} < 0$，⑤ $\dfrac{\partial q_g^{c\ *}}{\partial s} > 0$。

证明：对产品批发价格、销售价格、需求量求解关于政府补贴额度 s 的一阶偏导数可得：

① $\dfrac{\partial \omega_n^{c\ *}}{\partial s} = 0$，② $\dfrac{\partial p_n^{c\ *}}{\partial s} = -\dfrac{\gamma}{4\beta} < 0$，③ $\dfrac{\partial p_g^{c\ *}}{\partial s} = \dfrac{1}{2} > 0$，

④ $\dfrac{\partial q_n^{c\ *}}{\partial s} = -\dfrac{\gamma}{4} < 0$，⑤ $\dfrac{\partial q_g^{c\ *}}{\partial s} = \dfrac{2\beta^2 - \gamma^2}{4\beta} > 0$。

结论 3.6 表明，政府补贴绿色产品消费者的情况下，绿色产品的销售价格及需求量与政府补贴额度均正相关，主要原因是政府补贴绿色产品消费者时，制造商为了分摊到一定的补贴而提高绿色产品的销售价格，此外，由于消费者购买绿色产品能够获得相应的政府补贴，因此能够进一步促进绿色产品的销售，从而绿色产品的需求量增加，即政府补贴绿色产品消费者同样有利于提高绿色产品的市场占有率，因此，随着补贴额度 s 的增加，绿色产品的销售价格逐渐升高，

绿色产品的需求量逐渐增加;对于普通产品而言,政府补贴对普通产品的价格决策及需求量的影响与补贴制造商情况下的影响均相同。

结论3.7:三种模型下的产品批发价格、销售价格、需求量及各利润的最优解的对比分析情况如下:

(1) $\omega_n^{o^*}=\omega_n^{m^*}=\omega_n^{c^*}$,(2) $p_n^{o^*}>p_n^{m^*}=p_n^{c^*}$,$p_g^{c^*}>p_g^{o^*}>p_g^{m^*}$,(3) $q_n^{o^*}>q_n^{m^*}=q_n^{c^*}$,$q_g^{o^*}<q_g^{m^*}=q_g^{c^*}$,(4) $\pi_M^{o^*}<\pi_M^{m^*}=\pi_M^{c^*}$,(5) 当 $0<s<\dfrac{2Y_4}{\gamma}$ 时,$\pi_R^{o^*}>\pi_R^{m^*}=\pi_R^{c^*}$。

证明:(1) $\omega_n^{o^*}-\omega_n^{m^*}=0$,$\omega_n^{m^*}-\omega_n^{c^*}=0$,$\omega_n^{c^*}-\omega_n^{o^*}=0$,因此,可得 $\omega_n^{o^*}=\omega_n^{m^*}=\omega_n^{c^*}$,同理可证(2)、(3)、(4)。

(5) 由 $\pi_R^{o^*}-\pi_R^{m^*}=\dfrac{s\gamma(-s\gamma+2Y_4)}{16\beta}$ 可知,当 $0<s<\dfrac{2Y_4}{\gamma}$ 时,$\pi_R^{o^*}-\pi_R^{m^*}>0$。

由结论3.7可知,通过比较,首先,当政府补贴给制造商时,线上渠道销售的绿色产品的销售价格是最小的,当政府补贴给绿色产品消费者时,线上渠道销售的绿色产品的销售价格是最大的。其次,对于两种补贴方式,无论政府采取哪种补贴方式,线下渠道销售的普通产品的批发价格、销售价格、需求量,线上渠道销售的绿色产品的需求量以及各个企业的利润都不变。再次,线下渠道销售的普通产品的批发价格在补贴前后没有变化,而销售价格、需求量都是比补贴前的小,说明政府补贴减少了市场对普通产品的需求,在企业利润方面,制造商的利润比补贴前的利润大,当 $0<s<\dfrac{2Y_4}{\gamma}$ 时,普通产品零售商的利润比补贴前的利润小,说明政府补贴使得制造商的利润增加,普通产品零售商的利润变化取决于政府补贴额度的大小。

结论3.8:在三种模型下,消费者绿色偏好 δ 对产品批发价格、销售价格、需求量的影响如下：

$$① \frac{\partial \omega_n^{o*}}{\partial \delta} = \frac{\partial \omega_n^{m*}}{\partial \delta} = \frac{\partial \omega_n^{c*}}{\partial \delta} < 0, ② \frac{\partial p_n^{o*}}{\partial \delta} = \frac{\partial p_n^{m*}}{\partial \delta} = \frac{\partial p_n^{c*}}{\partial \delta} < 0,$$

$$③ \frac{\partial p_g^{o*}}{\partial \delta} = \frac{\partial p_g^{m*}}{\partial \delta} = \frac{\partial p_g^{c*}}{\partial \delta} > 0, ④ \frac{\partial q_n^{o*}}{\partial \delta} = \frac{\partial q_n^{m*}}{\partial \delta} = \frac{\partial q_n^{c*}}{\partial \delta} < 0, ⑤ \frac{\partial q_g^{o*}}{\partial \delta} =$$

$$\frac{\partial q_g^{m*}}{\partial \delta} = \frac{\partial q_g^{c*}}{\partial \delta} > 0 。$$

证明：对产品批发价格、销售价格、需求量求解关于消费者绿色偏好 δ 的一阶偏导数可得：

$$① \frac{\partial \omega_n^{o*}}{\partial \delta} = \frac{\partial \omega_n^{m*}}{\partial \delta} = \frac{\partial \omega_n^{c*}}{\partial \delta} = -\frac{\varepsilon}{2(\beta + \gamma)} < 0, ② \frac{\partial p_n^{o*}}{\partial \delta} = \frac{\partial p_n^{m*}}{\partial \delta} =$$

$$\frac{\partial p_n^{c*}}{\partial \delta} = -\frac{(3\beta + \gamma)\varepsilon}{4\beta(\beta + \gamma)} < 0, ③ \frac{\partial p_g^{o*}}{\partial \delta} = \frac{\partial p_g^{m*}}{\partial \delta} = \frac{\partial p_g^{c*}}{\partial \delta} = \frac{\varepsilon}{2(\beta + \gamma)} > 0,$$

$$④ \frac{\partial q_n^{o*}}{\partial \delta} = \frac{\partial q_n^{m*}}{\partial \delta} = \frac{\partial q_n^{c*}}{\partial \delta} = -\frac{\varepsilon}{4} < 0, ⑤ \frac{\partial q_g^{o*}}{\partial \delta} = \frac{\partial q_g^{m*}}{\partial \delta} = \frac{\partial q_g^{c*}}{\partial \delta} =$$

$$\frac{(2\beta - \gamma)\varepsilon}{4\beta} > 0 。$$

结论 3.8 表明，在三种模型中，消费者绿色偏好 δ 对产品批发价格、销售价格、需求量的影响情况均不变，随着消费者绿色偏好 δ 的增加，消费者对线上渠道销售的绿色产品需求量逐渐增加，制造商为获得更多利润而提高绿色产品的销售价格；相对应地，消费者对线下渠道销售的普通产品需求量将会减少，为了避免普通产品的需求量受到太大影响，制造商会降低普通产品的批发价格，零售商则降低普通产品的销售价格来提高普通产品的需求量。

结论 3.9：在三种模型下，消费者渠道偏好 ρ 对产品批发价格、销售价格、需求量的影响如下：

$$① \frac{\partial \omega_n^{o*}}{\partial \rho} = \frac{\partial \omega_n^{m*}}{\partial \rho} = \frac{\partial \omega_n^{c*}}{\partial \rho} > 0, ② \frac{\partial p_n^{o*}}{\partial \rho} = \frac{\partial p_n^{m*}}{\partial \rho} = \frac{\partial p_n^{c*}}{\partial \rho} > 0,$$

③ $\dfrac{\partial p_g^{o\,*}}{\partial \rho} = \dfrac{\partial p_g^{m\,*}}{\partial \rho} = \dfrac{\partial p_g^{c\,*}}{\partial \rho} < 0$,④ $\dfrac{\partial q_n^{o\,*}}{\partial \rho} = \dfrac{\partial q_n^{m\,*}}{\partial \rho} = \dfrac{\partial q_n^{c\,*}}{\partial \rho} > 0$,⑤ $\dfrac{\partial q_g^{o\,*}}{\partial \rho} =$ $\dfrac{\partial q_g^{m\,*}}{\partial \rho} = \dfrac{\partial q_g^{c\,*}}{\partial \rho} < 0$。

证明:对产品批发价格、销售价格、需求量求解关于消费者渠道偏好 ρ 的一阶偏导数可得:

① $\dfrac{\partial \omega_n^{o\,*}}{\partial \rho} = \dfrac{\partial \omega_n^{m\,*}}{\partial \rho} = \dfrac{\partial \omega_n^{c\,*}}{\partial \rho} = \dfrac{\alpha}{2(\beta + \gamma)} > 0$,② $\dfrac{\partial p_n^{o\,*}}{\partial \rho} = \dfrac{\partial p_n^{m\,*}}{\partial \rho} =$

$\dfrac{\partial p_n^{c\,*}}{\partial \rho} = \dfrac{\alpha(3\beta + \gamma)}{4\beta(\beta + \gamma)} > 0$,③ $\dfrac{\partial p_g^{o\,*}}{\partial \rho} = \dfrac{\partial p_g^{m\,*}}{\partial \rho} = \dfrac{\partial p_g^{c\,*}}{\partial \rho} = -\dfrac{\alpha}{2(\beta + \gamma)} < 0$,

④ $\dfrac{\partial q_n^{o\,*}}{\partial \rho} = \dfrac{\partial q_n^{m\,*}}{\partial \rho} = \dfrac{\partial q_n^{c\,*}}{\partial \rho} = \dfrac{\alpha}{4} > 0$,⑤ $\dfrac{\partial q_g^{o\,*}}{\partial \rho} = \dfrac{\partial q_g^{m\,*}}{\partial \rho} = \dfrac{\partial q_g^{c\,*}}{\partial \rho} =$

$\dfrac{-2\alpha\beta + \alpha\gamma}{4\beta} < 0$。

结论 3.9 表明,在三种模型中,消费者渠道偏好 ρ 对产品批发价格、销售价格、需求量的影响情况均相同,随着消费者渠道偏好 ρ 的增加,消费者对线下渠道销售的普通产品需求量逐渐增加,制造商为获得更多利润而提高普通产品的批发价格,同时,零售商为获得更多利润而提高普通产品的销售价格;相对应地,消费者对线上渠道销售的绿色产品需求量将会减少,制造商将会降低绿色产品的销售价格来提高绿色产品的需求量。

3.2.3 数值仿真

上文研究了政府补贴不同主体情境下基于消费者偏好的双渠道绿色供应链定价决策问题,并通过对三种模型的最优解进行比较分析,研究参数对决策变量的影响,从而得出一些重要结论。接下来通过对模型中的参数进行赋值进一步验证相关结论的正确性。对相关参数的赋值如下：$\alpha=60$，$c_n=10$，$c_g=38$，$\beta=1.35$，$\gamma=0.5$，$\rho=0.35$，$\delta=0.64$，$\varepsilon=26.6$，$s=16$。

3.2.3.1　模型最优解数值对比分析

将各参数赋值代入上文所计算的最优解式子中，并将三种模型的所得结果进行对比，如表 3－9 所示。

表 3－9　模型最优解数值对比

i	ω_n^*	p_n^*	p_g^*	q_n^*	q_g^*	π_R^*	π_M^*
o	27.03	33.71	47.91	9.02	8.20	60.25	234.89
m	27.03	32.23	39.91	7.02	18.26	36.49	446.60
c	27.03	32.23	55.91	7.02	18.26	36.49	446.60

从表 3－9 可知，与无政府补贴模型相比，在政府补贴两种不同主体模型下，线下销售的普通产品的批发价格不变，销售价格下降，需求量减少，制造商的利润增加，且当 $0<s<144.30$ 时，零售商的利润减少。与无政府补贴模型相比，在政府补贴制造商模型下，线上销售的绿色产品的销售价格下降，需求量增加；在政府补贴绿色产品消费者模型下，线上销售的绿色产品销售价格升高，需求量增加。同时，由表 3－9 可进一步得到 $\omega_n^{o*}=\omega_n^{m*}=\omega_n^{c*}$，$p_n^{o*}>p_n^{m*}=p_n^{c*}$，$p_g^{c*}>p_g^{o*}>p_g^{m*}$，$q_n^{o*}>q_n^{m*}=q_n^{c*}$，$q_g^{o*}<q_g^{m*}=q_g^{c*}$，$\pi_M^{o*}<\pi_M^{m*}=\pi_M^{c*}$，当 $0<s<144.30$ 时，$\pi_R^{o*}>\pi_R^{m*}=\pi_R^{c*}$。所得结果与结论 3.7 一致。

3.2.3.2　政府补贴的影响

在政府补贴两个不同主体模型中，政府补贴额度 s 在范围 $[0,16]$ 内变动时对产品价格、需求量及企业利润的变化趋势如图 3－6（a）、3－6（b）、3－6（c）所示。

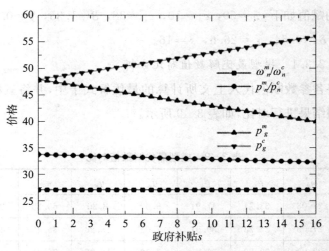

图 3-6(a)　政府补贴对价格的影响

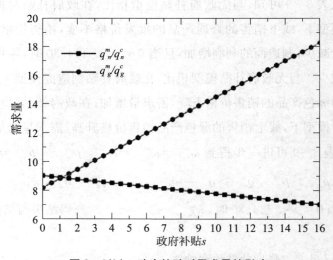

图 3-6(b)　政府补贴对需求量的影响

由图 3-6(a)、3-6(b)、3-6(c)可知,在两种补贴模式下,随着补贴额度 s 的增加,普通产品的批发价格均不随之变化,普通产品的

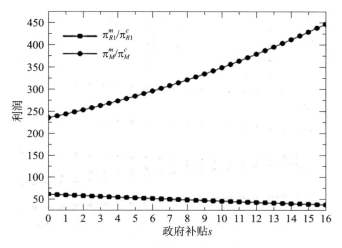

图 3-6(c)　政府补贴对利润的影响

销售价格和需求量均随之降低,制造商的利润均随之增加,普通产品
零售商的利润均随之减少;在政府补贴制造商的模式下,绿色产品的
销售价格随着补贴额度 s 的增加而降低,其需求量随着补贴额度 s
的增加而升高;在政府补贴绿色产品消费者的模式下,绿色产品的销
售价格随着补贴额度 s 的增加而升高,其需求量随着补贴额度 s 的
增加而升高,进一步说明无论政府补贴哪个主体,一定的政府补贴均
可以促进绿色产品的销售,且一定的政府补贴对制造商有利,对普通
产品零售商不利。

3.2.3.3　消费者绿色偏好的影响

由约束条件得消费者绿色偏好 δ 在 $[0,0.69]$ 范围内变动时,市
场中同时存在普通产品和绿色产品,取 δ 的变动范围为 $[0.4,0.64]$
来探究消费者绿色偏好对产品价格、需求量及企业利润的影响,所得
结果如图 3-7(a)、3-7(b)、3-7(c)所示。

由图 3-7(a)、3-7(b)、3-7(c)可知,在三种模型中,随着消费

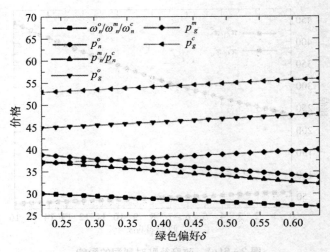

图 3-7(a)　绿色偏好对价格的影响

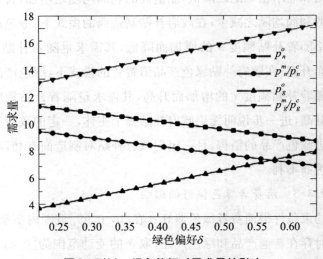

图 3-7(b)　绿色偏好对需求量的影响

者绿色偏好 δ 的增加,普通产品的批发价格、销售价格及需求量均

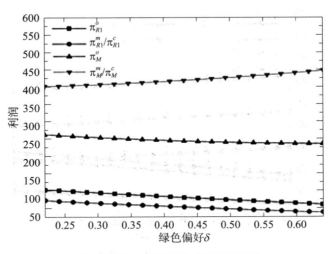

图 3 - 7(c)　绿色偏好对利润的影响

逐渐降低,绿色产品的销售价格及需求量均逐渐升高,制造商的利润不断增加,普通产品零售商的利润不断减少。说明为了提高绿色产品的需求量,制造商可以在一定程度上加强对消费者绿色理念的宣传,提高消费者的绿色意识,进一步提高消费者对绿色产品的接受度,从而提高绿色产品的需求量,制造商的利润也进一步提高。

3.2.3.4　消费者渠道偏好的影响

为探究消费者渠道偏好对产品价格、需求量及企业利润的影响,取 ρ 的变动范围为[0.35,0.55],所得结果如图 3 - 8(a)、3 - 8(b)、3 - 8(c)所示。

由图 3 - 8(a)、3 - 8(b)、3 - 8(c)可知,在三种模型中,随着消费者渠道偏好 ρ 的增加,普通产品的批发价格、销售价格及需求量均逐渐升高,绿色产品的销售价格及需求量均逐渐降低,普通产品零售商的利润不断增加。在没有政府补贴的模型下,制造商的利润随着消费者渠道偏好 ρ 的增加而逐渐增加,主要原因是由于渠道偏好的增

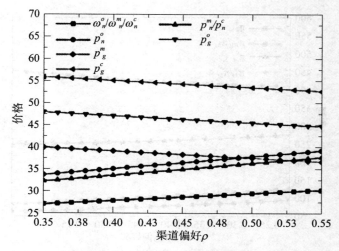

图3-8(a)　绿色渠道对价格的影响

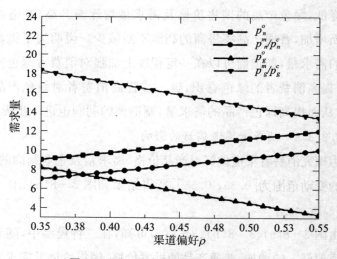

图3-8(b)　绿色渠道对需求量的影响

加,普通产品的批发价格、销售价格及需求量均增加,因此制造商销售普通产品的利润增加,尽管绿色产品的销售价格及需求量均下降,

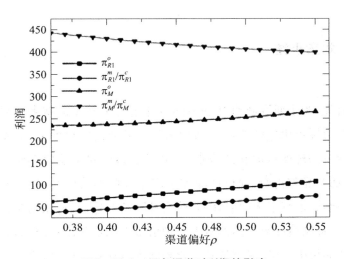

图 3‐8(c)　绿色渠道对利润的影响

但是销售普通产品所获得的利润足以弥补绿色产品利润的损失,因此无政府补贴下,制造商的利润随着消费者渠道偏好的增加而增加;在有政府补贴的两种模型下,制造商的利润均随着消费者渠道偏好 ρ 的增加而逐渐减少,主要原因是在有政府补贴下,尽管普通产品的需求量随着消费者渠道偏好的增加而增加,但均小于无政府补贴下的需求量,且绿色产品的销售价格及需求量均下降,且绿色产品需求量下降的速率大于普通产品需求量上升的速率,因此有政府补贴的两种模型下,制造商的利润均随着消费者渠道偏好的增加而减少。以上结果说明,为了提高绿色产品的销量,制造商可以对线上渠道进行大力的宣传,提高消费者对线上渠道的偏爱程度,从而提高绿色产品的需求量。

3.3 本章小结

首先,为了研究政府补贴不同主体情境下基于消费者的异质性传统渠道绿色供应链普通产品和绿色产品协同定价的问题,本篇基于消费者的环保意识和消费水平两个因素,构建了政府补贴下制造商、普通产品零售商、绿色产品零售商组成的两阶段博弈模型,运用逆向归纳法求解了无政府补贴、政府补贴给制造商、补贴给绿色产品零售商、补贴给绿色产品消费者四种情境下的最优定价决策,并将求得的产品价格决策、需求量及企业利润进行比较。同时,进一步结合数值分析探讨了政府补贴、消费者环保意识、消费者绿色偏好对政府补贴不同主体情境下传统渠道绿色供应链产品定价决策、需求量及企业利润的影响,并得到相应结论。研究结果表明:

(1) 同无政府补贴模型相比,在有政府补贴的三种模型下,普通产品的批发价格均没有变化,普通产品的销售价格和需求量均降低,绿色产品的需求量上升,且绿色产品零售商的利润增加,普通产品零售商的利润减少,而对制造商利润的影响与政府补贴的额度大小有关。政府补贴制造商时,绿色产品的批发价格及销售价格均降低;政府补贴绿色产品零售商时,绿色产品的批发价格提高,销售价格降低;政府补贴绿色产品消费者时,绿色产品的批发价格及销售价格均提高。

(2) 在有政府补贴三种模型下,首先,在政府补贴对产品价格、需求的影响方面,随着补贴额度的增加,普通产品的批发价格均不随之变化,普通产品的销售价格和需求量均随之降低,绿色产品的需求量则随之升高。在政府补贴绿色产品制造商时,绿色产品的批发价格和销售价格均随着补贴额度的增加而降低；在政府补贴绿色产品零售商时，绿色产品的批发价格均随着补贴额度的增加而升高，绿色产品的销售价格则随着补贴额度的增加而降低；在政府补贴绿色产品消费者时，绿色产品的批发价格和销售价格均随着补贴额度的增加而升高。说明政府补贴能够促进绿色产品的销售，抑制普通产品的销售，从而扩大绿色产品的市场份额，推动绿色发展。其次，在政府补贴对企业利润的影响方面，随着补贴额度的增加，制造商和绿色产品零售商的利润均不断升高，普通产品零售商的利润则不断降低，说明政府补贴对制造商和绿色产品零售商有利，对普通产品零售商不利。

（3）在消费者异质性对产品价格、需求及企业利润的影响方面，首先，对于消费者环保意识来说，在四个模型中，随着环保意识系数的增加，普通产品的批发价格均不随之变化，普通产品的销售价格和需求量均逐渐降低；绿色产品的批发价格、销售价格及需求量均逐渐升高；制造商和绿色产品零售商的利润均逐渐升高，普通产品零售商的利润逐渐降低。说明环保意识的提高会促进绿色产品的销售，抑制普通产品的销售。其次，对于消费者消费水平来说，在四种模型中，随着消费水平系数的增加，普通产品和绿色产品的批发价格、销售价格和需求量均逐渐升高，制造商和绿色产品零售商以及普通产品零售商的利润也均不断增加，进一步说明消费者消费水平的提高对普通产品和绿色产品的销售及企业利润的提高均有益。

其次，为了研究在政府补贴不同主体情境下基于消费者偏好的双渠道绿色供应链中普通产品和绿色产品协同定价的问题，本篇考虑了消费者绿色偏好和渠道偏好，构建了政府补贴下制造商、普通产品零售商组成的两阶段博弈模型，运用逆向归纳法求解了无政府补贴、政府补贴给制造商、政府补贴给绿色产品消费者三种不同情境下的最优定价决策,并将求得的产品价格决策、需求量及企业利润进行比较。同时,进一步结合数值分析探讨了政府补贴、消费者绿色偏好、消费者渠道偏好对政府补贴不同主体情境下双渠道绿色供应链成员定价决策、需求量及企业利润的影响,并得到相应结论。研究结果表明:

(1) 同无政府补贴模型相比,在有政府补贴的两种模型下,普通产品的批发价格不变,其销售价格及需求量均下降,制造商的利润增加,普通产品零售商的利润变化与政府补贴额度有关。在政府补贴制造商模型下,绿色产品的销售价格下降,其需求量上升,在政府补贴绿色产品消费者模型下,绿色产品的销售价格和需求量均上升。

(2) 在有政府补贴两种模型下,首先,在政府补贴对产品价格、需求的影响方面,随着补贴额度的增加,普通产品的批发价格均不随之变化,普通产品的销售价格和需求量均随之降低。在政府补贴制造商模型下,绿色产品的销售价格随着补贴额度的增加而降低,其需求量均随着补贴额度的增加而升高;在政府补贴绿色产品消费者模型下,绿色产品的销售价格和需求量随着补贴额度的增加而升高。说明无论政府补贴哪个主体,适当的补贴能够提高绿色产品的需求,推动绿色产品的发展,对环境改善有益。其次,在政府补贴对企业利润的影响方面,随着补贴额度的增加,制造商的利润不断增加,普通产品零售商的利润不断减少,说明政府补贴会提高制造商的利润,降低普通产品零售商的利润。

(3) 在消费者偏好对产品价格、需求的影响方面,首先,对于消费者绿色偏好来说,在三种模型中,随着消费者绿色偏好的增加,普通产品的批发价格、销售价格及需求量均逐渐降低,绿色产品的销售价格及需求量均逐渐升高,制造商的利润不断增加,普通产品零售商的利润不断减少。其次,对于消费者渠道偏好来说,在三种模型中,随着消费者渠道偏好的增加,普通产品的批发价格、销售价格及需求量均逐渐升高,绿色产品的销售价格及需求量均逐渐降低,普通产品零售商的利润不断增加;在没有政府补贴的模型下,制造商的利润随着消费者渠道偏好的增加而逐渐增加,在有政府补贴的两种模型下,制造商的利润均随着消费者渠道偏好的增加而逐渐减少。

第二篇

企业绿色产品的诱饵决策

第4章 企业绿色产品诱饵决策的问题分析

4.1 研究背景及意义

经济快速发展的同时也带来了严重的环境危机。近年来,气候、水和空气污染、全球变暖、臭氧层空洞、酸雨和水土流失等各种环境事件此起彼伏。党的十九大也提出要建设人与自然和谐共生的现代化,要建立绿色生产和消费的经济体系。

为了实现可持续发展,政府鼓励消费者改变消费模式,实行绿色消费,主动购买绿色产品(白春光和唐家福,2017),同时频发的产品伤害事件也促使消费者更加关注产品安全、环保等绿色属性(Chang,

2012)。绿色产品是指对生态环境起到良好作用的产品,在其日常的使用过程中,不仅能够满足消费者的日常需要,而且还能够在一定程度上节约资源和减少环境污染(Hong 等,2018),且为了与普通产品相区别,凸显绿色产品的环保性,更直观地告知消费者信息,绿色度的概念相应而生,并得到了广泛的使用。绿色度是产品在其整个生命周期中对资源和能源的输入量、对环境的输出量及这些输入输出对环境友好程度的综合评价量化指标,常用来描述产品的有毒有害物质含量、产品零部件的可回收性、使用能耗水平和使用材料量等水平(Xu 等,2018)。产品的绿色环保属性会向终端消费者传达其对环境友好和满足社会期望等特征,从而使得产品更受消费者欢迎(Cai 等,2017),并且有相当一部分消费者愿意为这些可持续性的、环境友好的绿色产品支付溢价(Hast 等,2015)。为了提升企业形象,获取竞争优势,许多企业都开始转变生产方式,推出绿色产品(Govindan 等,2014),但是由于生产成本、资金、技术能力、对消费者需求预测的差异,形成了不同绿色度的产品共同竞争的局面。

然而,与普通产品相比,绿色产品通常具有更高的价格。这是由于绿色产品一般采用无毒的、可降解的、可回收以及对环境污染较少甚至无污染的原材料(Lin 和 Chang,2012)。因此,尽管许多消费者都表示自身是环境保护者或喜欢绿色产品,但是能够落实于实际行动并持续购买绿色产品的只有少部分(Chen 和 Sheu,2017)。部分消费者表示愿意为绿色产品支付环保溢价,但是其愿意支付的溢价往往低于绿色产品相对于普通产品的溢价(Li 等,2016)。据 Simth 等(2013)估计,2013 年全球绿色产品市场份额不到 4%。

针对消费者关于价格和绿色度两个维度对于普通产品和绿色产品的抉择,一些企业往往通过采用诱饵策略,引入第三个产品选项来改变消费者感知,使得绿色产品变得更有吸引力,从而使得消费者朝着企业的预期决策购买。这第三个产品选项被称为诱饵,而这种现象则被称为诱饵效应。诱饵策略被广泛运用于实际生活中,在诸如啤酒、电脑、赌博、菜单目录以及一些节能家用电器(如空调、冰箱、微波炉等)等产品销售中。诱饵策略又可以分为伪诱饵策略和真实诱饵策略。伪诱饵通常是指那些存在于消费者选项中,但由于缺货或者尚未推出等原因而无法形成实际购买行为的产品(Hedgcock 等,2009)。如 Pechtel(2009)则通过实证调研的方法,探究了在伪诱饵策略下不同伪诱饵的设置对消费者个体选择的影响。而真实诱饵则是那些可以发挥出诱饵效应但同时可以被消费者实际购买并占领一部分市场份额的产品(Scarpi 和 Pizzi,2013),但与此同时,如果设置不当,真实诱饵会与绿色产品形成竞争关系。由此可知,以绿色产品为营销目标,企业可以通过设置较好的诱饵策略,改变消费者对该类产品的感知,从而改变消费者的产品偏好,提升绿色产品在市场中的竞争力,这无论对于微观层面的企业绩效或是宏观层面的环境绩效均具有十分重要的意义。

众所周知,消费者交互已经成为影响消费者个体购买决策最为重要的因素之一。除受到产品自身诸多属性(如价格、绿色度等)的影响外,消费者购买决策也会受到其自身因素及其所处社交网络中其他主体的影响,如朋友、家人、预期购买或使用过相同产品的其他消费者等。消费者之间以口碑、推荐、模仿等互动关系为基础形成了随时间不断演化的动态网络。根据社会网络理论,消费者的购买决策行为"嵌入"在该网络之中,网络结构、主体之间的交互和关联会影响或制约消费者购买行为。Achrol 和 Kotler(1999)是这样定义消费者网络的:社会结构是由许多个消费者个体构成,这些消费者个体在日常消费和购买决策过程中由一个或多个正式或非正式的特殊纽带连接在一起,而这种连接在一起的网络则被称为消费者网络。已有文献证实消费者交互网络具有典型的小世界网络特征（Shi 和 Guan，2016），并具备一些网络结构的特点，如邻居节点、重连概率等。但是目前研究针对消费者交互对诱饵策略的影响尚缺少系统深入的讨论。在考虑消费者交互的基础之上，绿色产品伪诱饵策略如何设置才能取得较好的效果？绿色产品真实诱饵策略如何设置能取得较好的效果？绿色产品伪诱饵策略设置跟绿色产品真实诱饵策略设置两者之间又有何差异？另外，对同一绿色产品伪诱饵策略效果或绿色产品真实诱饵策略效果而言，消费者互动特征对其有何影响？影响是否相同？这一系列问题还有待研究。

考虑消费者交互的绿色产品诱饵策略研究面临着系统复杂性问题，其主要体现在下面几个方面。（1）系统中主体的多元性与交互性。本章研究对象包括制造商、消费者等主体以及消费者之间的交互行为，比如：消费者的价格期望和环境友好度期望受到制造商生产决策影响；消费者的价格敏感度和环境偏好敏感度受到周围邻居与其交互的影响等。（2）系统中主体的异质性。产品制造商根据自身发展战略的不同生产普通产品或绿色产品；消费者本身的价格敏感度、绿色度敏感度和从众强度等也不尽相同。而这些影响因素的不同将会使得消费者做出不同的产品购买决策行为。（3）系统中主体的自适应性。在系统中，消费者产品购买决策行为并不是一成不变的，而是会随着周期的变化相应的进行调整。市场中产品信息的改变、制造商生产决策的变化、消费者间的交互均会对其决策行为造成影响。因此，主体间的交互行为常常使得系统涌现出动态的、非线性的结果。由于消费者交互特征（如邻居节点、重连概率、从众程度等）对诱饵策略设置及绿色产品竞争的研究的复杂性，较难用传统方法进行全面系统的刻画和分析。而作为一种新兴的管理问题研究方法，社会科学计算实验方法在研究复杂性、复杂系统等方面具有一定的优势(祁俊雄等,2018)。

因此,本研究在考虑消费者交互的基础之上,采用计算实验方法探究在确定的消费者交互情境下伪诱饵策略和真实诱饵策略设置问题以及消费者互动网络特征(如邻居节点数量、重连概率、从众程度等)对诱饵策略效果的影响。通过对比和分析实验结果,为企业合理地设置绿色产品诱饵策略提供一定的理论依据。

已有研究表明,诱饵策略会通过影响消费者的感知进而影响消费者的产品购买决策行为,甚至会促使消费者做出与最初想法相反的选择。因此,在绿色产品营销中合理地应用诱饵策略对我国节能减排、环境保护、最终实现可持续发展起着不可忽视的作用。然而消费者的产品购买决策是一个复杂的过程,其行为不仅仅受到绿色产品本身属性(价格和绿色度)以及诱饵策略的影响,还受到消费者所处社会网络中其他消费者的影响,诸如朋友、家人的推荐等等。鉴于此,本研究通过文献分析、数理分析以及计算实验方法,主要实现以下研究目的:

(1) 合理的绿色产品诱饵策略才能够有效地提高绿色产品市场竞争力,而不当的诱饵策略不但不能起到提高绿色产品竞争力的效果,甚至还会起到反作用,降低绿色产品的市场竞争力。因此,本研究在考虑消费者交互的基础上,构建了相应的计算实验模型,探究了在确定的消费者交互情境下,绿色产品伪诱饵策略、绿色产品真实诱饵策略如何设置才能取得较好的效果以及其间差异,从而为企业合理地应用绿色产品诱饵策略提供一定的理论依据。

(2) 消费者间的交互对消费者产品购买决策有着不可忽视的影响,然而其对绿色产品诱饵策略的效果影响尚且未知。本研究借助计算实验方法,刻画了消费者主体间复杂的交互行为,通过调整消费者交互特征(消费者邻居节点数量、重连概率、从众程度)参数变化,分析不同消费者交互情景下诱饵策略下绿色产品销量及其演化趋势,冀图理清消费者交互特征对绿色产品诱饵策略的设置或效果的影响。

鉴于诱饵策略在市场营销中已经取得成功,从微观层面研究如何将诱饵策略应用于绿色产品中对绿色低碳循环发展具有重大意义。

1. 理论意义

(1) 在研究内容上,本研究在考虑消费者交互的基础之上,探讨了消费者交互特征(如邻居节点数量、重连概率、从众程度等)变化对诱饵策略效果及绿色产品销量演化趋势的影响规律,分析了制造商生产决策(诱饵策略的设置)对绿色产品竞争的影响,有助于丰富消费者互动网络特征、企业绿色产品决策管理理论和诱饵效应相关管理理论。

② 在研究方法上,本研究采用计算实验方法构建了制造商、消费者等多主体参与的计算实验模型,探究了在确定的消费者交互情境下绿色产品伪诱饵策略和绿色产品真实诱饵策略设置问题,同时研究了消费者交互特征(如邻居节点数量、重连概率、从众程度等)变化对绿色产品诱饵策略效果及其演化趋势的影响,为丰富计算实验方法在消费者决策行为领域、绿色产品决策领域和诱饵策略研究领域的应用做出了一定的贡献。

2. 现实意义

(1) 温室效应、环境破环、资源过度开发等问题日益突出,为实现可持续发展,节能减排、改变消费模式已是势在必行。本研究在考虑消费者交互的基础上探究了在确定的消费者交互情境下绿色产品伪诱饵策略设置和绿色产品真实诱饵策略设置问题,为促进绿色消费和保护环境提供新的思路和解决方案。

（2）有效提高目标产品的市场竞争力对企业的发展至关重要。本研究基于消费者交互网络探究企业绿色产品诱饵策略的设置,分析消费者自身属性特征、网络特征和从众特征对诱饵策略设置及绿色产品竞争研究的影响,对现实中企业生产决策的制定具有一定的参考价值,有助于增强绿色产品和企业的竞争力。

4.2　国内外研究现状及评述

有限的自然资源和不容乐观的生态环境要求人们节约资源、保护环境、实现可持续发展。环境问题和资源问题已经引起各个国家的关注,并成为全球范围内的重点议题。为寻求合理的方法解决或缓解资源和环境问题,国内外学者为此做了大量的工作和研究,采用不同的方法和理论,进行了各式各样的实验,从不同的层面和角度对资源环境问题进行分析,也取得了一定的成果。

4.2.1　绿色产品研究现状

目前已有大量学者针对绿色产品进行研究,主要包括绿色产品竞争的影响因素、绿色产品特征和政府补贴等。

在绿色产品影响因素方面,现有文献主要从生命周期(赵雯砚和杨建新,2016)、绿色创新(田虹和陈柔霖,2018)、绿色补贴(姚洪心等,2018)等视角进行研究,并取得了丰富的研究成果。Pujari(2006)确定影响绿色产品市场绩效的因素是新产品开发的专业人员和环境专家之间的跨职能协调、供应商参与、市场聚焦和生命周期分析。于丽静和陈忠全(2015)基于演化博弈的方法构建了政府监管方、物流企业群体和消费者群体的三方模型,并对绿色创新扩散的渐进稳定性进行了探究,研究发现,政府参与物流企业的监管对绿色创新起着助推的作用,而随着时间的增长,政府最终会选择退出监管。

绿色产品由于具有环保、低碳、节能等对环境资源友好的属性,从而更受到部分消费者的欢迎。Brito(2017)发现多功能技术产品中的绿色属性对消费者购买决策具有一定的影响,更易受到绿色消费者的欢迎;Cai 等(2017)通过实证调研发现,用生态标签表明产品的绿色环保能够向终端消费者传达其环境友好和满足社会期望的特征,从而能够给绿色产品带来市场机会;Hast 等(2015)发现在英国、德国和芬兰等国家的自由市场中,相当一部分的消费者愿意为这些可持续性的、环境友好的产品支付溢价。

另外,政府补贴对绿色产品的发展起到非常重要的作用,但在实际操作执行中却受到争议,并引起部分学者的关注。刘津汝等(2019)研究探索政府创新补贴对企业绿色产品创新的促进作用。张翼和王书蓓(2019)认为政府税收优惠政策对绿色产品创新有显著的促进作用,通过激励作用和杠杆作用有利于绿色产品创新发展。江世英和方鹏骞(2019)构建了以政府、制造商和零售商为主体的三阶段博弈模型,分析政府补贴效果,发现能够促进产品绿色度的提高。曹裕等(2019)建立以制造商为领导者、零售商为跟随者的Stackelberg 博弈模型,研究无政府补贴、单一补贴和协调补贴策略下的供应链绿色决策,发现制造商在协调补贴策略下的绿色质量水平高于单一补贴策略。张艳丽等(2017)基于消费者策略行为,构建了无政府补贴、政府补贴给绿色产品制造商或绿色产品消费者三种情况决策模型,研究结果表明,相较于补贴给绿色消费者,政府补贴给绿色产品制造商更有利于绿色产品的发展;而孙迪和余玉苗(2018)在考虑消费者偏好、绿色度等因素的基础之上建立了政府补贴绿色生产者、消费者两种补贴政策下的博弈模型,则发现相较于补贴给绿色生产者而言,补贴给消费者可以在更大程度上增进社会福利,促进绿色产品业的发展;田一辉和朱庆华(2016)则通过建立三阶段演化博弈模型,发现政府的价格补贴可以促进绿色产品的销量和价格上升;范丹丹和徐琦(2018)研究了不同权力结构下企业碳减排与政府补贴决策,发现供应链上的企业碳减排决策不受企业间权力结构的影响,取决于消费者低碳偏好、政府补贴策略以及销售价格和批发价格对政府补贴决策起相反作用,而需求影响因子对企业碳减排决策起同向作用;凌六一等(2012)则认为要想真正实现对环境的保护,政府要根据具体的情况实施综合的政府补贴政策,单一的、不分具体情况的政府补贴政策很有可能无效甚至起到反作用;Hu 等(2014)研究表明政府的税收和补贴政策对推广绿色产品的有效性取决于产品特征、市场结构等因素;Madani 和 Rasti-Barzoki(2017)则发现,政府提高补贴率可以使得产品的绿色属性增加,且政府和供应链的效用得到增加。

值得注意的是,消费者对绿色产品竞争起到不可忽视的作用。消费者自身偏好、个性特征等是影响绿色产品能否在市场中获得优势的关键因素,并有相当一部分学者进行相关研究。刘新民等(2018)研究了消费者异质偏好对绿色产品定价决策的影响,发现消费者的异质偏好会影响自身的满意度水平,"双高"消费者满意度水平最高,为最优消费者消费群体,厂商利润达到较高水平,此时绿色产品价格较低且绿色度水平较高,能够实现三方主体的协调;曹裕等(2020)比较分析无补贴策略、制造商补贴策略与消费者补贴策略对供应链绿色努力与定价决策影响的差异性,政府补贴能够激励制造商与零售商的绿色努力行为,且制造商补贴策略下的绿色质量水平高于消费者补贴策略。王永明等(2018)通过建立无政府补贴和政府补贴给绿色产品制造商的供应链决策模型,通过比较两种模式下销售量、销售价格以及利润等，发现政府根据绿色产品的绿色度水平给予的补贴有利于绿色产品制造商对绿色产品的推广和自身的发展，同时还会促进普通产品制造商转型为绿色产品制造商；刘会燕和戢守峰（2017）发现消费者的绿色偏好会影响供应链成员的产品选择及供应链成员收益；高键等（2016）则基于消费者创新型视角，探究了绿色产品购买意向的影响机制；Shams 和 Kordlouie（2012）认为消费者的从众行为会极大程度影响消费者的购买决策；Chen 和 Yi（2008）的研究结果表明，其他消费者的建议比专家建议会对主体选择产生更大的影响。

　　与此同时，消费者的购买决策是个复杂的过程。除受到产品本身属性（如价格、绿色度等）影响外，消费者购买决策也会受到其所处社交网络中其他主体的影响，如朋友、家人、预期购买或使用过相同产品的其他消费者等。消费者之间以口碑、推荐、模仿等互动关系为基础形成了随时间不断演化的动态网络。根据社会网络理论，消费者的购买决策行为"嵌入"在该网络之中，网络结构、主体之间的互动和关联会影响或制约消费者购买行为。Bohlmann 等（2010）探讨了无标度网络、小世界网络等网络结构对产品竞争的影响；王波等（2009）则对 WS 和 NW 两种小世界网络进行了建模和仿真分析，探讨了度和重连概率的变化对其统计分析的影响。大部分学者都是基于小世界网络视角，对知识扩散和转移（涂静，2018）、创新扩散（曹霞等，2018）、风险传导（曹霞和张继超，2018）等进行研究，而具体研究消费者网络特征（小世界网络特征，如邻居节点、重连概率等）对产品竞争演化的文献却是较少。

　　综上所述，目前对绿色产品的相关研究，在内容上由单一影响因素向多因素、综合因素转变；在研究思路上从静态转向动态，从实证研究、数理分析等单一方法开始向实证研究、数理分析与计算实验相结合的综合集成方法转变(杜建国等,2016)。

4.2.2　诱饵策略研究现状

通过检索相关的文献和研究,可知目前国外研究诱饵策略(诱饵效应)的文献较多,而国内较少。现有文献主要从诱饵策略影响因素、诱饵效应形成机理、诱饵策略实际应用等角度进行探讨与分析:

(1) 对诱饵策略影响因素的研究

部分学者从诱饵设置的角度进行探讨。Slaughter 等(2011)发现在招聘、选举等活动中,将人作为"诱饵",诱饵策略依然有效;Hedgcock 等(2009)从诱饵设置好坏的角度出发,提出如果设置的诱饵对消费者吸引力比较小或者没有吸引力的话,就会让消费者决策更加谨慎,从而减少或消除诱饵策略的影响;Hedgcock 等(2016)则发现诱饵的存在及消失对消费者决策有重大影响;Trueblood 和 Pettibone(2017)发现伪诱饵策略对基于感知进行决策的消费者效果明显。另外,诱饵是否可选(伪诱饵还是真实诱饵)也是至关重要的因素。

还有学者从消费者的角度进行相关研究。Hsu 和 Liu(2011)发现消费者参与程度的高低与诱饵策略作用的大小紧密相连;Slaughter 等(2006)研究了群体中的诱饵效应,提出无论是个人决策还是群体决策,只有消费者仔细评估决策时,诱饵策略的效果才会最大;Pettibone(2012)发现诱饵策略的效果大小受时间的影响,施加给参与人的时间压力越小,效果越明显;Scarpi 和 Pizzi(2013)则发现不具备诱饵知识的消费者更易对诱饵策略产生反馈;Lichters 等(2017)则是在前人的基础之上,认为在现实生活中,考虑了经济后果即付出金钱之后产生的"疼痛感"的消费者受到的诱饵策略的影响作用会有所减缓,但仍然存在;他们认为是因为消费者的后悔从而使得诱饵选项改变了消费者的偏好,最终使得消费者决策发生变化。

（2）对诱饵效应发生机理的研究

诱饵策略导致消费者偏好发生变化从而导致购买决策发生改变的现象被称为诱饵效应。诱饵效应现象的发生引起了营销学家和心理学家的广泛关注,一些学者尝试对此进行解释,主要分为权重变化、价值变化、损失厌恶和启发式决策等。

从权重变化的角度解释,突出了目标产品所在优势的重要性,从而能在消费者决策时增加其维度的权重。例如,诱饵可以通过增加在该属性上得分高的选项的频率来增加该属性的权重（Wedell 和 Pettibone,1996）。Dan 和 Wallsten（1995）则描述了一个相关过程,在该过程中,在特定维度上延伸或缩短,决策者倾向于选择在该维度上占据主导地位的选项,并对该维度赋予了更高的权重。权重变化的理论解释在伪诱饵情况下尤其相符。伪诱饵是指那些存在于消费者选项中,但是由于缺货或者尚未推出等原因而无法形成实际购买行为的产品。但是由于此类产品都是无法获得的,于是属性接近诱饵产品的目标产品就会产生吸引力效果。与自我认知理论一致,人们通过观察自己的行为来改变他们的自身态度（Bem 和 Mcconnell,1970）。如果人们首先选择首选方案或仔细考虑,那么他们随后的态度将受到第一个决定中观察他们的选择和偏好的影响（Ert 和 Lejarraga,2018）。在这种情况之下,由于诱饵的不可选,增加了目标产品的相对重要性,从而导致对目标的偏倚。

价值变化的理论解释则认为诱饵的加入改变了消费者对产品的感知价值。如 Parducci 等（1976）基于价值变化视角分析认为诱饵会改变消费者对于目标产品优势与劣势维度的感知,从而使消费者感觉目标产品与竞争产品在劣势差距上并没有想象中大,而在优势差距上则比想象中大。Red 等（2018）认为是因为消费者预期的遗憾

(后悔)从而使得诱饵选项能够改变其偏好,最终导致决策结果发生变化。

部分学者则是基于前景理论和损失厌恶对诱饵效应进行解释。Pettibone 和 Wedell(2007)认为加入诱饵后,原先的参考点发生变化,而又由于损失厌恶,使得目标产品的获得与损失之差大于竞争产品的获得与损失之差,从而使消费者的感观价值发生变化,认为相较于竞争产品,目标产品的价值更高。

还有学者则是从启发式决策的角度对诱饵效应进行解释,认为其实有些消费者可能决策时并没有像上述那么复杂,只是由于诱饵的加入使得消费者更容易做出决策。如 Simonson(1989)所写,有些消费者避免选择极端选项,所以在加入诱饵选项之后,使得目标产品不那么极端,从而增加目标产品的竞争力。还有一些消费者则是根据相似性假设进行决策。根据 Tversky(1979),当诱饵不可选之后,消费者更易选择跟诱饵相似度较大的产品,因为对他们而言,选择跟自己原先想要产品接近的产品更易做出决策。

(3) 诱饵策略实际应用

一些学者则是将诱饵策略应用于实际中,为解决现实问题提供方案。诱饵策略被广泛运用于实际生活中,在诸如啤酒、电脑、赌博、菜单目录以及一些节能家用电器(如空调、冰箱、微波炉等)等产品销售中。为了验证伪诱饵策略的有效性和实际适用性,Huber 等(1982)在啤酒销售以及 Pan 和 Lehmann(1993)在灯泡销售中采取伪诱饵策略,均取得成功;Heath 和 Chatterjee(1995)通过梳理以往文献,基于元分析和实证数据,验证了伪诱饵策略的有效性和实际应用性。在此基础之上,Pechtel(2009)通过实证的方法,探讨了在伪诱饵策略下不同伪诱饵的设置对消费者个体选择的影响。另外一些学者则研究了真实诱饵策略的有效性。Josiam 和 Hobson(1995)在旅行社提供的套票中应用真实诱饵策略,发现诱饵策略行之有效,并且不同的诱饵策略给旅行社带来的收益也是不一样的;Gonzalez-Prieto等(2013)则是将真实诱饵策略应用于航空公司的机票套餐中,通过使用两种不同的诱饵,设置三种不同的策略,观察消费者的选择行为,为航空公司的经营提供依据;Müller等(2014)则是在工作奖励中使用真实诱饵策略,取得成功的同时也验证了诱饵策略的有效性。

4.2.3 消费者交互研究现状

关于消费者交互的定义众说纷纭。其中较具有代表性的观点是:消费者交互是一种将信息从一个消费者(一群消费者)交换或传递到另外一个消费者(一群消费者)的行为,并且这个行为同时可能改变参与者的偏好、实际购买决策,或是未来交流的方式(Saarijaervi等,2018)。而 Godes 等(2005)则直接将消费者交互定义为"能够影响消费者购买产品的期望的行为",且这种交互行为产生的前提在于"消费者个体特征及其社会网络特征存在差异"。

一些学者研究了消费者交互的动机,Heinonen 等(2018)认为产品形式的复杂性和网络信息的便捷性导致了消费者之间需要并且能够有效地交流对产品的看法,此外,Chan 和 Li(2010)也认为互惠是消费者交互的动机之一。还有一些学者则是从其他角度研究了消费者间的交互,Chatterjee 等(2017)认为消费者的主观意识是决定交互的主要因素,而 Carroll 等(2015)则发现在网络环境中的交互行为能够给消费者带来更愉悦的消费体验。盛光华和葛万达(2019)构建了绿色购买的社会机制,与社会互动相关的外部情境因素能够有效驱动消费行为,提出应在全社会营造浓厚的绿色消费社会互动氛围。周彦莉等(2020)认为消费者交互及信任传递,可带动各种消费内容的快速传递和有效接收,提升消费者购买意愿。严建援等(2020)探索了用户问答与在线评论对消费者产品态度的交互影响,发现这影响了消费者的购买决策。

随着信息与通信技术的不断发展,消费者之间这种基于社会网络的交互作用越来越强,而消费者的决策也变得越来越具有依赖性,如基于消费者好评的线上购物。消费者交互及其互动网络的重要性让越来越多的学者在进行相关研究时无法忽视其存在。Achrol 和Kotler(1999)认为消费者网络就是社会结构中的消费者个体在日常消费和购买决策过程中由一个或多个正式或非正式的特殊纽带连接在一起的。Gentina 和 Bonsu(2013)研究表明,网络结构如度数中心性、接近中心性等因素对消费者行为存在影响;Pegoretti(2012)发现,在信息不完善的情况下,小世界网络中较低的平均路径长度所带来的高扩散速度增加了产品创新占领市场的概率;Bohlmann(2010)等则是探究了网络结构的异质性对产品竞争演化的影响;赵良杰等(2011)探究了消费者交互作用下局部网络效应、互动强度及网络结构对产品扩散的影响。在考虑消费者交互的情景下,周琦萍等(2013)发现在局部网络效应中,社会网络中的消费者的交互作用是影响新产品竞争扩散的关键因素;Park 等(2014)提出关系强度、网络密度、网络中心性和同质性的增加会增加消费者对社会网络中朋友推荐交易产品的购买意向;Yi 和 Ahn(2017)分析了消费者对新产品初始期望值对产品销量、消费者满意度与 WOM 之间关系的影响;杨善林等(2009)研究了从众行为对群体决策的影响;李锋与魏莹(2017)发现市场中受他人影响的消费者数量越多、消费者受他人影响程度越大时,供应方越能够占据优势,通过提高价格获取额外利润。然而,在诱饵策略研究方面,却较少有文献考虑到消费者之间的互动行为。

4.3.4 研究评述

综上所述,国内外学者对绿色产品竞争、诱饵策略和消费者交互等方面已经展开了一定的研究,也得出了丰富的结论和提出了一些具有建设性的意见,但是仍然存在需要进一步探究的内容,主要如下:

在绿色产品竞争研究方面,目前研究主要包括绿色产品竞争的影响因素、环保特征和政府补贴等,而关于诱饵策略对绿色产品竞争影响的文献较少,并且尚缺少系统深入的分析。事实上,诱饵是否加入、诱饵策略的设置、伪诱饵策略还是真实诱饵策略等等对消费者的决策具有较大影响。科学合理地设置诱饵策略能够有效地增加绿色产品的竞争力,真正实现对环境的保护作用并对企业具有重要的现实意义。因此,将诱饵策略应用于绿色产品中具有可行性和实际意义。

在诱饵策略的研究方面,已有学者研究了诱饵策略影响因素、发生机理、实际应用等等问题,在研究方法上包括了定性研究、实证研究以及案例研究等等。但是,在从消费者角度研究诱饵效应时,却忽略了消费者交互对诱饵策略设置的影响,如消费者交互特征(如邻居节点数量、重连概率、从众程度等)对消费者的购买决策都具有一定的影响。消费者是具有异质性和自适应性的主体,其决策行为是一个复杂的过程,其结果必然是在多主体之间错综复杂的交互下得出的。另外,由于计算实验方法在解决复杂性、复杂系统等方面具有优势,因此,将其运用于本研究具有一定的合理性和科学性。

基于以上认知,在现有研究基础上,本研究首先在数理分析的基础之上提出绿色产品诱饵策略的理论可行域,然后构建计算实验模型进行有效性验证;接着在考虑消费者交互的基础之上,探究了确定的消费者情境下伪诱饵策略和真实诱饵策略设置问题和消费者交互特征(如邻居节点数量、重连概率、从众程度等)对绿色产品诱饵策略效果(绿色产品销量演化趋势)的影响,最后对比和分析实验结果,并得出积极的管理启示,为企业绿色产品诱饵策略决策制定提供一定的理论依据。

4.3　研究内容与创新点

资源的过度开发和环境污染问题迫使政府采取相应的措施来推动可持续发展。目前,政府主要采用补贴、监督等方式来让企业减少污染。其中,消费者作为节能减排、保护环境的中坚力量,其消费模式的改变对可持续发展起到不可忽视的作用。但是,绿色产品较高的价格是其在市场中竞争力较弱的主要原因。相当一部分消费者愿意保护环境但却因为价格购买了普通产品。如何改变消费者的认知使得绿色产品更具竞争力显得相当重要。而诱饵策略已被证明能够改变消费者的认知,一个恰当的诱饵能够使得消费者朝着预期方向进行决策。与此同时,消费者的决策是一个复杂的过程,其自身的网络结构和与他人的互动都会对其产生影响。因此,本研究从消费者互动的角度探讨了消费者自身属性特征、其所在社会网络结构特征(如邻居节点数量、重连概率等)和从众特征不同情境下绿色产品诱饵策略的设置问题及绿色产品竞争演化规律。具体研究内容如下:

首先,详细地介绍了研究背景,阐述了本研究目的和研究意义;通过梳理文献,对国内外关于诱饵策略(诱饵效应)研究现状进行归纳和分析,进而引出所要研究的主要问题,并给出本篇的研究内容及创新点。

其次,诱饵策略的可行域分析及其有效性验证。首先分析了单个消费者个体诱饵效用发生机理;通过诱饵选项加入之后产生的新参考点对区域进行划分,探究新参考点落在不同区域内消费者偏好转移情况,从而确定新参考点的研究区域;在确定新参考点的研究区域的基础之上,通过计算得出诱饵策略研究区域,为本篇接下来的研究奠定基础。

此外,考虑消费者交互的绿色产品诱饵策略研究模型构建。主要介绍了在考虑消费者交互的基础之上,消费者购买决策行为变化规则以及分别在伪诱饵策略和真实诱饵策略背景下消费者产品购买决策规则。

最终,考虑消费者交互的绿色产品伪诱饵策略与真实诱饵策略研究。在考虑消费者交互的基础之上,探究了在确定的消费者交互情景下不同类型的伪诱饵和真实诱饵策略设置效果(绿色产品销量)及其演化趋势,分析其间差异;同时,基于消费者互动网络,探究了消费者互动特征对同一伪诱饵或真实策略效果的影响,并对比分析了伪诱饵策略研究和真实诱饵策略研究的差异,分析其间原理,为企业绿色产品生产决策提供一定的参考和借鉴。

现有关于诱饵策略的文献较为丰富,有探究不同类型诱饵策略的效果好坏,有探讨诱饵效应发生机理并提出各种理论解释,有验证诱饵策略在实际生活中的应用性(如销售、选举、招聘等),还有探寻影响诱饵效应大小的各种因素(如时间、消费者参与度、诱饵的吸引力大小等)。然而,以往的一些关于诱饵策略的研究大都是基于消费者单期决策的结果,忽略了消费者决策的复杂性和动态性以及消费者长期决策的演化趋势,即消费者决策不仅仅受到产品本身属性(如价格、绿色度等)影响,在这过程中还受到其所处社会网络中的消费者间的交互作用,其决策结果在交互作用的影响下也不断发生着变

化。与以往文献相比,本研究具有如下创新点:

(1) 刻画了更为复杂的消费者购买决策行为

本研究将消费者嵌入一定的社会网络之中,较好地刻画了消费者主体间复杂的交互关系,考虑了消费者网络中的互动对购买决策的影响,即消费者不再是纯理性的只根据产品属性来制定购买决策,而是会同时受到消费者网络结构与消费者互动的影响。另外还考虑了消费者的异质性和自适应性,与现实更加吻合。

(2) 构建了多种消费者交互情景,对比分析了绿色产品诱饵策略的设置和其效果及演化趋势

本研究在考虑消费者交互的基础之上,采用计算实验方法构建了相应的消费者购买决策模型,探究了在确定的消费者交互情境下绿色产品伪诱饵策略设置和绿色产品真实诱饵策略设置问题,并分析了其间差异;同时,还研究了消费者交互特征(如消费者邻居节点数量、重连概率、从众程度)对绿色产品伪诱饵策略和绿色产品真实诱饵策略效果和演化趋势的影响。通过对比不同消费者交互情境下绿色产品诱饵策略效果的差异,试图理清消费者交互对诱饵策略效果的影响机理,并为企业管理活动提供一定的参考与借鉴。

第5章 企业绿色产品诱饵决策的问题研究

5.1 绿色产品诱饵策略的可行域分析

5.1.1 问题描述

大量的文献研究已经表明,在消费者选项集中引入一个恰当的第三个产品选项能够在一定程度上改变消费者的购买决策,增加目标产品的竞争力。同时,大量的案例也已经证实了诱饵策略的有效性和实际应用性。如 Josiam 和 Hobson(1995)在旅行社提供的套票中应用诱饵策略,发现诱饵策略行之有效;Gonzalez-Prieto(2013)将诱饵策略应用于航空公司的机票套餐中,取得了较好的效果。关于诱饵策略的研究已经相当丰富,但以往文献大多是从实证的角度证实诱饵策略的有效性,较少有文献从数理的角度分析诱饵效应发生的机理,并且考虑到消费者之间交互的复杂性。

本章节首先基于数理分析的方法,分析了单个消费者个体诱饵效应发生机理;其次,通过以诱饵选项加入后产生的新参考点、绿色产品、普通产品的价格和绿色度为基准,将区域划分为 16 个部分,分别探究新参考点落在这 16 个不同区域内时消费者偏好转移情况,从而确定新参考点的研究区域;接着,在确定新参考点的研究区域的基础之上,通过计算得出诱饵策略研究区域,为本篇接下来的研究奠定基础;最后,构建计算实验模型对其有效性进行验证。

5.1.2　诱饵效应数理分析

市场上有产品生产企业 g_1 和 g_2,分别生产和销售产品 a(绿色产品)和 b(普通产品)。绿色产品 a 价格和绿色度为 p_a,q_a;普通产品价格和绿色度为 p_b,q_b。两类产品将基于价格和绿色度两个维度进行竞争,两者满足 $p_a > p_b$,$q_a > q_b$。为提高绿色产品的销量和市场份额,企业 g_1 计划推出诱饵产品 c,诱饵产品的价格和绿色度为 p_c,q_c。产品 c 采用伪诱饵策略,即消费者无法在市场中购买到该产品,仅作为诱饵存在。系统基本假设如下:

(1)a、b 两类产品在功能、性能方面的差异不大,均可满足消费者日常需求,两者在一定程度上具有可替代性。但两者在绿色度方面存在差异,即基于产品绿色度的差异来刻画产品环境绩效的异质性。

(2)U_i 表示产品 i 为消费者带来的效用大小,用于表征消费者购买该产品的意愿和动机大小。该效用的大小将决定消费者的产品购买决策。基于文献(Zhang 和 Zhang,2007),U_i 的计算如公式

（5.1）所示：

$$U_i = \mu_i * p_i + \rho_i * q_i \tag{5.1}$$

$$= (-\partial^{(p_i - p_e)} + k) * p_i + (\beta^{|q_i - q_e|} + \varepsilon) * q_i$$

μ_i 表示消费者对产品 i 的价格敏感度参数。其中 $\partial > 1, k$ 是一个常数，k 主要取决于消费者的社会经济属性。此外，假设用同类产品的平均价格 p_e 来表示消费者对该产品的期望价格，其计算如公式（5.2）所示，其中 m 表示该类产品的总类别数。

$$p_e = \sum_{i=1}^{m} p_i / m \tag{5.2}$$

ρ_i 表示消费者对产品 i 的绿色度敏感度参数。其中 β 满足 $0 < \beta < 1, \varepsilon$ 是一个常数，受到消费者经济属性的影响。q_e 表示消费者对产品的期望绿色度，用该类产品的平均绿色度表示，如公式（5.3）所示。

$$q_e = \sum_{i=1}^{m} q_i / m \tag{5.3}$$

综上所述，消费者的效用可进一步表示为公式（5.4）：

$$U_i^j = (-\partial_j^{(p_i - p_e)} + k_j) * p_i + (\beta_j^{|q_i - q_e|} + \varepsilon_j) * q_i \tag{5.4}$$

（3）假设单个主体在初始状态选择了产品 b，但是对他而言，a 产品和 b 产品之间并没有太大的差别，也就是说，虽然 $U_b^j > U_a^j$，但 $U_b^j - U_a^j = e, e$ 是一个接近于零的参数，e 值越小，则消费者越容易受到诱饵的影响。

（4）假设 E_1 是诱饵出现之前的 a 产品和 b 产品的质量和绿色度的均值，即诱饵产品 c 加入之前的参考点；E_2 是诱饵出现之后的产品质量与绿色度的均值，即诱饵产品加入之后的新的参考点。其

所在坐标分别为 $E_1(\overline{q_1}, \overline{p_1})$，$E_2(\overline{q_2}, \overline{p_2})$，其中 $\overline{q_1} = (q_a + q_b)/2$，$\overline{p_1} = (p_a + p_b)/2$，$\overline{q_2} = (q_a + q_b + q_c)/3$，$\overline{p_2} = (p_a + p_b + p_c)/3$。

（5）设 d_p 表示某产品的价格和该类所有产品(a 和 b)的平均价格之间的差值，d_q 代表某产品的绿色度和该类所有产品(a 和 b)的平均绿色度之间的差值。d_p' 和 d_q' 分别表示当引入诱饵产品之后，某产品的价格和该类所有产品(a、b 和 c)平均价格之间的差值以及某产品的绿色度和该类所有产品(a、b 和 c)的平均绿色度之间的差值。通过整理可以得到下面的等式：

表 5-1　产品价格和绿色度与消费者期望价格和绿色度之差

等式	等式
$d_{pa} = p_a - (p_a + p_b)/2 = p_a - \overline{p_1}$	$d_{qa} = q_a - (q_a + q_b)/2 = q_a - \overline{q_1}$
$d_{pb} = p_b - (p_a + p_b)/2 = p_b - \overline{p_1}$	$d_{qb} = q_b - (q_a + q_b)/2 = q_b - \overline{q_1}$
$d_{pa}' = p_a - (p_a + p_b + p_c)/3 = p_a - \overline{p_2}$	$d_{qa}' = q_a - (q_a + q_b + q_c)/3 = q_a - \overline{q_2}$
$d_{pb}' = p_b - (p_a + p_b + p_c)/3 = p_b - \overline{p_2}$	$d_{qb}' = q_b - (q_a + q_b + q_c)/3 = q_b - \overline{q_2}$

U_a 和 U_b 是在没有诱饵产品时，消费者对于购买产品 a 和产品 b 的动机大小。U_a' 和 U_b' 是在市场中投入了诱饵产品 c 后，消费者对于购买产品 a 和产品 b 的动机。在这里不考虑其他因素，只考虑产品的价格和绿色度对消费者的影响，因此，可以得到 U_a，U_b，U_a' 和 U_b' 的表达式如下：

$$U_a = (-\partial^{d_{pa}} + k) * p_a + (\beta^{|d_{qa}|} + \varepsilon) * q_a \tag{5.5}$$

$$U_b = (-\partial^{d_{pb}} + k) * p_b + (\beta^{|d_{qb}|} + \varepsilon) * q_b \tag{5.6}$$

$$U_a' = (-\partial^{d_{pa}'} + k) * p_a + (\beta^{|d_{qa}'|} + \varepsilon) * q_a \tag{5.7}$$

$$U'_b = (-\partial^{d'_{pb}} + k) * p_b + (\beta^{|d'_{qb}|} + \varepsilon) * q_b \qquad (5.8)$$

式(5.7)减式(5.5)得式(5.9),式(5.8)减式(5.6)得(5.10),如下所示:

$$U'_a - U_a = (-\partial^{d'_{pa}} + \partial^{d_{pa}}) * p_a + (\beta^{|d'_{qa}|} - \beta^{|d_{qa}|}) * q_a \quad (5.9)$$

$$U'_b - U_b = (-\partial^{d'_{pb}} + \partial^{d_{pb}}) * p_b + (\beta^{|d'_{qb}|} - \beta^{|d_{qb}|}) * q_b \quad (5.10)$$

式(5.9)减式(5.10)得:

$$U'_a - U_a - (U'_b - U_b)$$

$$= (-\partial^{d'_{pa}} + \partial^{d_{pa}}) * p_a + (\beta^{|d'_{qa}|} - \beta^{|d_{qa}|}) * q_a -$$

$$(-\partial^{d'_{pb}} + \partial^{d_{pb}}) * p_b - (\beta^{|d'_{qb}|} - \beta^{|d_{qb}|}) * q_b \qquad (5.11)$$

$$= (\partial^{d_{pa}} - \partial^{d'_{pa}}) * p_a - (\partial^{d_{pb}} - \partial^{d'_{pb}}) * p_b +$$

$$(\beta^{|d'_{qa}|} - \beta^{|d_{qa}|}) * q_a - (\beta^{|d'_{qb}|} - \beta^{|d_{qb}|}) * q_b$$

又因为 $U'_a - U'_b = U'_a - U'_b - e = U'_a - U'_b - (U_a - U_b)$,因此,要判断消费者偏好是否转移,只需要判断 $U'_a - U_a - (U'_b - U_b)$ 的正负,如果 $U'_a - U_a - (U'_b - U_b)$ 大于0,则消费者偏好转移;如果 $U'_a - U_a - (U'_b - U_b)$ 小于0,则消费者偏好不转移。

根据绿色产品 $a(q_a, p_a)$、普通产品 $b(q_b, p_b)$ 以及 $E_1(\overline{q_1}, \overline{p_1})$ 原参考点所在坐标轴的位置,本研究以新的参考点 $E_2(\overline{q_2}, \overline{p_2})$ 为基准,将整个坐标区域划分为 16 个区域,如图 5-1 所示。

当新的参考点落在这 16 个不同区域时,分别求解相应的 $U'_a - U_a - (U'_b - U_b)$,求解过程如下:

(1) 分析 $(\partial^{d_{pa}} - \partial^{d'_{pa}}) p_a - (\partial^{d_{pb}} - \partial^{d'_{pb}}) p_b$ 的大小。总共有四种情况,分别是 $p_a > \overline{p_1} > p_b > \overline{p_2}$; $p_a > \overline{p_1} > \overline{p_2} > p_b$; $p_a > \overline{p_2} > \overline{p_1} >$

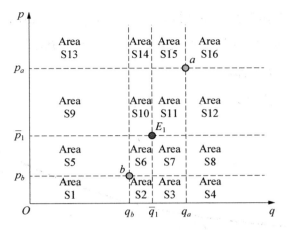

图 5-1 产品价格与绿色度取值区域

p_b；$\bar{p}_2 > p_a > \bar{p}_1 > p_b$；其图解分析如图 5-2,5-3,5-4,5-5 所示:

当 $p_a > \bar{p}_1 > p_b > \bar{p}_2$ 时,$d_{pb} - d'_{pb} = d_{pa} - d'_{pa}$,由图 5-2 可知, $\alpha^{d'_{pa}} - \alpha^{d_{pa}} > \alpha^{d'_{pb}} - \alpha^{d_{pb}} > 0$,又 $p_a > p_b > 0$,可得到 $(\alpha^{d'_{pa}} - \alpha^{d_{pa}})p_a > (\alpha^{d'_{pb}} - \alpha^{d_{pb}})p_b$,即:

$$(\alpha^{d_{pa}} - \alpha^{d'_{pa}})p_a - (\alpha^{d_{pb}} - \alpha^{d'_{pb}})p_b < 0。$$

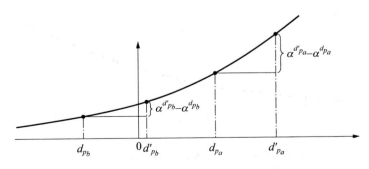

图 5-2 $\alpha > 1$ 且 $p_a > \bar{p}_1 > p_b > \bar{p}_2$

当 $p_a > \overline{p}_1 > \overline{p}_2 > p_b$ 时，$d_{p_b} - d'_{p_b} = d_{p_a} - d'_{p_a}$，由图 5-3 可知，$\alpha^{d'_{pa}} - \alpha^{d_{pa}} > \alpha^{d'_{pb}} - \alpha^{d_{pb}} > 0$，又 $p_a > p_b > 0$，可得到 $(\alpha^{d'_{pa}} - \alpha^{d_{pa}})p_a > (\alpha^{d'_{pb}} - \alpha^{d_{pb}})p_b$，即：

$$(\alpha^{d_{pa}} - \alpha^{d'_{pa}})p_a - (\alpha^{d_{pb}} - \alpha^{d'_{pb}})p_b < 0_。$$

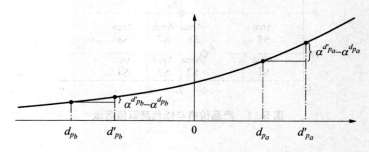

图 5-3 $a > 1$ 且 $p_a > \overline{p}_1 > \overline{p}_2 > p_b$

当 $p_a > \overline{p}_2 > \overline{p}_1 > p_b$ 时，$d_{p_b} - d'_{p_b} = d_{p_a} - d'_{p_a}$，由图 5-4 可知，$\alpha^{d_{pa}} - \alpha^{d'_{pa}} > \alpha^{d_{pb}} - \alpha^{d'_{pb}} > 0$，又 $p_a > p_b > 0$，可得到 $(\alpha^{d_{pa}} - \alpha^{d'_{pa}})p_a > (\alpha^{d_{pb}} - \alpha^{d'_{pb}})p_b$，即：

$$(\alpha^{d_{pa}} - \alpha^{d'_{pa}})p_a - (\alpha^{d_{pb}} - \alpha^{d'_{pb}})p_b > 0_。$$

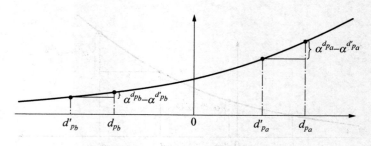

图 5-4 $\alpha > 1$ 且 $p_a > \overline{p}_2 > \overline{p}_1 > p_b$

当 $\overline{p}_2 > p_a > \overline{p}_1 > p_b$ 时,如图 5-5 所示,$d_{p_b} - d'_{p_b} = d_{p_a} - d'_{p_a}$,$d_{p_a} > 0 > d'_{p_a}$,$0 > d_{p_b} > d'_{p_b}$,因此,$\alpha^{d_{p_a}} - \alpha^{d'_{p_a}} > \alpha^{d_{pb}} - \alpha^{d'_{pb}} > 0$,又因为 $p_a > p_b > 0$,所以可以得到:$(\alpha^{d_{p_a}} - \alpha^{d'_{p_a}}) p_a > (\alpha^{d_{pb}} - \alpha^{d'_{pb}}) p_b$,即:$(\alpha^{d_{p_a}} - \alpha^{d'_{p_a}}) p_a - (\alpha^{d_{pb}} - \alpha^{d'_{pb}}) p_b > 0$。

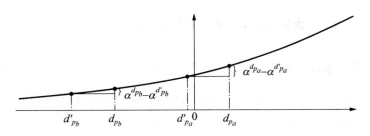

图 5-5　$\alpha > 1$ 且 $\overline{p}_2 > p_a > \overline{p}_1 > p_b$

（2）分析 $\left(\beta^{|d'_{q_a}|} - \beta^{|d_{q_a}|}\right) * q_a - \left(\beta^{|d'_{q_b}|} - \beta^{|d_{q_b}|}\right) * q_b$ 的大小。共四种情形,分别是 $q_a > \overline{q}_1 > q_b > \overline{q}_2$,$q_a > \overline{q}_1 > \overline{q}_2 > q_b$,$q_a > \overline{q}_2 > \overline{q}_1 > q_b$,$\overline{q}_2 > q_a > \overline{q}_1 > q_b$,其图解分析如图 5-6a,5-6b,5-7,5-8,5-9a,5-9b 所示。

当 $q_a > \overline{q}_1 > q_b > \overline{q}_2$,会出现两种图像。其一如图 5-6a 所示,由于 $d_{q_b} - d'_{qb} = d_{q_a} - d'_{q_a}$,$d_{q_b} = q_b - \dfrac{q_a + q_b}{2} = q_b - \overline{q}_1$,$d'_{q_b} = q_b - \dfrac{q_a + q_b + q_c}{3} = q_b - \overline{q}_2$,即 $|d_{q_b}| > |d'_{q_b}|$,因此,$\beta^{|d'_{q_a}|} - \beta^{|d_{q_a}|} < 0$,$\beta^{|d'_{q_b}|} - \beta^{|d_{q_b}|} > 0$,又因为 $q_a > q_b$,因此在此可以得出:$\left(\beta^{|d'_{q_a}|} - \beta^{|d_{q_a}|}\right) * q_a - \left(\beta^{|d'_{q_b}|} - \beta^{|d_{q_b}|}\right) * q_b < 0$。

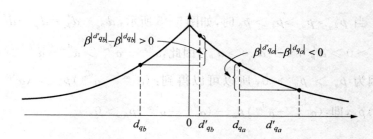

图 5-6a $0 < \beta < 1$ 且 $q_a > \overline{q_1} > q_b > \overline{q_2}$

其二如图 5-6b，$|d_{qa} - d'_{qa}| = |d_{qb} - d'_{qb}|$，$\beta^{|d_{qa}|} = \beta^{|d_{qb}|}$，所以 $\beta^{|d'_{qa}|} - \beta^{|d_{qa}|} < \beta^{|d'_{qb}|} - \beta^{|d_{qb}|} < 0$，又因为 $q_a > q_b$，因此可以得出：$(\beta^{|d'_{qa}|} - \beta^{|d_{qa}|}) * q_a - (\beta^{|d'_{qb}|} - \beta^{|d_{qb}|}) * q_b < 0$。

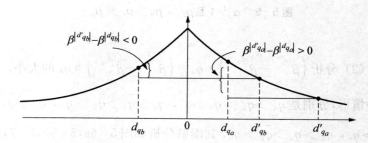

图 5-6b $0 < \beta < 1$ 且 $q_a > \overline{q_1} > q_b > \overline{q_2}$

当 $q_a > \overline{q_1} > \overline{q_2} > q_b$，如图 5-7 可知，$\beta^{|d'_{qa}|} - \beta^{|d_{qa}|} < 0$，$\beta^{|d'_{qb}|} - \beta^{|d_{qb}|} > 0$，且 $q_a > q_b$，因此可以得出：$(\beta^{|d'_{qa}|} - \beta^{|d_{qa}|}) * q_a - (\beta^{|d'_{qb}|} - \beta^{|d_{qb}|}) * q_b < 0$。

当 $q_a > \overline{q_2} > \overline{q_1} > q_b$ 时，由于 $d_{qb} - d'_{qb} = d_{qa} - d'_{qa}$，由图 5-8 可知，$\beta^{|d'_{qa}|} - \beta^{|d_{qa}|} > 0$，$\beta^{|d'_{qb}|} - \beta^{|d_{qb}|} < 0$，又因为 $q_a > q_b$，因此可以得出：$(\beta^{|d'_{qa}|} - \beta^{|d_{qa}|}) * q_a - (\beta^{|d'_{qb}|} - \beta^{|d_{qb}|}) * q_b > 0$。

当 $\overline{q_2} > q_a > \overline{q_1} > q_b$ 时，出现两种情形，其一如图 5-9a 所示，

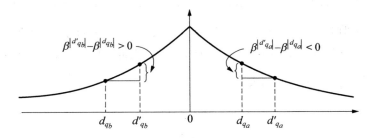

图 5-7 $0 < \beta < 1$ 且 $q_a > \overline{q_1} > \overline{q_2} > q_b$

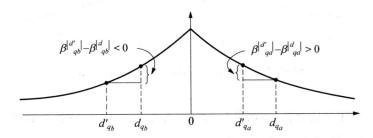

图 5-8 $0 < \beta < 1$ 且 $q_a > \overline{q_2} > \overline{q_1} > q_b$

$\beta^{|d'_{qa}|} - \beta^{|d_{qa}|} > 0$, $\beta^{|d'_{qb}|} - \beta^{|d_{qb}|} < 0$, 且 $q_a > q_b$, 因此可知：$(\beta^{|d'_{qa}|} - \beta^{|d_{qa}|}) * q_a - (\beta^{|d'_{qb}|} - \beta^{|d_{qb}|}) * q_b > 0$。

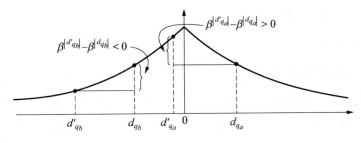

图 5-9a $0 < \beta < 1$ 且 $\overline{q_2} > q_a > \overline{q_1} > q_b$

其二如图 5 - 9b 所示,由于 $\mid d_{qa}-d'_{qa}\mid=\mid d_{qb}-d'_{qb}\mid$,$\beta^{\mid d_{qa}\mid}=$ $\beta^{\mid d_{qb}\mid}$,所以 $\beta^{\mid d'_{qa}\mid}-\beta^{\mid d_{qa}\mid}<0$,$\beta^{\mid d'_{qb}\mid}-\beta^{\mid d_{qb}\mid}<0$,且 $\beta^{\mid d'_{qb}\mid}-\beta^{\mid d_{qb}\mid}<$ $\beta^{\mid d'_{qa}\mid}-\beta^{\mid d_{qa}\mid}<0$,而 $q_a>q_b$,所以无法判断 $(\beta^{\mid d'_{qa}\mid}-\beta^{\mid d_{qa}\mid})*q_a-$ $(\beta^{\mid d'_{qb}\mid}-\beta^{\mid d_{qb}\mid})*q_b$ 的大小。

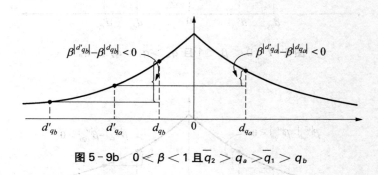

图 5 - 9b $\quad 0<\beta<1$ 且 $\overline{q_2}>q_a>\overline{q_1}>q_b$

基于上述分析,本研究分析新参考点 $E_2(\overline{q_2},\overline{p_2})$ 落于不同区域内其所对应的诱饵产品 c 的效果。

以 $E_2(\overline{q_2},\overline{p_2})$ 落于 $S11$ 区域内为例:

当新参考点 $E_2(\overline{q_2},\overline{p_2})$ 落于区域 $S11$ 内时,如图 5 - 10 所示,满足 $p_a>\overline{p_2}>\overline{p_1}>p_b$,$q_a>\overline{q_2}>\overline{q_1}>q_b$,其中 $\mid d_{p_a}\mid=\mid d_{p_b}\mid$,$\mid d_{q_a}\mid=\mid d_{q_b}\mid$,$d_{p_a}>d'_{p_a}$,$d_{q_a}>d'_{q_a}$,$\mid d_{p_b}\mid<\mid d'_{p_b}\mid$,$\mid d_{q_b}\mid<\mid d'_{q_b}\mid$,$d_{p_b}-d'_{p_b}=d_{p_a}-d'_{p_a}=\overline{p_2}-\overline{p_1}>0$,$d_{p_b}-d'_{p_b}=d_{q_a}-d'_{q_a}=\overline{q_2}-\overline{q_2}>0$。

根据上述条件,由图 5 - 4 知,$(\alpha^{d_{pa}}-\alpha^{d'_{pa}})p_a-(\alpha^{d_{pb}}-\alpha^{d'_{pb}})p_b<0$;由图 5 - 8 知,$(\beta^{\mid d'_{qa}\mid}-\beta^{\mid d_{qa}\mid})*q_a-(\beta^{\mid d'_{qb}\mid}-\beta^{\mid d_{qb}\mid})*q_b>0$,$U'_a-U_a-(U'_b-U_b)=(U'_a-U'_b)+(U_b-U_a)>0$,由假设 $U_b-U_a=e$,且 e 为无限趋近于零的正数,因此 $U'_a-U'_b>0$。

由此,可以得出结论,当诱饵产品 c 进入市场后,只要使得新参

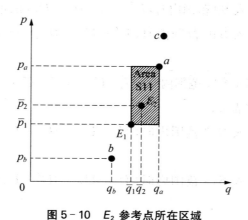

图 5 - 10　E_2 参考点所在区域

考点 $E_2(\overline{q}_2, \overline{p}_2)$ 落入区域 $S11$ 范围内,消费者偏好将会发生转移,从产品 b 转向产品 a。

同理可以证明:

当 E_2 落入 $S1$ 范围内时,$U'_a - U_a - (U'_b - U_b) < 0$,偏好不转移;

当 E_2 落入 $S2$ 范围内时,$U'_a - U_a - (U'_b - U_b) < 0$,偏好不转移;

当 E_2 落入 $S3$ 范围内时,$U'_a - U_a - (U'_b - U_b)$ 的正负难以判定;

当 E_2 落入 $S4$ 范围内时,$U'_a - U_a - (U'_b - U_b)$ 的正负难以判定;

当 E_2 落入 $S5$ 范围内时,$U'_a - U_a - (U'_b - U_b) < 0$,偏好不转移;

当 E_2 落入 $S6$ 范围内时,$U'_a - U_a - (U'_b - U_b) < 0$,偏好不转移;

当 E_2 落入 $S7$ 范围内时,$U'_a - U_a - (U'_b - U_b)$ 的正负难以判定;

当 E_2 落入 $S8$ 范围内时,$U'_a - U_a - (U'_b - U_b)$ 的正负难以判定;

当 E_2 落入 $S9$ 范围内时，$U'_a-U_a-(U'_b-U_b)$ 的正负难以判定；

当 E_2 落入 $S10$ 范围内时，$U'_a-U_a-(U'_b-U_b)$ 的正负难以判定；

当 E_2 落入 $S11$ 范围内时，$U'_a-U_a-(U'_b-U_b)>0$，偏好从产品 b 转向了产品 a；

当 E_2 落入 $S12$ 范围内时，$U'_a-U_a-(U'_b-U_b)$ 的正负无法判定；

当 E_2 落入 $S13$ 范围内时，$U'_a-U_a-(U'_b-U_b)$ 的正负难以判定；

当 E_2 落入 $S14$ 范围内时，$U'_a-U_a-(U'_b-U_b)$ 的正负难以判定；

当 E_2 落入 $S15$ 范围内时，$U'_a-U_a-(U'_b-U_b)>0$，偏好从产品 b 转向了产品 a；

当 E_2 落入 $S16$ 范围内时，$U'_a-U_a-(U'_b-U_b)$ 的正负无法判定。

将上述结论整理成下表：

表 5-2　参考点 E_2 所在区域及偏好转移情况

区域	$S1$	$S2$	$S3$	$S4$	$S5$	$S6$	$S7$	$S8$
有无边界	有	有	有	无	有	有	有	无
偏好转移	不转向	不转向	不确定	不确定	不转向	不转向	不确定	不确定
区域	$S9$	$S10$	$S11$	$S12$	$S13$	$S14$	$S15$	$S16$
有无边界	有	有	有	无	无	无	无	无
偏好转移	不确定	不确定	转向 a	不确定	不确定	不确定	转向 a	不确定

经过分析发现，当新参考点 E_2 落于 $S11$ 区域和 $S15$ 区域范围内，消费者的偏好将会从购买普通产品 b 转向购买绿色产品 a。但是

由于 $S15$ 区域没有边界,由此本篇在这里不做研究。

经过上述数理分析可知,在整个区域内诱饵策略的有效取值区间是一个不规则的形状,无法从数理上有效地将边界确定下来。因此,在这里本研究取能够确定的诱饵策略有效区间作为研究区域,即确定将新参考点落于区域 $S11$ 内所对应的诱饵产品的 c 区域范围作为研究区域,如图 5-11 阴影区域所示(下文研究关于诱饵产品取值范围均基于此)。

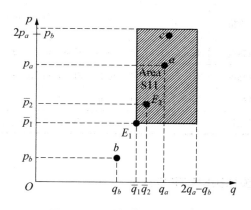

图 5-11 诱饵策略研究区域

5.1.3 实验参数设计

为了验证在研究区域内的诱饵策略的有效性,本研究在此设置了一组实验,即研究在无诱饵情境下绿色产品的销量变化及演化趋势和加入诱饵产品后绿色产品销量的变化及演化趋势。为消除实验过程中的随机性,提升实验结果的稳定性与有效性,针对每一组数据均运行 30 次,本研究将对实验结果进行统计分析。模型参数的初始值设置如表 5-3 所示。

表 5-3 实验基本参数设置

实验参数	参数含义	取值范围	分布	参考文献/来源
q_a	产品 a 绿色度	85	常量	(Huber 等 1982,Hedgcock 等 2016)
p_a	产品 a 价格	72	常量	(Huber 等 1982,Hedgcock 等 2016)
q_b	产品 b 绿色度	20	常量	(Heath 和 Chatterjee,1995)
p_b	产品 b 价格	17.6	常量	(Heath 和 Chatterjee,1995)
q_c	诱饵 c 绿色度	72	常量	(Zhang 和 Zhang 2007,Hedgcock 等 2016)
p_c	诱饵 c 价格	57	常量	(Zhang 和 Zhang 2007,Hedgcock 等 2016)
∂_j	价格敏感度	N(3.6,1.6)	正态分布	(Zhang 和 Zhang,2007)
β_j	质量敏感度	N(0.6,0.2)	正态分布	(Zhang 和 Zhang,2007)
SE_j	社会属性	N(500,75)	正态分布	(Lee 等,2014)
N	消费者数量	5000	常量	(Zhang 和 Zhang,2007)

5.1.4 模拟实验结果与分析

图 5-12 表示的是市场中有无诱饵产品情境下绿色产品销量变化及演化趋势。由图可知,在无诱饵产品情境下,绿色产品销量呈现出先上升、后下降的趋势;与市场中无诱饵情境不同,当诱饵产品加入市场后,绿色产品销量则呈现出先快速上升、后趋于平缓至稳定的演化趋势。

进一步分析可知,在无诱饵情境下,虽然绿色产品刚开始也呈现出上升的趋势,但是到后期并不能够很好地保持住这种优势,销量反而慢慢有所下降。而在存在诱饵产品情境下,不仅在初期绿色产品具有较高的竞争优势,销量快速增长;在后期时,虽然不再快速增长,但是能够保持住前期的优势,销量没有下降。由此可知,诱饵产品的

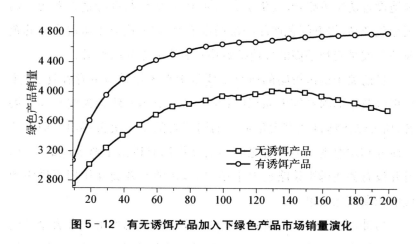

图 5-12　有无诱饵产品加入下绿色产品市场销量演化

加入不仅仅能够提升绿色产品的竞争优势,在一定程度上甚至能帮绿色产品保持住这种优势。

5.2　绿色产品诱饵策略计算实验模型构建

5.2.1　问题描述

上一节基于数理分析的方法探究了参考点 E_2 落在不同区域内消费者偏好转移的情况,并由此推导出诱饵产品 c 的取值区间,由此奠定了下文的研究基础。然而,根据诱饵产品是否能够被消费者实际选择或者购买诱饵策略又可以分为真实诱饵策略和伪诱饵策略。在现实生活中伪诱饵策略得到广泛的运用,而真实诱饵策略由于较大的不可控性较少被应用。然而随着一些学者质疑伪诱饵策略违反商业伦理道德和存在欺骗消费者的嫌疑,真实诱饵策略的重要性又渐渐凸显出来。由此可知,以绿色产品为营销目标,企业可以通过合理地设置诱饵策略,改变消费者的期望,从而使得部分消费者转向购买绿色产品,提升绿色产品的市场竞争力,这无论对于微观层面的企业绩效或是宏观层面的环境绩效均具有十分重要的意义。

目前关于诱饵策略的研究主要集中在诱饵效应的存在性、发生机理以及影响因素等方面,其研究大多以个体消费者为实验样本展开,研究结果通过观察大量孤立的消费者的个体决策得出。但是这些研究却均忽视了消费者之间的交互作用对诱饵策略效应的影响;且并没有关注诱饵策略投放市场之后,在消费者交互作用下诱饵效应的长期演化效果。

另外,众所周知,消费者之间的互动已经成为影响消费者个体购买决策最为重要的因素之一。除受到产品自身诸多属性(如价格、绿色度等)的影响外,消费者购买决策也会受到其所处社交网络中其他主体的影响,如朋友、家人、预期购买或使用过相同产品的其他消费者等。消费者之间以口碑、推荐、模仿等互动关系为基础形成了随时间不断演化的动态网络。根据社会网络理论,消费者的购买决策行为"嵌入"在该网络之中,网络结构、主体之间的互动和关联均会影响或制约消费者购买行为。以消费者的从众行为为例,其即是基于该网络互动之下的产物。消费者的从众心理会极大程度影响消费者的购买决策(Shames 和 Kordlouie,2012),有些消费者相信其他购买者会比自己更加了解产品信息(Bonabeau,2004),更有甚者宁愿选择相信其他消费者的建议而不愿相信专家的意见(Chen,2008),每年中国双十一网购狂欢节期间消费者这种交互行为的体现尤为明显(Xu等,2017)。

通过上述分析可知,如果期望通过设置出较好的诱饵策略,提升绿色产品市场竞争力,就不能忽视消费者间互动的影响。因此,本章节基于消费者互动网络,在充分考虑消费者之间的交互行为的基础上，研究了不同消费者互动情境下伪诱饵策略设置的效果及其演化趋势，同时探讨了不同消费者网络特征对同一伪诱饵策略设置效果的影响，为企业合理的制定伪诱饵策略提供一定的理论依据。

5.2.2　制造商 Agent 设计

5.2.2.1　伪诱饵策略下制造商 Agent 设计

假设市场中存在一家绿色产品制造企业 g_1 和一家普通产品制造企业 g_2，分别生产和销售绿色产品 a 和普通产品 b。绿色产品 a 价格和绿色度分别为 p_a，q_a；普通产品 b 的价格和绿色度分别为 p_b，q_b。本篇假设 a、b 两类产品在功能、性能方面差异性不大，均能满足消费者日常生活的需要，两者在一定程度上具有可替代性。但两者在绿色度方面存在差异，基于产品绿色度的差异来刻画产品质量的异质性。两类产品将基于价格与绿色度两个维度进行竞争，两者满足 $p_a > p_b$，$q_a > q_b$，产品 $i(i=a，b)$ 的销量为 s_i。为了提高绿色产品的销量和市场份额，绿色产品制造企业 g_1 计划推出诱饵产品 c，价格和绿色度分别为 p_c，q_c。产品 c 采用伪诱饵策略，即消费者无法在市场中购买到该产品，仅作为诱饵存在。

5.2.2.2　真实诱饵策略下制造商 Agent 设计

假设市场中存在一家绿色产品制造企业 g_1 和一家普通产品制造企业 g_2，分别生产和销售绿色产品 a 和普通产品 b。绿色产品 a 价格和绿色度分别为 p_a，q_a；普通产品 b 的价格和绿色度分别为 p_b，q_b。绿色产品 a 和普通产品 b 除了在绿色度方面存在差异，其他方面差异不大，均能满足消费者正常的需求，在一定程度上具有可替代性。两类产品将基于价格和绿色度两个维度进行竞争，且两者满足 $p_a > p_b$，$q_a > q_b$。为了提高绿色产品的销量和市场份额，企业 g_1 计划推出诱饵产品 c，诱饵产品的价格和绿色度分别为 p_c，

q_c。产品 c 采用真实诱饵策略,与伪诱饵策略不同,真实诱饵策略意味着产品 c 不仅仅作为诱饵而存在,而且作为一种产品被投入市场,从而能被消费者实际购买,占领一定的市场份额。

5.2.3 消费者 Agent 设计

5.2.3.1 消费者效用

模型中包含 N 个消费者和 2 个产品制造商,产品 i 对消费者 j $(j \in (1, \cdots, N))$ 的效用为 U_i^j,用于表示消费者 j 购买该产品的意愿和动机大小。基于文献(Zhang 和 Zhang,2007),U_i^j 的计算如公式(5.12)所示:

$$U_i^j = \mu_i^j * p_i + \rho_i^j * q_i \tag{5.12}$$

产品 i 的价格和绿色度是影响消费者效用的最为主要的两个方面,其中 μ_i^j 表示消费者 j 对于产品 i 的价格敏感度参数。众所周知,消费者的购买动机会受到产品价格的影响,并且价格敏感度表现了消费者对产品实用价值和情感价值的认知和感知,是消费者本身特征属性之一。不同的消费者价格敏感度不同,且价格敏感度越低,消费者越容易产生购买决策行为。根据价格敏感度分布模型,μ_i^j 的计算如公式(5.13)所示,是产品 i 实际价格 p_i 与期望价格 p_e 之差的幂函数。

$$\mu_i^j = -\partial_j^{(p_i - p_e)} + k_j \tag{5.13}$$

其中 $\partial_j > 1$,k_j 是一个常数,k_j 主要取决于消费者 j 的社会经济属性 SE_j,例如富翁、企业家跟失业者的社会经济属性就有较大的不同,企业家或富翁的价格敏感度明显要低于失业者或者贫穷者,由此可知 k_j 与社会经济属性 SE_j 成反比,即 $k_j = 1 - (SE_j / SE_{max})$。此外,本研究用同种类产品的平均价格来表征产品 i 的期望价格,如式(5.14)所示：

$$p_e = \sum_{i=1}^{m} p_i / m \tag{5.14}$$

另一方面，公式(5.12)中 ρ_i^j 表示消费者 j 对产品 i 的绿色度敏感度参数，且当某个产品的质量与消费者对该类产品质量的期望越是接近，消费者对该产品的质量敏感度就越高。ρ_i^j 的表达式如公式(5.15)所示：

$$\rho_i^j = \beta_j^{|q_i - q_e|} + \varepsilon_j \tag{5.15}$$

其中 β_j 满足 $0 < \beta_j < 1$，ε_j 受到消费者社会经济属性 SE_j 的影响，例如环保意识较高的人群在购买产品时更关心产品的环境绩效。由此可知，ε_j 与 SE_j 成正比，即 $\varepsilon_j = (SE_j / SE_{max})$；同样，在此用同种类产品的平均绿色度来表征产品 i 的期望绿色度 q_e，其计算如公式(5.16)所示：

$$q_e = \sum_{i=1}^{m} q_i / m \tag{5.16}$$

综合公式(5.12)至公式(5.16)，消费者 j 的效用可进一步表示为公式(5.17)，如下所示：

$$U_i^j = (-\partial_j^{(p_i - p_e)} + k_j) * p_i + (\beta_j^{|q_i - q_e|} + \varepsilon_j) * q_i \tag{5.17}$$

5.2.3.2　消费者决策

（1）伪诱饵策略下消费者决策规则

消费者 j 将基于产品 i 的效用相应地进行购买决策，在伪诱饵策略下，产品 c 仅作为诱饵而存在，无法被消费者实际购买，也就是说，市场中仅存在绿色产品 a 和普通产品 b 两者产品，而消费者 j 将会比较这两种产品为其带来效用的大小，即当 $U_a^j > U_b^j$ 时，选择产品

a,当 $U_a^j < U_b^j$ 时,选择产品 b,当 $U_a^j = U_b^j$ 时,消费者随机选择产品 a 和产品 b。

(2) 真实诱饵策略下消费者决策规则

消费者 j 将基于产品 i 的效用相应地进行购买决策,在真实诱饵策略下,产品 c 不仅作为诱饵,而且会被作为一种实际产品被投入市场,占领一定的市场份额。也就是说,市场中存在绿色产品 a、普通产品 b 和诱饵产品 c 三种产品,而消费者 j 将会比较这三种产品为其带来的效用大小,选择给其带来较大效用的产品。

5.2.3.3 消费者交互

在现实生活中,消费者与其社会网络中的其他的消费者存在着一定的联系,并存在交互的影响。因此,不仅产品的绿色度和价格会影响消费者 j 的决策,其与社会网络中的朋友、家人之间的交互行为也会影响购买决策结果,且可能会表现出一定的从众行为(Bhole 和 Hanna,2015)。伴随着社会网络中主体的交互,消费者 j 对产品 i 的价格敏感度 ∂_j、绿色度敏感度 β_j 等均会在从众心理的作用下相应的发生变化。参数 θ_j 表示消费者 j 的从众程度大小,服从于[0,1]正态分布,θ_j 值越大,表示消费者 j 越容易被其他消费者所影响。在从众心理影响下,消费者 j 的 ∂_j 和 β_j 的更新规则分别如式(5.18)和式(5.19)所示:

$$\partial_j^{t+1} = (1-\theta_j)\partial_j^t + \theta_j\partial_{je}^t \tag{5.18}$$

$$\beta_j^{t+1} = (1-\theta_j)\beta_j^t + \theta_j\beta_{je}^t \tag{5.19}$$

其中 t 用来表征消费者购买产品的周期,另外消费者 j 在($t+1$)周期的价格敏感度将受到第 t 周期的消费者自身价格敏感度(∂_j^t)和其他消费者影响($\theta_j\partial_{je}^t$)两个方面的影响,其中参数 θ_j 表示消费者 j 的从众程度。当消费者 j 在 t 周期存在 k 个邻居消费者时,邻居消费者的价格敏感度系数为 ∂_{jk}^t,其中 $l \in (1\cdots k)$。∂_{je}^t 则表示消费者 j 的邻居消费者的价格敏感度均值,即 $\partial^t_{je} = \sum\limits_{l=1}^{k} \partial^t_{jl}/k$。同理,$\beta_{je}$ 表示消费者

j 在第 t 周期的邻居消费者绿色度敏感系数的均值,即 $\beta^t_{je} = \sum\limits_{l=1}^{k} \beta_{jl}/k$。

已有文献证实消费者互动网络具有典型的小世界网络特征 (Bohlmann 等,2010),由此本研究中的消费者间的交互网络采用小世界网络来刻画。小世界网络是指具有较大的集聚系数又具有较小的特征路径长度特点的网络,该网络包含 N 个节点,每个节点向与它最邻近的 K 个节点连出 K 条边,并且假定 $N \geqslant K \geqslant \ln N \geqslant 1$,保持每条边的一个节点不变,在每一周期另一个节点以概率 P_r 重新进行连接。因此,消费者 j 的购买决策将会受到小世界网络相关特征的影响,如节点数量 K,重连概率 P_r 等。这些网络特征在现实中具有一定的管理含义,节点数量 K 可以用来表示消费者 j 在其每次产品购买决策过程中,与其存在交互作用的其他消费者的数量;重连概率 P_r 则是指消费者 j 在产品购买决策时交互对象发生改变的频率。综述,消费者对产品效用的评估在自身偏好以及与其他消费者间交互的影响下将会不断发生变化,其效用评估函数如公式(5.20)所示:

$$U^j_i(t+1) = \{-[(1-\theta_j)\partial^t_j + \theta_j \partial^t_{je}]^{(p_i - p_e)} + k_j\} * p_i + \{[(1-\theta_j)\beta^t_j + \theta_j \beta^t_{je}]^{|q_i - q_e|} + \varepsilon_j\} * q_i$$

$$(5.20)$$

5.3　绿色产品伪诱饵决策的问题研究

我们已经构建了基于消费者互动网络的绿色产品诱饵策略研究的计算实验模型,本章节则在此基础之上,具体展开对伪诱饵策略的

研究。在伪诱饵策略的背景之下,先是研究不同的消费者互动情境下伪诱饵策略效果的演化过程及趋势,试图理清消费者特征对伪诱饵策略效果的影响;然后分析不同类型的伪诱饵策略下绿色产品演化趋势极其销量的优劣,为企业设置伪诱饵策略提供一定参考和借鉴。

5.3.1 基本实验参数设置

本章节在伪诱饵策略背景下,共设置三组实验情景,分别研究消费者邻居节点数量 K、重连概率 P_r、从众程度 θ_j 等对伪诱饵策略的设置及其效果的影响。在每组实验情景中,分别研究绿色产品在不同消费者交互情境下以及不同伪诱饵策略影响下的竞争演化趋势,对比分析当存在诱饵效应下不同的消费者特征对伪诱饵策略设置的影响;其次,分析不同类型的伪诱饵策略的效果及其演化趋势,为合理设置伪诱饵策略提供理论依据与参考。保持实验模型基本参数不变,在实验一中依次取 $K \in (0, 4)$、$K \in (2, 6)$、$K \in (6, 10)$;在实验二中依次取 $P_r \in (0, 0.2)$、$P_r \in (0.2, 0.4)$、$P_r \in (0.4, 0.6)$;在实验三中依次取 $\theta_j \in (0, 0.1)$,$\theta_j \in (0.2, 0.3)$,$\theta_j \in (0.4, 0.5)$。模型参数的初始值设置如表 5-4 所示。

表 5-4 实验基本参数设置

实验参数	参数含义	取值范围	分布	参考文献/来源
q_a	产品 a 绿色度	85	常量	(Huber 等 1982,Hedgcock 等 2016)
p_a	产品 a 价格	72	常量	(Huber 等 1982,Hedgcock 等 2016)
q_b	产品 b 绿色度	20	常量	(Heath 和 Chatterjee,1995)
p_b	产品 b 价格	17.6	常量	(Heath 和 Chatterjee,1995)
q_c	诱饵 c 绿色度	[52.5, 150]	常量	(Zhang 和 Zhang 2007,Hedgcock 等 2016)

实验参数	参数含义	取值范围	分布	参考文献/来源
p_c	诱饵 c 价格	[58.5，141]	常量	（Zhang 和 Zhang 2007，Hedgcock 等 2016）
∂_j	价格敏感度	N(3.6，1.6)	正态分布	（Zhang 和 Zhang，2007）
β_j	质量敏感度	N(0.6，0.2)	正态分布	（Zhang 和 Zhang，2007）
K	节点数量	N(0，10)	正态分布	（Bhole 和 Hanna，2015）
P_r	重连概率	N(0，0.6)	正态分布	（Bohlmann 等，2010）
θ_j	从众程度	[0，0.5]	正态分布	（Lee 等，2014）
SE_j	社会属性	N(500，75)	正态分布	（Lee 等，2014）
N	消费者数量	5000	常量	（Zhang 和 Zhang，2007）

5.3.2　邻居节点数量情景下伪诱饵策略

本研究采用目标产品（绿色产品）的市场销量来表征伪诱饵策略效果（Huber 等 1982，Pettibone 和 Wedell 2007）。图 5-13 表示的是消费者不同邻居节点数量在不同周期时绿色产品伪诱饵策略的效果趋势图。由图可知，应对诱饵产品价格和绿色度的不同取值组合，其效果将呈现出一定的差异性、层次性、非线性和规律性。图 5-13 第一行的三幅图分别表示周期 $T=1$ 时消费者邻居节点为 $K \in (0，4)$、$K \in (2，6)$、$K \in (6，10)$ 时的伪诱饵策略效果图。从中可以发现，在初始时刻（$T=1$），即消费者之间没有交互时，不同邻居节点数量下同一伪诱饵策略的效果基本相同；当价格保持不变时，随着绿色度的增加其不同的伪诱饵策略的效果也越来越好；在绿色度保持不变时，伪诱饵策略的效果也随着诱饵产品价格的增加而增加，并且当价格增至一定程度后，诱饵产品价格较小的变化就能对伪诱饵策略效果产生较大的影响。

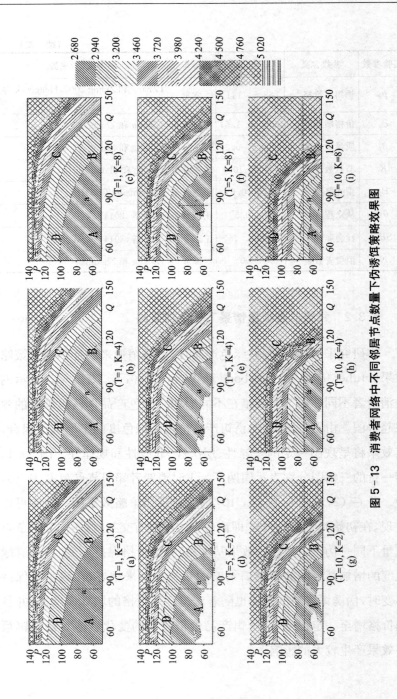

图 5 - 13 消费者网络中不同邻居节点数量下伪诱饵策略效果图

如图 5-13 所示,以目标产品(绿色产品 a)的价格和绿色度为标准,可以将诱饵策略区域分为四类,即 I 类(诱饵产品价格和绿色度均比目标产品 a 低)、II 类(诱饵产品价格比目标产品低且绿色度比目标产品高)、III 类(诱饵产品价格和绿色度均比目标产品高)、IV 类(诱饵产品价格高于目标产品且绿色度低于目标产品)四类伪诱饵策略区域。

由图可知,在初期($T=1$)时,即消费者间不存在交互作用时,同一伪诱饵策略的效果在不同邻居节点时相同;在消费者间存在交互作用且周期相同时,同一伪诱饵策略的效果随着邻居数量的不同而不同。如 $T=10$ 在时,I 类区域伪诱饵策略效果在 $K \in (0,4)$ 时效果不是很理想,而在 $K \in (6,10)$ 时情况则发生变化,I 类区域伪诱饵策略的效果则有所改善;在邻居节点数量相同时,不同伪诱饵策略下绿色产品销量随着周期的变化呈现出不同的演化趋势。如在 $K \in (0,4)$ 时,I 类区域伪诱饵策略的效果在周期 $T=5$ 时效果不理想,而 II 类区域伪诱饵策略的效果则得到加强。

为了进一步研究消费者邻居节点数量对伪诱饵策略设置效果及其演化趋势的影响,本研究在 I、II、III、IV 四类诱饵策略区域分别随机选取了一些点进行分析。为研究方便,在这里取 I 类伪诱饵策略(q:72,p:62)、II 类伪诱饵策略(q:91.5,p:62)、III 类伪诱饵策略(q:91.5,p:85)、IV 类伪诱饵策略(q:72,p:85)。

图 5-14 表示的是在 I、II、III、IV 四类伪诱饵策略下消费者邻居节点数量 $K \in (0,4)$、$K \in (2,6)$、$K \in (6,10)$ 时绿色产品的销量及其演化趋势。由图可知,不同伪诱饵策略设置情境下绿色产品的销量及其演化趋势随着邻居节点数量的不同而呈现出一定的差异性、非线性及规律性。在同一伪诱饵策略设置情景下,初始周期时绿色产品的销量在邻居节点数量 $K \in (0,4)$、$K \in (2,6)$、$K \in$

（6，10）均相同，但在后期其销售上升速度则随着邻居节点数量的增加而加快。

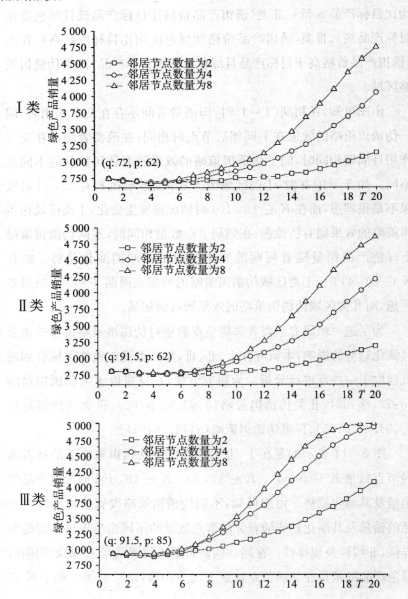

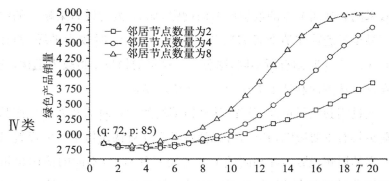

图 5 - 14　四类伪诱饵策略下绿色产品在不同消费者邻居节点数量情境下的销量演化趋势

接下来继续探讨确定消费者邻居节点数量情境下不同类型的伪诱饵策略的效果,在这里本研究以Ⅰ类区域所有伪诱饵策略下的绿色产品销量的均值代表Ⅰ类伪诱饵策略的效果,同理可表示出Ⅱ、Ⅲ、Ⅳ三类伪诱饵策略的效果。图 5 - 15 表示的是消费者邻居节点数量 $K \in (0, 4)$、$K \in (2, 6)$、$K \in (6, 10)$ 确定情境下Ⅰ、Ⅱ、Ⅲ、Ⅳ四类伪诱饵策略下绿色产品销量演化趋势图。如图所示,从演化趋势来看,Ⅰ类伪诱饵策略下绿色产品销量呈现出先下降后上升的趋势,而Ⅱ、Ⅲ、Ⅳ三类伪诱饵策略下绿色产品则一直呈现上升的趋势;从效果来看,在消费者邻居节点数量确定的情境下,Ⅲ类伪诱饵策略效果最好,Ⅳ类次之,Ⅱ类第三,Ⅰ类最差。实验结果也验证了以往学者的部分结论,Simonson(1989)认为消费者极力避免选取那些处于极端的选项,如Ⅰ类伪诱饵策略使得目标产品(绿色产品 a)处于极端的位置,从而此类伪诱饵策略下绿色产品的销量及其演化趋势不是那么理想,而Ⅲ类伪诱饵策略则使目标产品(绿色产品 a)处于居中的位置,不那么极端,由此绿色产品的销量及演化趋势均呈现出较好的效果。另外,从图 5 - 15 中还发现,同一类伪诱饵策略的效果随着邻居节点的数量增加而增强,如 A 类伪诱饵策略下的绿色产品销量趋势在消费者邻居节点 $K \in (0,4)$ 时较为平缓,而在 $K \in (6,10)$ 时则有所不同,绿色产品销量的趋势变得较为迅猛,这一发现也从侧面验证了上述图 5-14 中的结论。

通过实验结果可知,首先,伪诱饵策略的设置对消费者绿色产品的购买具有重要影响;其次,有无消费者交互对伪诱饵策略的设置具有一定的影响;然后,在相同的消费者交互环境中,不同的伪诱饵策略其演化结果不尽相同;此外,对同一伪诱饵策略来说,消费者交互过程中其邻居节点数量越多,绿色产品销量的增加幅度和增长速度越快,其伪诱饵策略效果越好。因此,在绿色产品营销过程中,企业可以尽量设置那些能够增强消费者对绿色产品期望的伪诱饵策略;同时,考虑到消费者之间的交互作用,企业可采取一定的措施来加强消费者交互,让其了解更多其他消费者的使用经验、感受等。

5.3.3 重连概率情景下伪诱饵策略

图 5-16 表示的是消费者不同重连概率在不同时刻下绿色产品伪诱饵策略的效果趋势图。由图 5-16 可知,对应伪诱饵策略价格和绿色度的不同取值,其效果呈现出一定的差异性、层次性、非线性及规律性。在周期 $T=1$ 时,同一伪诱饵策略在消费者不同重连概率下效果相同,结果表明在没有消费者交互作用下,重连概率对消费者购买没有影响。同时,在没有消费者交互时伪诱饵策略效果趋势如图 5-16 第一行三幅图所示,当保持价格不变时,随着绿色度的增加其不同的伪诱饵策略的效果也越来越好;在保持绿色度一定时,不同伪诱饵策略的效果随着价格的增加而增加。

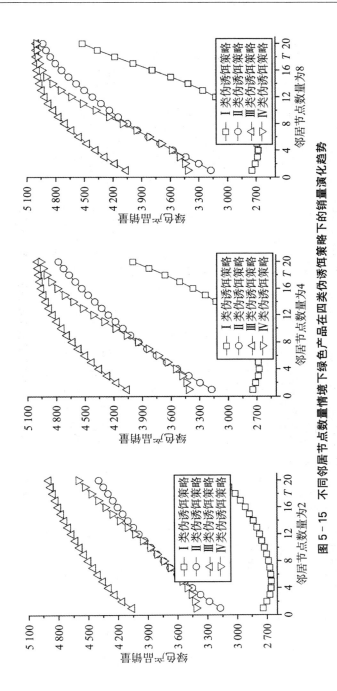

图 5-15　不同邻居节点数量情境下绿色产品在四类伪诱饵策略下的销量演化趋势

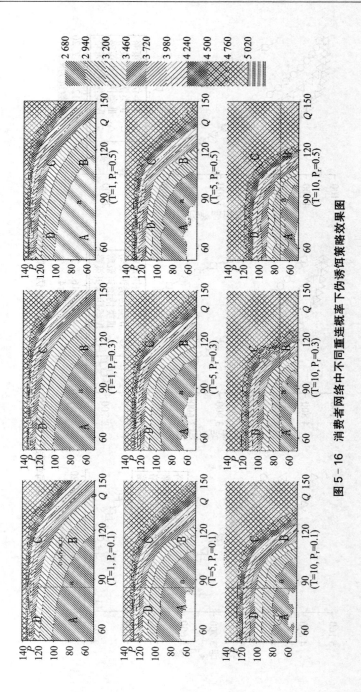

图 5 - 16 消费者网络中不同重连概率下伪诱饵策略效果图

　　而在考虑消费者之间的交互作用下,在周期相同时,同一伪诱饵策略的效果随着重连概率的不同而不同。如在周期 $T=10$ 时,Ⅰ类区域伪诱饵策略在 $P_r \in (0, 0.2)$ 时效果不是很理想,而在 $P_r \in (0.4, 0.6)$ 时伪诱饵策略的效果则有所好转;在重连概率相同时,不同的伪诱饵策略效果则随着周期的变化有着不同的演化趋势。如在 $P_r \in (0.4, 0.6)$ 时,Ⅰ类区域伪诱饵策略的效果在 $T=10$ 时效果不理想而Ⅱ类区域伪诱饵策略的效果则明显得到加强。

　　为了进一步研究消费者重连概率对同一伪诱饵策略效果的影响,本研究在Ⅰ、Ⅱ、Ⅲ、Ⅳ四类伪诱饵策略区域分别随机选取了一些点进行分析。

　　图 5-17 表示的是Ⅰ、Ⅱ、Ⅲ、Ⅳ四类伪诱饵策略下绿色产品 a 在消费者重连概率 $P_r \in (0, 0.2)$、$P_r \in (0.2, 0.4)$、$P_r \in (0.4, 0.6)$ 时的销量及其演化趋势。由图可知,不同伪诱饵策略设置情境下绿色产品的销量及其演化趋势随着重连概率的不同而呈现出一定的差异性、非线性及规律性。在伪诱饵策设置相同时,同一伪诱饵策略下绿色产品的销量增长趋势随着重连概率的增大而增大。

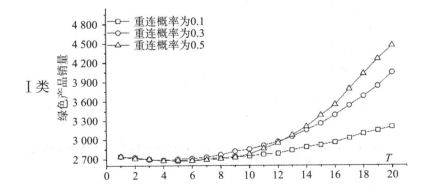

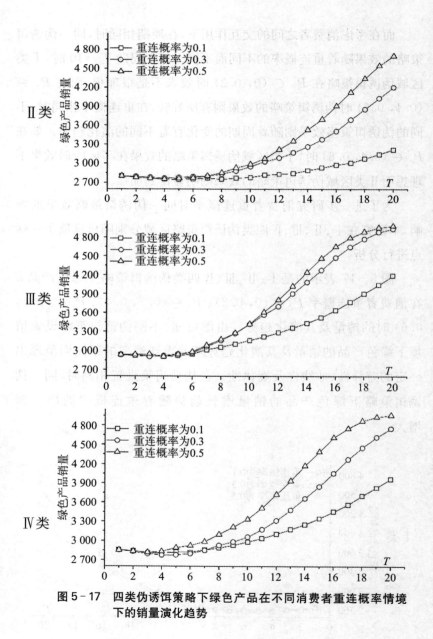

图 5-17　四类伪诱饵策略下绿色产品在不同消费者重连概率情境
下的销量演化趋势

接下来探讨不同类型的伪诱饵策略的效果在特定的消费者重连概率情境下的差异,与上文类似,在这里用 Ⅰ 类诱饵策略区域里所有伪诱饵策略下的绿色产品销量的均值表示 Ⅰ 类伪诱饵策略的效果,同理可表示出 Ⅱ 、Ⅲ 、Ⅳ 三类伪诱饵策略的效果。图 5-18 表示的消费者重连概率 $P_r \in (0, 0.2)$、$P_r \in (0.2, 0.4)$、$P_r \in (0.4, 0.6)$ 时确定的交互情境下 Ⅰ 、Ⅱ 、Ⅲ 、Ⅳ 四类伪诱饵策略下绿色产品销量演化趋势图。如图所示,在趋势上,Ⅰ 类伪诱饵策略下绿色产品销量呈现出先下降后上升的趋势,而 Ⅱ 、Ⅲ 、Ⅳ 三类伪诱饵策略下绿色产品则一直呈现上升的趋势;在效果上,在确定的消费者重连概率情境下,Ⅲ 类伪诱饵策略效果最好,Ⅳ 类次之,Ⅱ 类第三,而 Ⅰ 类最差。

通过对比试验结果进一步验证了上述实验中的部分结论。首先,消费者之间的交互作用会影响伪诱饵策略的效果,因此企业在绿色产品销售过程中设置伪诱饵策略时不能忽略消费者之间的交互;其次,在消费者交互环境相同的情况下,企业应该选择那些效果较好的伪诱饵策略(如 Ⅲ 类伪诱饵策略等),其效果会在消费者交互作用下得到更充分的显现;然后,同一伪诱饵策略的效果随着消费者交互过程中的重连概率的增加而增大。因此,企业应采取相关措施减少消费者在购买决策过程中仅与固定对象(如家人、朋友等)进行互动交流,鼓励其不断寻求新的对象了解和沟通信息,比如通过信息技术让消费者了解到其他更多消费者的评价、口碑等。

5.3.4　从众特征情景下伪诱饵策略

图 5-19 表示的是从众程度不同的消费者在不同周期时伪诱饵策略的效果趋势图。由图可知,对应诱饵策略价格和绿色度的不同取值,其效果呈现出一定的差异性、层次性、非线性及规律性。在 $T=1$ 时,同一伪诱饵策略在消费者不同从众程度下的效果相同,即

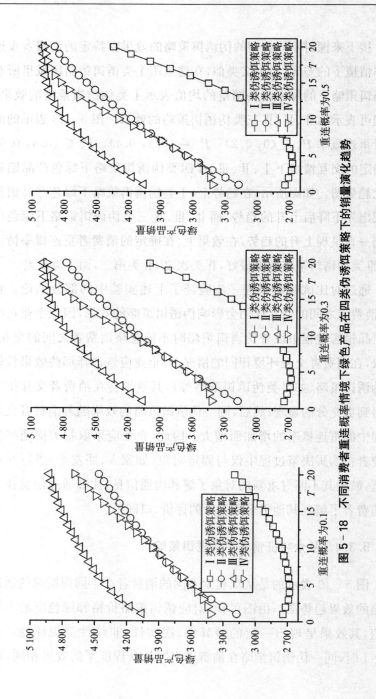

图 5 - 18　不同消费者重连概率情境下绿色产品在四类伪诱饵策略下的销量演化趋势

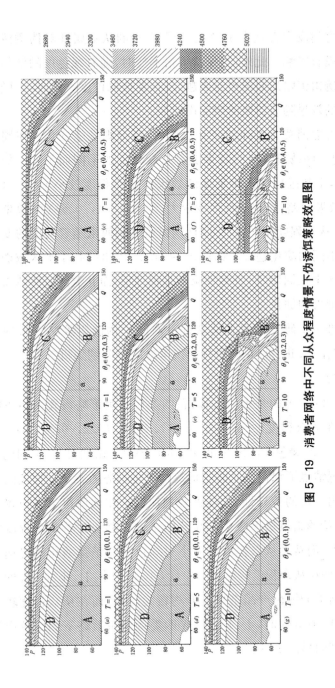

图 5 - 19　消费者网络中不同从众程度情景下防诱饵策略效果图

在消费者之间没有交互作用时,消费者自身的从众属性对伪诱饵策略的效果没有影响。此外,当保持价格不变时,随着绿色度的增加其不同的伪诱饵策略的效果也越来越好;在保持绿色度一定时,不同伪诱饵策略的效果随着价格的增加而增加。

而在考虑消费者之间的交互作用后,情况则发生变化。在周期相同时,同一伪诱饵策略的效果随着从众程度的不同而不同。如在 $T=10$ 时,Ⅰ类区域伪诱饵策略的效果在从众程度较小 ($\theta_j \in (0,$ $0.1)$) 时效果较差,而在从众程度较大 ($\theta_j \in (0.4,0.5)$) 时效果较为明显;在从众程度相同时,不同伪诱饵策略的效果随着周期的变化而呈现出不同的演化趋势。如在 $\theta_j \in (0.2,0.3)$ 时,Ⅰ类区域伪诱饵策略的效果在周期 $T=5$ 时效果不是很理想,而Ⅱ类区域伪诱饵策略的效果则得到加强。

为了进一步研究消费者从众程度对同一伪诱饵策略效果的影响,本研究在Ⅰ、Ⅱ、Ⅲ、Ⅳ四类伪诱饵策略区域分别随机选取了一些点进行分析。

图 5-20 表示的是Ⅰ、Ⅱ、Ⅲ、Ⅳ四类伪诱饵策略设置情境下绿色产品 a 在从众程度($\theta_j \in (0,0.1)$)、$\theta_j \in (0.2,0.3)$、($\theta_j \in (0.4,0.5)$)时绿色产品的销量及其演化趋势。由图可知,不同伪诱饵策略设置情境下绿色产品的销量及其演化趋势随着从众程度的不同而呈现出一定的差异性、非线性及规律性。在伪诱饵策略设置相同时,同一伪诱饵策略下绿色产品的销量增长趋势随着从众程度的增大而增大;消费者从众程度的大小对绿色产品销量演化趋势速度影响较大,如在从众程度较小 ($\theta_j \in (0,0.1)$) 时,Ⅰ、Ⅱ、Ⅲ、Ⅳ四类伪诱饵策略下的绿色产品销量上升均较为缓慢,而在从众程度较大 ($\theta_j \in (0.4,0.5)$) 时,Ⅰ、Ⅱ、Ⅲ、Ⅳ四类伪诱饵策略下的绿色产品销量则得到明显的上升。

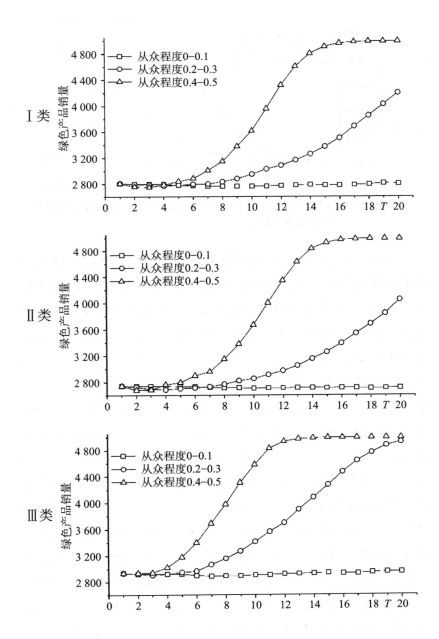

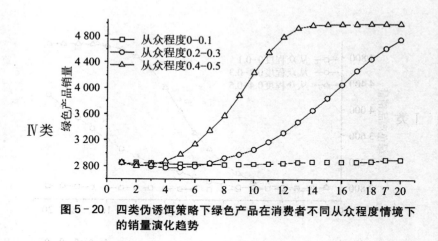

Ⅳ类

图 5-20 四类伪诱饵策略下绿色产品在消费者不同从众程度情境下的销量演化趋势

接下来探讨不同类型的伪诱饵策略的效果在特定的消费者从众程度情境下的差异,跟上文相同,在此以Ⅰ类诱饵策略区域内所有伪诱饵策略下绿色产品销量的均值表示Ⅰ类伪诱饵策略的效果,同理可以表示出Ⅱ、Ⅲ、Ⅳ三类伪诱饵策略的效果。图 5-21 表示的是消费者从众程度($\theta_j \in (0, 0.1)$)、$\theta_j \in (0.2, 0.3)$、($\theta_j \in (0.4, 0.5)$)确定情境下Ⅰ、Ⅱ、Ⅲ、Ⅳ四类伪诱饵策略下绿色产品销量及其演化趋势图。如图所示,对应不同类型的伪诱饵策略设置在不同的消费者从众程度情境下,其演化趋势呈现出一定的差异性、层次性和规律性。如图 5-20 所示,在消费者从众程度较小($\theta_j \in (0, 0.1)$)的情境下四类伪诱饵策略下的绿色产品销量演化趋势均较为平缓,而在从众程度较大[$\theta_j \in (0.2, 0.3)$、$\theta_j \in (0.4, 0.5)$]时,绿色产品销量的演化趋势则较为剧烈,这也验证了图 5-19 中的部分结论。另外,从趋势上来看,Ⅰ类伪诱饵策略下的绿色产品的销量呈现出先下降后上升的趋势,而Ⅱ、Ⅲ、Ⅳ三类伪诱饵策略下的绿色产品销量则一直呈现上升的趋势;从效果上来看,在确定的消费者从众程度交互情境下,Ⅲ类伪诱饵策略效果最好,Ⅳ类次之,Ⅱ类第三,而Ⅰ类最差。

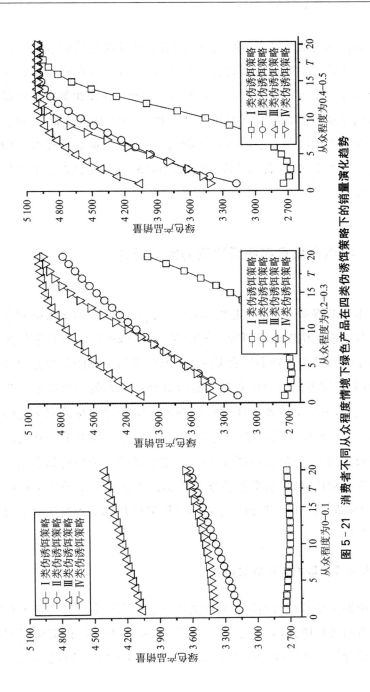

图 5－21　消费者不同从众程度情境下绿色产品在四类伪诱饵策略下的销量演化趋势

通过对比实验结果分析可知,消费者在伪诱饵策略和交互作用下产生了购买决策。在消费者交互环境一定时,绿色产品在市场中越容易在从众效用下形成路径依赖;另外,同一伪诱饵策略下的绿色产品销量随着消费者交互过程中从众程度的增加而增加。因此,企业应在重点了解和考虑消费者从众效应基础上,重视市场竞争初期绿色产品的销售量,合理的设置伪诱饵策略,确保绿色产品的市场销量和竞争力。

5.4 绿色产品真实诱饵决策的问题研究

本章节将基于之前构建的计算实验模型对真实诱饵策略展开研究。与之前伪诱饵策略研究不同的是,真实诱饵策略背景下的诱饵产品是可以被消费者实际购买的。在真实诱饵策略的前提假设背景下,首先研究不同的消费者互动情境下真实诱饵策略效果的演化过程及趋势,分析消费者特征对真实诱饵策略的效果及其演化趋势的影响;其次,在确定的消费者交互情境下,探究不同类型的真实诱饵策略效果的差异;最后,将所得结论与之前伪诱饵策略背景下的研究结论进行对比,分析消费者特征对伪诱饵策略与真实诱饵策略的影响是否相同以及同一诱饵产品在伪诱饵策略和真实诱饵策略下效果有何差异。

5.4.1 基本实验参数设置

根据本章节在真实诱饵策略的背景下对不同消费者情境下真实诱饵策略进行研究,并与之前不同消费者情境下无诱饵策略研究进行对比分析。共设置三组实验,分别研究消费者邻居节点数量 K、重

连概率 P_r、从众程度 θ_j 对真实诱饵策略的设置及其效果的影响。在每组实验中,分别研究 a、b、c 三种产品在不同消费者特征情境及不同真实诱饵策略影响下的竞争演化趋势,对比分析在存在诱饵效应的情况下消费者特征对真实诱饵策略的影响,为合理设置真实诱饵策略提供理论依据与参考。保持实验基本模型参数不变,在实验一中依次取 $K \in (0, 4)$、$K \in (2, 6)$、$K \in (6, 10)$;在实验二中依次取 $P_r \in (0, 0.2)$、$P_r \in (0.2, 0.4)$、$P_r \in (0.4, 0.6)$;在实验三中依次取 $\theta_j \in (0, 0.1)$,$\theta_j \in (0.2, 0.3)$,$\theta_j \in (0.4, 0.5)$。模型参数的初始值设置如表 5-5 所示。

表 5-5 实验基本参数设置

实验参数	参数含义	取值范围	分布	参考文献/来源
q_a	产品 a 绿色度	85	常量	(Huber 等 1982,Hedgcock 等 2016)
p_a	产品 a 价格	72	常量	(Huber 等 1982,Hedgcock 等 2016)
q_b	产品 b 绿色度	20	常量	(Heath 和 Chatterjee,1995)
p_b	产品 b 价格	17.6	常量	(Heath 和 Chatterjee,1995)
q_c	诱饵 c 绿色度	[52.5, 150]	常量	(Zhang 和 Zhang 2007,Hedgcock 等 2016)
p_c	诱饵 c 价格	[58.5, 141]	常量	(Zhang 和 Zhang 2007,Hedgcock 等 2016)
∂_j	价格敏感度	N(3.6, 1.6)	正态分布	(Zhang 和 Zhang,2007)
β_j	质量敏感度	N(0.6, 0.2)	正态分布	(Zhang 和 Zhang,2007)
K	节点数量	N(0, 10)	正态分布	(Bhole 和 Hanna,2015)
p_r	重连概率	N(0, 0.6)	正态分布	(Bohlmann 等,2010)
θ_j	从众程度	[0, 0.5]	正态分布	(Lee 等,2014)
SE_j	社会属性	N(500, 75)	正态分布	(Lee 等,2014)
N	消费者数量	5000	常量	(Zhang 和 Zhang,2007)

5.4.2　邻居节点数量情景下真实诱饵策略

本研究采用目标产品(绿色产品 a)的市场销售量来表征真实诱饵策略的效果(Huber 等 1982,Pettibone 和 Wedell 2007)。图 5-22 表示的是消费者不同邻居节点数量在不同周期时真实诱饵策略的效果趋势图。如图所示,对应真实诱饵策略价格和绿色度的不同组合,绿色产品 a 的销量呈现出一定的差异性、层次性、非线性以及规律性。图 5-22 第一行的三幅图分别表示在初始状态(周期 T=1)时消费者邻居节点 $K \in (0, 4)$、$K \in (2, 6)$、$K \in (6, 10)$ 时的真实诱饵策略下的绿色产品 a 的销量效果图。从图 5-22 中可以发现,以绿色产品 a 的价格和绿色度为中心,当诱饵产品 c 价格取绿色产品 a 的值并保持不变时,绿色产品 a 销量随着诱饵产品 c 质量的取值变小而变好,随着质量取值的增大而变差;当诱饵产品 c 质量取绿色产品 a 的值并保持不变时,绿色产品 a 销量随着诱饵产品 c 价格取值的变小而增加,随着产品 c 价格取值的增大而减小。基于此,形成了Ⅰ、Ⅱ、Ⅲ、Ⅳ四个区域的真实诱饵策略效果图。

以绿色产品 a 的价格和绿色度为标准,可以将诱饵区域分为四类,即Ⅰ类(诱饵产品价格和绿色度均比目标产品 a 低)、Ⅱ类(诱饵产品价格比目标产品低且绿色度比目标产品高)、Ⅲ类(诱饵产品价格和绿色度均比目标产品高)、Ⅳ类(诱饵产品价格高于目标产品且绿色度低于目标产品)四类真实诱饵策略,如图 5-23 所示。

由图 5-23 可知,在初始状态(周期 $T=1$),即消费者没有交互时,同一真实诱饵策略的效果在不同邻居节点情境下相同;在消费者之间存在交互且周期相同时,同一真实诱饵策略的效果随着邻居节点数量的不同而不同。如在 $T=10$ 时,Ⅲ类真实诱饵策略效果在 $K \in (0, 4)$ 时效果较好,而在 $K \in (6, 10)$ 时,Ⅲ类的真实诱饵策略的效

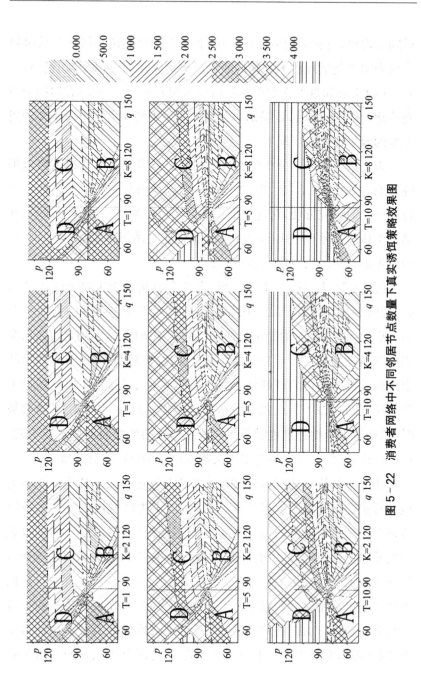

图 5 - 22　消费者网络中不同邻居节点数量下真实诱饵策略效果略图

果则变得更好;在邻居节点数量相同时,不同真实诱饵策略的效果随着周期的变化呈现出不一样的演化趋势。如在 $K \in (0,4)$ 情境下,$T=1$ 时 I 类和 III 类真实诱饵策略效果相差不大,但是随着周期的不断演化,在 $T=10$ 时,III 类诱饵策略的效果得到显著加强而 I 类诱饵策略的效果反而有所减弱。

为了进一步探讨分析消费者邻居节点数量对真实诱饵策略效果的影响,本研究在 I、II、III、IV 诱饵策略区域内分别选取了一些点进行研究。为研究方便,在这里取 I 类真实诱饵策略(q:72,p:67)、II 类真实诱饵策略(q:91.5,p:67)、III 类真实诱饵策略(q:91.5,p:95)、IV 类真实诱饵策略(q:72,p:95)。

图 5-23 表示的是 I、II、III、IV 四类真实诱饵策略下绿色产品 a、诱饵产品 c、普通产品 b 在邻居节点数量 $K \in (0,4)$、$K \in (2,6)$、$K \in (6,10)$ 时的销量及演化趋势。如图所示,不同真实诱饵策略设置情境下 a、b、c 三种产品销量演化趋势随着邻居节点数量的变化而呈现出一定的规律性。当产品销量呈上升趋势时,其销量上升的速度随着邻居节点数量的增加而加快;当产品销量呈下降趋势时,其销量下降的速度也随着邻居节点数量的增加而加快。基于此,可以得出,邻居节点数量的增加会加剧产品销量的演化趋势。

接下来分析在确定的消费者邻居节点数量的交互情境下不同类型的真实诱饵策略的效果差异,在这里以 I 类区域内所有真实诱饵策略下的产品销量的均值代表 I 类真实诱饵策略的效果,同理可表示出 II、III、IV 三类真实诱饵策略的效果。图 5-24 表示的是消费者邻居节点 $K \in (0,4)$、$K \in (2,6)$、$K \in (6,10)$ 时 I、II、III、IV 四类真实诱饵策略设置下绿色产品 a、诱饵产品 c、普通产品 b 的销量及其演化趋势。由图可知,在不同邻居节点数量的消费者互动情境下,同一类真实诱饵策略下的绿色产品 a、诱饵产品 c、普通产品 b 的

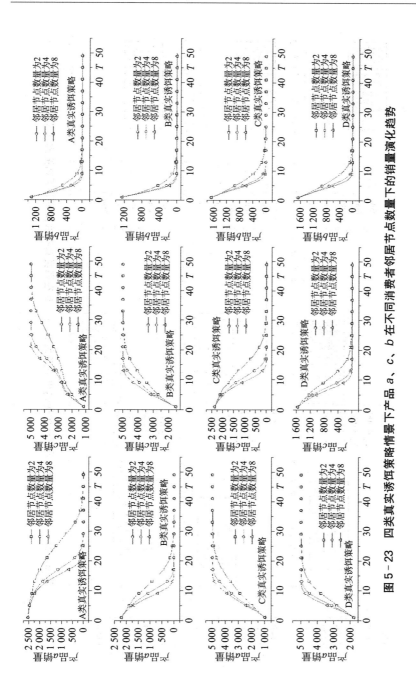

图 5-23　四类真实诱饵策略情景下产品 *a*、*c*、*b* 在不同消费者邻居节点数量下的销量演化趋势

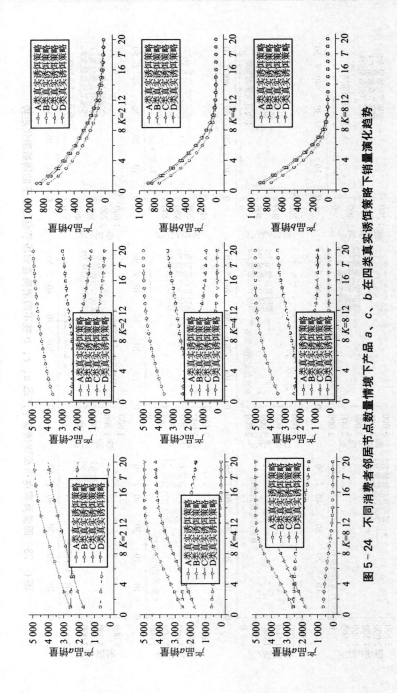

图 5 – 24 不同消费者邻居节点数量情境下产品 a、c、b 在四类真实诱饵策略下销量演化趋势

销量呈现出相似的演化趋势：对于绿色产品 a 来说，其销量在 Ⅲ、Ⅳ 两类真实诱饵策略下逐渐增加，而在 Ⅰ、Ⅱ 两类真实诱饵策略下却逐渐降低，尽管初始时期 Ⅲ 类策略下绿色产品 a 的销量与 Ⅳ 类策略下的绿色产品销量相仿，甚至大于 Ⅱ 类策略下的销量；对诱饵产品 c 来说，其销量在 Ⅰ、Ⅱ 两类真实诱饵策略下逐渐增加，而在 Ⅲ、Ⅳ 两类真实诱饵策略下逐渐下降；对普通产品 b 来说，其销量在四类真实诱饵策略下均呈现出下降的趋势。

通过分析，本研究认为出现这种现象是因为诱饵产品 c 的真实存在。首先，本篇在此先分析 Ⅰ、Ⅲ 两类真实诱饵策略效果差异的原因。在 Ⅰ、Ⅲ 两类真实诱饵策略下，难以比较绿色产品 a 与诱饵产品 c 孰优孰劣，但是可以发现处于居中位置的产品在市场中更受欢迎，如在 Ⅰ 类策略下，绿色产品 a 处于一个极端的位置，诱饵产品 c 则处于居中的位置，而在 Ⅲ 类策略下，绿色产品 a 处于居中的位置，诱饵产品 c 反而处于一个极端的位置，因此 Ⅰ 类真实诱饵策略下绿色产品 a 的销量逐渐下降而诱饵产品 c 的销量逐渐上升，而 Ⅲ 类真实诱饵策略下绿色产品 a 销量逐渐上升而诱饵产品销量逐渐下降。这一实验结果也与现实情况相符，现实中大多数的消费者由于存在着极力避免做出极端选择的心理，更易选择风险看上去较小的中间的选项，从而导致处于居中位置的产品更加受到消费者的欢迎。其次，分析 Ⅱ、Ⅳ 两类真实诱饵策略效果差异的原因。与 Ⅰ、Ⅲ 两类策略不同，在 Ⅱ、Ⅳ 两类策略下绿色产品 a 与诱饵产品 c 两者的优劣显而易见。在 Ⅱ 类诱饵策略下，诱饵产品 c 的绿色度比绿色产品 a 高且价格比绿色产品 a 低，是物美价廉型的产品，而在 Ⅳ 类诱饵策略下，诱饵产品 c 的绿色度比绿色产品 a 低但价格却比绿色产品 a 还高，相较于绿色产品 a，诱饵产品 c 的性价比则显得不是那么高，因此，Ⅱ 类策略下绿色产品 a 的销量逐渐下降而诱饵产品 c 的销量却逐渐上升,Ⅳ类策略下绿色产品 a 的销量逐渐上升且诱饵产品 c 的销量逐渐下降。实验结果符合现实中的消费者趋利避害的行为,具有一定的参考性。最后,不管绿色产品 a 与诱饵产品 c 的销量如何变化,普通产品 b 的销量在四类真实诱饵策略下均呈现出下降的趋势,也就是说,虽然有些诱饵策略没有起到很好的诱饵作用使得绿色产品 a 的销量增加,但是对于企业 g_1 来说,能够使得企业 g_2 普通产品 b 的销量减少。

通过实验结果可知,首先,真实诱饵策略的设置对消费者绿色产品的购买具有重要的影响,不合理的策略设置甚至会起到反效果,如Ⅲ、Ⅳ两类真实诱饵策略起到了很好的诱饵效果,目标产品 a 的销量得到上升,而Ⅰ、Ⅱ两类真实诱饵策略不但没有起到诱饵的作用,其诱饵产品 c 侵占了市场,反而使得产品 a 的销量不断下降;其次,对同一真实诱饵策略来说,消费者交互过程中邻居数量的增加会加剧产品销量的演化趋势。因此,在绿色产品营销过程中,企业应该明确自己的目标,合理地设置真实诱饵策略;同时,考虑到消费者之间的交互作用,在明确诱饵策略的效果下,企业可以采取一定的措施来加强消费者交互,让其了解更多其他消费者的使用经验、感受等。

5.4.3　重连概率情景下真实诱饵策略

图 5-25 表示的是消费者不同重连概率在不同时刻下真实诱饵策略的效果趋势图。由图可知,对应真实诱饵策略价格和绿色度的不同取值,绿色产品的销量及其演化趋势呈现出一定的差异性、层次性、非线性及规律性。在周期 $T=1$ 时刻,同一真实诱饵策略下的绿色产品 a 的销量在不同重连概率下相同,而随着周期的不断演化,同一策略的效果则在不同的重连概率下呈现出不同的演化趋势。

如图 5-25 所示,在考虑消费者之间的交互作用下,周期相同时,

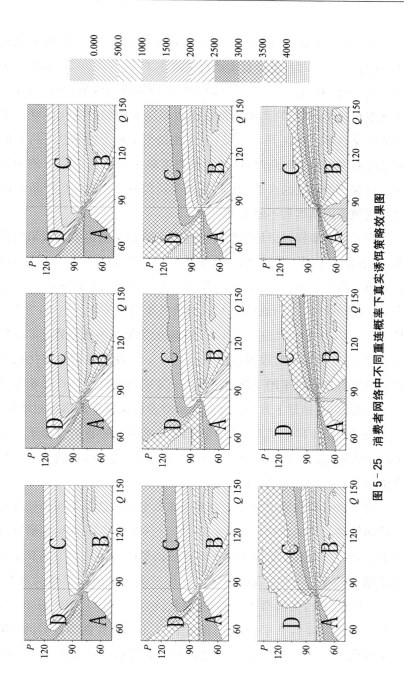

图 5-25 消费者网络中不同重连概率下真实诱饵策略效果图

同一真实诱饵策略的效果随着重连概率的不同而呈现不同的演化趋势。如在 $T = 10$ 时，Ⅲ类真实诱饵策略在 $P_r \in (0, 0.2)$ 情境下效果一般，而在 $P_r \in (0.4, 0.6)$ 时真实诱饵策略的效果则较好；在重连概率相同时，不同的真实诱饵策略效果随着周期的变化呈现出不同的演化趋势。如在 $P_r = 0.3$ 时，Ⅰ类诱饵策略下的绿色产品 a 的销量随着周期减少不断降低，Ⅱ类诱饵策略下的绿色产品 a 的销量则一直保持着较低的水平，而Ⅲ、Ⅳ两类诱饵策略下的绿色产品 a 的销量则随着周期增加不断上升。

为了进一步探讨分析消费者重连概率对真实诱饵策略效果的影响，本研究在Ⅰ、Ⅱ、Ⅲ、Ⅳ四类真实诱饵区域内分别选取了一些点进行分析。图 5-26 表示的是Ⅰ、Ⅱ、Ⅲ、Ⅳ四类真实诱饵策略下绿色产品 a、诱饵产品 c、普通产品 b 在消费者重连概率 $P_r \in (0, 0.2)$、$P_r \in (0.2, 0.4)$、$P_r \in (0.4, 0.6)$ 时的销量及演化趋势。如图所示，不同真实诱饵策略设置情境下 a、b、c 三种产品销量演化趋势随着消费者重连概率的变化而呈现出一定的规律性。当产品销量呈上升趋势时，其销量上升的速度随着消费者重连概率的增加而增加；当产品销量呈下降趋势时，其销量下降的速度也随着消费者重连概率的增大而增大。基于此，在上述基础之上可以得出，消费者重连概率的增加会加剧产品销量的演化趋势。

接下来分析在确定的消费者重连概率交互情景下不同类型的真实诱饵策略效果的演化趋势及差异，与上一节类似，在这里本研究以Ⅰ类区域内所有真实诱饵策略下的产品销量的均值代表Ⅰ类真实诱饵策略的效果，同理可表示出Ⅱ、Ⅲ、Ⅳ三类真实诱饵策略的效果。图 5-27 表示的是消费者重连概率 $P_r \in (0, 0.2)$、$P_r \in (0.2, 0.4)$、$P_r \in (0.4, 0.6)$ 确定的情景下Ⅰ、Ⅱ、Ⅲ、Ⅳ四类真实诱饵策略下绿色产品 a、诱饵产品 c、普通产品 b 的销量及其演化趋势。由

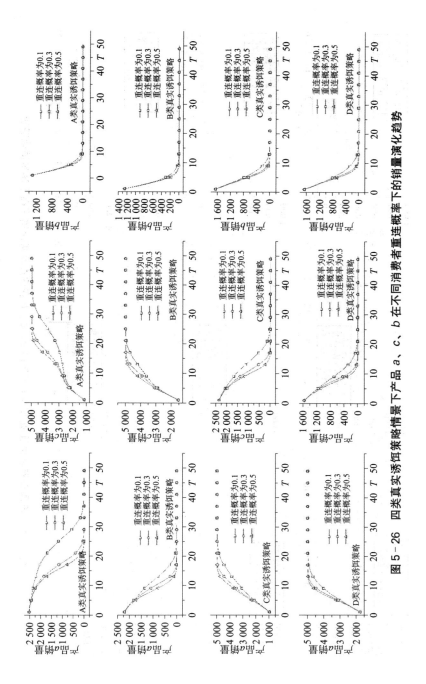

图 5-26　四类真实诱饵策略情景下产品 a、c、b 在不同消费者重连概率下的销量演化趋势

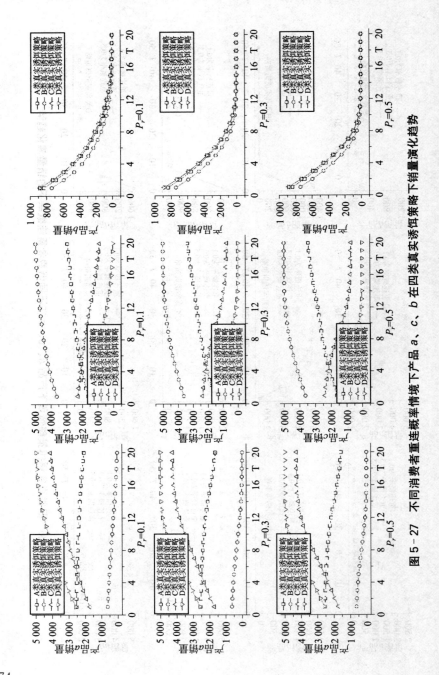

图 5-27 不同消费者重连概率情境下产品 a、c、b 在四类真实诱饵策略下销量演化趋势

图可知,在不同消费者重连概率情境下,同一真实诱饵策略下的绿色产品 a、诱饵产品 c、普通产品 b 的销量演化趋势具有一定的规律性。Ⅰ、Ⅱ真实诱饵策略下绿色产品 a 的销量随着周期的变化而逐渐降低,诱饵产品 c 的销量则随着周期的增加而增加,由此可见,Ⅰ、Ⅱ两类真实诱饵策略不仅没有发挥出诱饵的作用,反而起到了抑制作用,让诱饵产品 c 侵占了绿色产品 a 的市场;与之相反,Ⅲ、Ⅳ两类真实诱饵策略则发挥出较好的诱饵作用,随着周期的变化,Ⅲ、Ⅳ两类真实诱饵策略下的绿色产品 a 的销量在逐渐增加。另外,无论是在哪类真实诱饵策略下,普通产品 b 的销量均在逐渐降低。

通过对比实验结果,进一步验证了实验一中的部分结论。首先,真实诱饵策略的设置对消费者绿色产品的购买具有重要的影响,不恰当的真实诱饵策略不仅不能够发挥诱饵的作用,反而会抑制目标产品的销量;其次,对于同一真实诱饵策略来说,消费者交互过程中重连概率的增大会加剧产品的演化趋势。因此,企业应采取相关措施减少消费者在购买决策过程中仅与固定对象(如家人、朋友等)进行互动交流,而是鼓励其不断寻求新的对象了解和沟通信息,比如通过信息技术让消费者了解到其他更多消费者的评价、口碑等。

5.4.4　从众特征情景下真实诱饵策略

图 5-28 表示的是消费者不同从众程度情境下不同周期时真实诱饵策略下绿色产品 a 的销量趋势演化图。由图可知,对应真实诱饵策略设置的不同,其效果呈现出一定的差异性、层次性、非线性及规律性。在初始状态(周期 $T=1$)时,同一真实诱饵策略在消费者不同从众程度下的绿色产品 a 的销量相同,即在消费者之间没有交互作用时,消费者自身从众属性对真实诱饵策略的效果没有影响。

而在考虑消费者之间的交互作用后,情况则发生变化。在周期

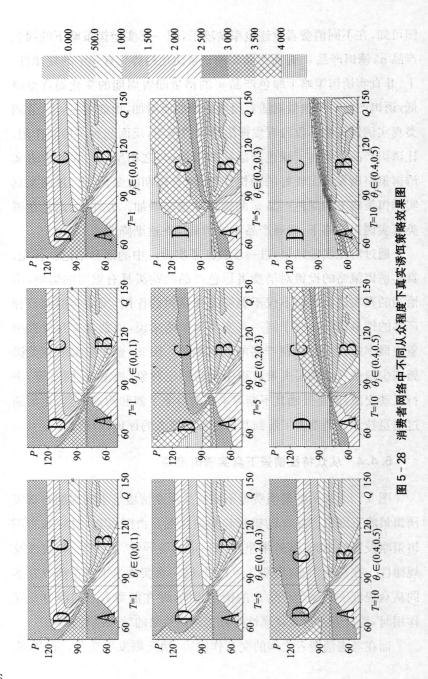

图 5-28 消费者网络中不同从众程度下真实诱饵策略效果图

相同时,同一真实诱饵策略的效果随着消费者从众程度的不同而不同。如在 $T=5$ 时,Ⅳ类区域真实诱饵策略的效果在从众程度较小($\theta_j \in (0,0.1)$)时效果较差,而在从众程度较大($\theta_j \in (0.4,0.5)$)时效果则较为明显;在从众程度相同时,不同真实诱饵策略的效果(绿色产品 a)随着周期的变化呈现出不同的演化趋势。如在从众程度 $\theta_j \in (0.2,0.3)$ 情境下,周期 $T=5$ 时Ⅰ类真实诱饵策略的效果变差而Ⅳ类真实诱饵策略的效果却变得更好。

为了进一步清晰展示消费者从众程度对真实诱饵策略效果演化趋势的影响,本研究在Ⅰ、Ⅱ、Ⅲ、Ⅳ四类诱饵策略区域内分别选取了一些点进行研究。图 5-29 表示的是Ⅰ、Ⅱ、Ⅲ、Ⅳ四类真实诱饵策略下绿色产品 a、诱饵产品 c、普通产品 b 在消费者从众程度 $\theta_j \in (0,0.1)$、$\theta_j \in (0.2,0.3)$、$\theta_j \in (0.4,0.5)$ 时的销量及演化趋势。如图所示,不同真实诱饵策略设置情景下 a、c、b 三种产品销量演化趋势随着消费者从众程度的变化而呈现出一定的规律性。当产品销量呈上升趋势时,其销量上升的速度随着消费者从众程度的增加而加快;当产品销量呈下降趋势时,其销量下降速度也随着消费者从众程度的增大而变快。基于此,可以得出,消费者从众程度的增加会加剧产品销量的演化趋势。

同样的,接下来具体分析在确定的消费者从众程度情境下不同类型的真实诱饵策略的效果演化趋势及其差异,与前文类似,在这里本研究以Ⅰ类区域内所有真实诱饵策略下的产品销量的均值代表Ⅰ类真实诱饵策略的效果,同理可表示出Ⅱ、Ⅲ、Ⅳ三类真实诱饵策略的效果。图 5-30 表示的是消费者从众程度 $\theta_j \in (0,0.1)$、$\theta_j \in (0.2,0.3)$、$\theta_j \in (0.4,0.5)$ 时Ⅰ、Ⅱ、Ⅲ、Ⅳ四类真实诱饵策略下绿色产品 a、诱饵产品 c、普通产品 b 的销量及其演化趋势。由图可知,在不同消费者从众程度情境下,同一真实诱饵策略下的绿色产品 a、

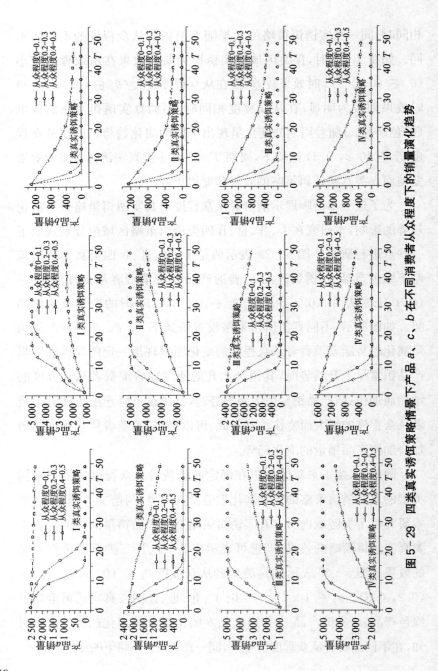

图 5-29　四类真实诱饵策略情景下产品 a、c、b 在不同消费者从众程度下的销量演化趋势

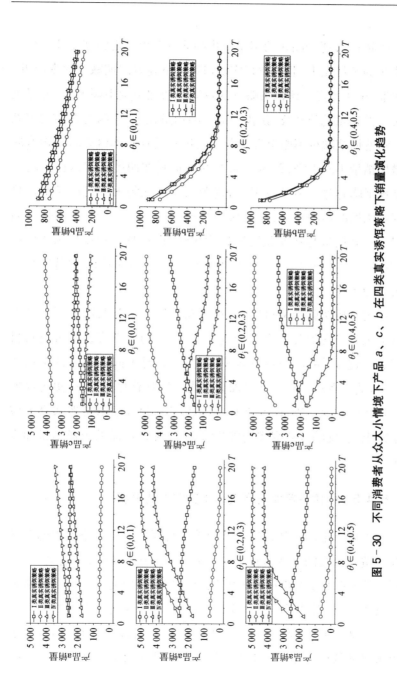

图 5－30　不同消费者从众大小情境下产品 a、c、b 在四类真实诱饵策略下销量演化趋势

诱饵产品 c、普通产品 b 的销量演化趋势呈现出一定的规律性。绿色产品 a 的销量在 Ⅰ、Ⅱ 两类真实诱饵策略下随着周期减少逐渐降低，而在 Ⅲ、Ⅳ 两类真实诱饵策略下随着周期增加销量不断上升；与绿色产品 a 的销量趋势相反，诱饵产品 c 的销量在 Ⅰ、Ⅱ 两类真实诱饵策略下随着周期减少不断上升，而在 Ⅲ、Ⅳ 两类真实诱饵策略下随着周期增加销量不断下降；普通产品 b 的销量则在四类真实诱饵策略下均呈现下降趋势。另外发现，消费者从众程度的大小对产品销量趋势变化幅度的影响较大：在从众程度较小（$\theta_j \in (0, 0.1)$）时，产品 a、b、c 的销量趋势变化速度较为缓慢，而在从众程度较大（$\theta_j \in (0.2, 0.3)$、$\theta_j \in (0.4, 0.5)$）时，产品 a、b、c 的销量趋势变化速度则较为迅速。

通过分析实验结果可知，消费者在诱饵和交互共同作用下产生了购买决策。在消费者交互情境一定时，不同的真实诱饵策略对目标产品（绿色产品 a）销量有着不同的影响；对于同一真实诱饵策略的效果，消费者从众程度的增加会加剧其演化趋势的速率，更容易形成路径依赖现象。因此，企业应在重点了解和考虑消费者从众效应的基础上，合理的设置真实诱饵策略，确保绿色产品的市场销量和竞争力。

5.4.5 伪诱饵策略与真实诱饵策略对比分析

为了更好地厘清伪诱饵策略的效果与真实诱饵策略效果的差异以及消费者交互的一些特征（如消费者邻居节点数量、重连概率、从众程度等）对真伪诱饵策略效果的影响，为此本研究在相同的消费者互动情境下，针对伪诱饵与真实诱饵两种策略，探讨其中的差异。

与上文类似，在此同样的以绿色产品 a（目标产品）的销量表示诱饵策略的效果。图 5-31 表示的消费者邻居数量 $K \in (2, 6)$、重

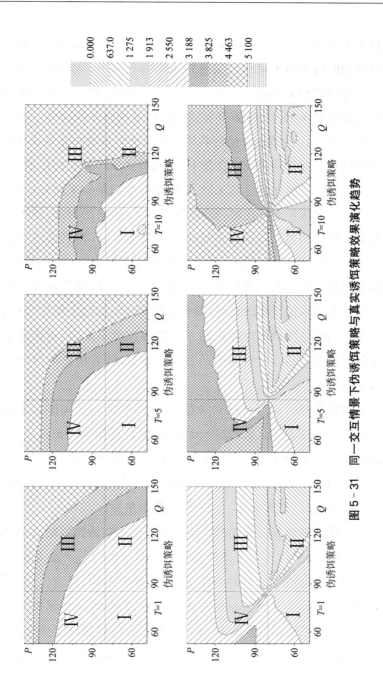

图 5 - 31　同一交互情景下伪诱饵策略与真实诱饵策略效果演化趋势

连概率 $P_r \in (0.2, 0.4)$、从众程度 $\theta_i \in (0.2, 0.3)$ 交互情景确定下不同时期的伪诱饵策略和真实诱饵策略的效果图。如图所示,对应诱饵产品价格和绿色度的不同组合,伪诱饵策略效果和真实诱饵策略的效果将呈现出一定的差异性、层次性、非线性及规律性。在初始状态($T=1$)下,伪诱饵策略的效果与真实诱饵策略的效果就呈现出不同的趋势。在伪诱饵策略背景下,当保持诱饵产品 c 的价格不变,随着诱饵产品 c 的绿色度的增加,诱饵策略的效果越来越好;当保持诱饵产品 c 的绿色度一定时,随着诱饵产品 c 价格的增加,诱饵策略的效果也随之增加。与伪诱饵策略效果趋势不同,在真实诱饵策略的背景下,则是以绿色产品 a 的价格和绿色度为中心,当诱饵产品 c 价格取绿色产品 a 的值并保持不变时,诱饵策略的效果随着诱饵产品 c 绿色度的取值变小而变好,随着绿色度取值的增大而变差;当诱饵产品 c 的绿色度值取绿色产品 a 的值并保持不变时,诱饵策略的效果随着诱饵产品 c 价格取值的变小而变好,随着价格取值的增大而减小。

从诱饵策略的类型及效果来看,伪诱饵策略与真实诱饵策略也存在着比较大的差异。如图 5 - 31 所示,对伪诱饵策略而言,Ⅲ类伪诱饵策略的效果极其演化趋势最好,Ⅱ、Ⅳ两类次之,Ⅰ类最差。而对真实诱饵策略而言,情况则大不相同,Ⅳ类真实诱饵策略的效果及其演化趋势最好,Ⅲ类次之,Ⅰ类第三,Ⅱ类最差。

为了更清晰地展示出伪诱饵策略效果与真实诱饵策略效果的差异,本研究在这里以Ⅰ类区域所有诱饵策略下的绿色产品 a 的销量的均值表示Ⅰ类诱饵策略的效果,同理可表示出Ⅱ、Ⅲ、Ⅳ三类诱饵策略的效果。图 5 - 32 表示的是Ⅰ、Ⅱ、Ⅲ、Ⅳ四种类型诱饵策略情境下伪诱饵策略和真实诱饵策略下绿色产品的销量及其演化趋势。如图可知,对应Ⅰ、Ⅱ、Ⅲ、Ⅳ四种类型的伪诱饵策略和真实诱饵策略

下的绿色产品 a（目标产品），其销量及其演化趋势呈现出一定的差
异性和规律性。在趋势上，伪诱饵策略情境下的Ⅰ、Ⅱ、Ⅲ、Ⅳ四种类
型策略下的绿色产品 a 的销量总体上均呈现出上升的趋势，而真实
诱饵策略情境则有所不同，绿色产品 a 的销量在Ⅰ、Ⅱ两类真实诱饵
策略呈现出下降的趋势，在Ⅲ、Ⅳ两类真实诱饵策略下则呈现出上升
趋势；从效果看，在初始状态（$T=1$）时，伪诱饵策略下的Ⅰ、Ⅱ、Ⅲ、
Ⅳ四种类型诱饵策略的效果均优于真实诱饵策略下的四类诱饵策略
的效果。而从长期来看，除了Ⅳ类真实诱饵策略的效果要优于Ⅳ类
伪诱饵策略的效果，在其他情况下，伪诱饵策略情境下Ⅰ、Ⅱ、Ⅲ三类诱饵
策略的效果均好于真实诱饵策略情境下的Ⅰ、Ⅱ、Ⅲ三类策略的效果。

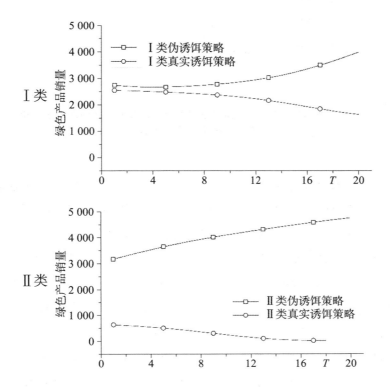

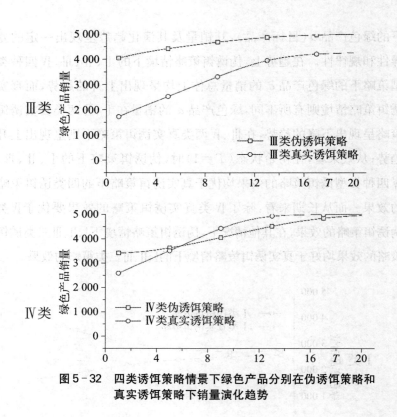

图 5-32 四类诱饵策略情景下绿色产品分别在伪诱饵策略和
真实诱饵策略下销量演化趋势

接下来分析消费者交互的一些特征（如邻居节点数量 K、重连概率 P_r、从众程度 θ_j 等）对伪诱饵策略和真实诱饵策略影响的差异。图 5-33 表示的是伪诱饵策略和真实诱饵策略情境下Ⅰ、Ⅱ、Ⅲ、Ⅳ四类诱饵策略在消费者邻居节点数量 $K \in (0, 4)$、$K \in (2, 6)$、$K \in (6, 10)$ 时绿色产品的销量演化趋势图。如图 5-33 所示，在伪诱饵策略和真实诱饵策略情境下，Ⅰ、Ⅱ、Ⅲ、Ⅳ四类诱饵策略下绿色产品 a 的销量演化趋势随着消费者邻居节点数量的变化而呈现出一定的差异性、层次性和规律性。在伪诱饵策略情境下，Ⅰ、Ⅱ、Ⅲ、Ⅳ四类诱饵策略下绿色产品 a 的销量上升的速度随着邻居节点数量的

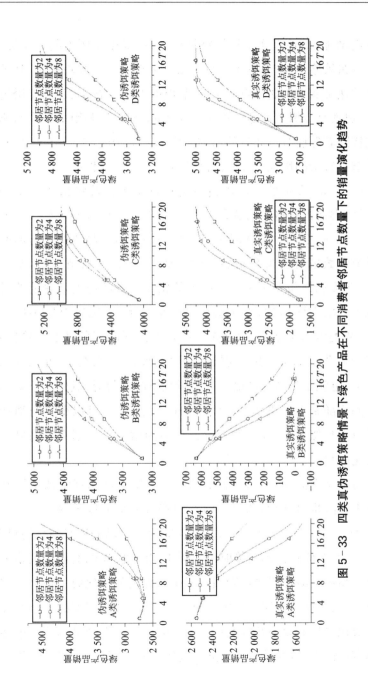

图 5-33　四类真伪诱饵策略情景下绿色产品在不同消费者邻居节点数量下的销量演化趋势

185

增加而增加;而在真实诱饵策略情境下,情况则有所不同。在Ⅲ、Ⅳ两类诱饵策略下,也就是当绿色产品 a 的销量呈上升趋势时,其销量上升的速度随着邻居节点数量的增加而增加,而在Ⅰ、Ⅱ两类诱饵策略下,也就是当绿色产品 a 的销量呈下降趋势时,其销量下降的速度也同样随着邻居节点数量的增加而增加。基于此,本研究可以得出,邻居节点数量的增加会加剧产品销量原有的演化趋势。

图 5-34 表示的是伪诱饵策略和真实诱饵策略情境下Ⅰ、Ⅱ、Ⅲ、Ⅳ四类诱饵策略在消费者重连概率 $P_r \in (0, 0.2)$、$P_r \in (0.2, 0.4)$、$P_r \in (0.4, 0.6)$ 时绿色产品的销量演化趋势图。与消费者邻居节点数量对诱饵策略的影响相似,伪诱饵策略情境下,Ⅰ、Ⅱ、Ⅲ、Ⅳ四类诱饵策略下绿色产品 a 的销量上升的速度随着消费者重连概率的增大而增加;真实诱饵策略情境下,情况则有所不同。在Ⅲ、Ⅳ两类诱饵策略下,也就是当绿色产品 a 的销量呈上升趋势时,其销量上升的速度随着重连概率的增大而加快,而在Ⅰ、Ⅱ两类诱饵策略下,也就是当绿色产品 a 的销量呈下降趋势时,其销量下降的速度也同样随着重连概率的增大而加快。基于此,可以得出与消费者邻居节点类似的结论,消费者重连概率的增大会加剧产品销量原有的演化趋势。

与上文类似,图 5-35 表示的是伪诱饵策略和真实诱饵策略情境下Ⅰ、Ⅱ、Ⅲ、Ⅳ四类诱饵策略在消费者从众程度 $\theta_j \in (0, 0.1)$、$\theta_j \in (0.2, 0.3)$、$\theta_j \in (0.4, 0.5)$ 时绿色产品的销量演化趋势图。如图所示,对应真伪诱饵策略情境下Ⅰ、Ⅱ、Ⅲ、Ⅳ四类诱饵策略下的绿色产品销量演化趋势随着消费者从众程度的变化而呈现出一定的差异性、层次性和规律性。由图可知,消费者从众程度的大小对绿色产品演化趋势的速率及幅度存在较大的影响。无论是伪诱饵策略还是真实诱饵策略,在消费者从众程度较小时,绿色产品销量演化趋势

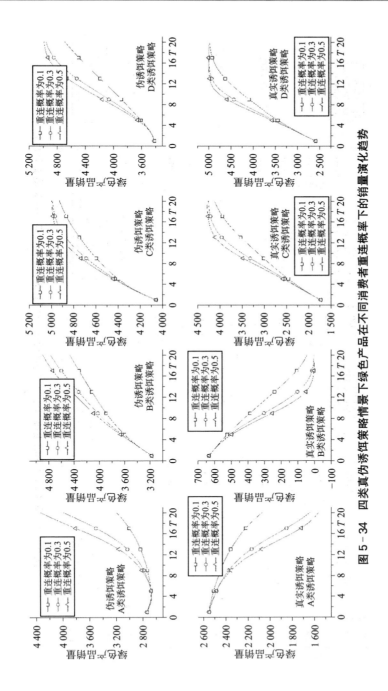

图 5-34　四类真伪诱饵策略情景下绿色产品在不同消费者重连概率下的销量演化趋势

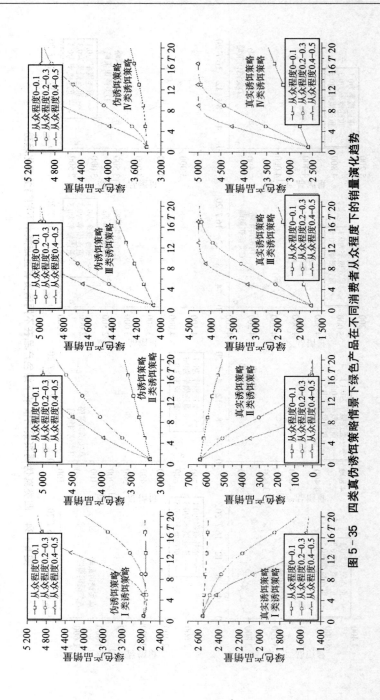

图5-35 四类真伪诱饵策略情景下绿色产品在不同消费者从众程度下的销量演化趋势

均较为平缓,而在消费者从众程度较大时,其演化趋势则变得较为陡峭。另外,从图中还可以看出,在伪诱饵策略情境下,Ⅰ、Ⅱ、Ⅲ、Ⅳ四类诱饵策略下绿色产品 a 的销量上升的速度随着从众程度的增加而加快;与伪诱饵策略不同,真实诱饵策略情境下,当绿色产品 a 的销量呈上升趋势时(在Ⅲ、Ⅳ两类诱饵策略下),其销量上升的速度随着从众程度的增大而加快,而当绿色产品 a 的销量呈下降趋势时(在Ⅰ、Ⅱ两类诱饵策略下),其销量下降的速度也同样随着从众程度的增大而增加。基于此,可以得出与上文类似的结论,消费者从众程度的增加会加剧产品销量原有的演化趋势。

综上所述,伪诱饵策略的效果与真实诱饵策略的效果是不同的。在初始状态(周期 $T=1$)下,伪诱饵策略的效果要好于真实诱饵策略的效果,而从长期效果来看,除了Ⅳ类真实诱饵策略在后期的效果赶超了Ⅳ类伪诱饵策略的效果,在其他情况下,真实诱饵策略情境下Ⅰ、Ⅱ、Ⅲ三类诱饵策略的效果均不如伪诱饵策略情境下的Ⅰ、Ⅱ、Ⅲ三类策略的效果,甚至绿色产品 a 的销量在Ⅰ、Ⅱ两类真实诱饵策略下呈现出下降的趋势。另外,消费者交互的一些特征(如消费者邻居节点数量 K、重连概率 P_r、从众程度 θ_i 等)对伪诱饵策略效果的影响和对真实诱饵策略效果的影响相同。消费者互动的这些特征并不影响真伪诱饵策略下绿色产品销量演化趋势的方向,影响的只是演化趋势的快慢,也就是说,随着消费者邻居节点 K、重连概率 P_r 以及从众程度 θ_i 的变大,绿色产品销量演化趋势变化速度越来越快。

5.5　本章小结

绿色产品对我国社会、经济、生态的可持续发展意义重大。但是由于绿色产品价格较高或者消费者不了解、不信任等情况从而导致绿色产品在市场中竞争力较弱，扩散较慢。而诱饵产品的加入能够在一定程度上缓解这个状况，增加绿色产品的市场竞争力。因此，对诱饵策略进行相关的研究对企业的发展及国家节能减排具有十分重要的意义。本篇以诱饵产品 c 加入后产生的新的参考点 E_2 为基准，将整个区域分为 16 个部分，通过数理分析的方法分别探究了新参考点 E_2 落在每个区域内时所对应的诱饵产品 c 的诱饵效应，确定了本篇的研究范围，为下文的研究奠定了基础。

本篇构建了基于消费者互动网络的绿色产品诱饵策略的计算实验模型。首先，阐述了制造商主体在不同类型的诱饵策略背景下的生产决策；其次，介绍了消费者主体在不同类型诱饵策略下的购买决策规则；最后，考虑了消费者决策的复杂性，即消费者的决策过程不仅受到消费者自身属性如收入水平和产品本身属性（价格和绿色度）以及诱饵产品是否加入的影响，还受到消费者之间互动的影响，如邻居数量和重连概率等等，使模型与现实情况更加相符。

本篇通过采用计算实验方法刻画了相关主体的行为规则，探究了在确定的消费者交互情景下绿色产品诱饵策略设置问题及消费者交互特征（消费者邻居节点数量、重连概率、从众程度）对绿色产品诱饵策略效果的影响，并对实验结果进行分析。与伪诱饵策略相比，真实诱饵策略由于可以被消费者实际购买而不存在欺骗消费者的嫌疑，更符合企业伦理道德标准。然而也正是因为诱饵产品的实际可被选择性，从而会占领一部分市场份额，因此真实诱饵策略的不可控性更大。本研究探究了消费者互动的一些特征（如消费者邻居节点数量 K、重连概率 P_r、从众程度 θ_i 等）对真实诱饵策略效果的影响，并分析了不同类型的真实诱饵策略的效果及演化趋势的差异，并将此结论与伪诱饵策略情境下的结论进行对比，为企业设置真实诱饵

因此,通过合理有效地利用消费者间的交互行为,可以采取一定的措施从而增加绿色产品的市场力,例如开展绿色产品使用感研讨讲座,让更多的人了解绿色产品;采取一定的营销方式进行宣传,比较通过微信、QQ 等社交 App 进行转发即可获得折扣或者免费使用的机会等。

第三篇

企业产品的绿色度决策

第6章 企业产品绿色度决策的问题分析

6.1 研究背景与意义

近些年来,工业化的迅猛发展,带来了经济水平的快速提高,但异常气候现象、大气与水污染等生态灾害也随之频繁出现,给人类生存环境带来严峻的挑战(Biswas 和 Roy 2015,Chekima 等 2016),开发与推广绿色产品正日益成为全球各国的共识。

根据 GB/T 33761 - 2017,绿色产品是指在全生命周期过程中,符合环境保护要求,对生态环境和人体健康无害或危害小、资源能源消耗少、品质高的产品(《绿色产品评价通则》,2017),而为了与其他竞争产品相区别,凸显出产品的环境友好性程度,产品绿色度的概念应运而生。绿色度是产品在其整个生命周期中对资源和能源的输入量、对环境的输出量及这些输入输出对环境的友好程度的综合评价量化指标(刘红旗和陈世兴,2000),企业能够通过可靠的方式向消费者传达其产品绿色度,如产品的温室气体排放量、家电的能耗水平、汽车的百公里油耗、家具产品及所用板材的甲醛释放量等指标(Zhu和 He,2017)。

我国分体式空调依据其能效水平被分为三个绿色度等级就是一个典型的例子,根据 GB 21455‒2013(《转速可控型房间空气调节器能效限定值及能效等级》,2013),额定制冷量小于 4500 W 的热泵型转速可控型分体式空调,其能效水平高于 4.50 就是一级产品,而能效水平处于 4.00 至 4.50 间的为二级产品,能效水平处于 3.50 至 4.00 间的为三级产品,当产品的能效水平低于 3.50 则无法在市场上进行销售。产品绿色度的差异将会成为企业获得差异化竞争优势的重要因素之一,企业若能主动进行绿色决策,生产具有更高绿色度的产品,不仅对环境大有裨益,也在履行社会责任的过程中提升了企业社会形象,并为企业营造了新的竞争优势(Chen,2008)。基于这些优势,一些企业主动进行产品绿色度决策,且由于企业的异质性,形成了不同绿色度的产品共同竞争的局面。但遗憾的是,现实中企业主动进行产品绿色度水平决策的积极性不高(Sheth 等,2011),2013年,全球绿色产品的市场份额还不足 4%(Smith 等,2013)。因此,对于企业的产品绿色度水平决策进行研究具有现实的紧迫性。

企业的产品绿色度决策行为往往受消费者与市场的绿色需求所驱动(Tian 等,2014),消费者的绿色购买行为对企业的绿色决策起着至关重要的作用(Yu 等,2016),且当前已有更多数量的消费者基于绿色产品的节能与环保特征而声称其愿意购买绿色产品

(Vasileiou 和 Georgantzís,2015),但消费者的实际购买行为与其所宣称的往往存在一定的差距(Chen 和 Sheu,2017),因此企业在制定产品绿色度水平的决策时深受消费者的绿色购买行为困扰。众所周知,消费者在制定购买决策时,往往首先会依据其购买力水平来评估产品,消费者的购买力是影响消费者自身的绿色产品购买意愿和购买行为的重要因素之一(Yang 和 Zhao,2015),此外,消费者往往处于一定的社会网络之中,其制定购买决策时往往会受到所处网络中其他主体的影响,如朋友、家人、使用过相同产品的其他消费者等的口碑、推荐等(Park 等,2018),且在社会网络影响下,消费者常常表现出一定的从众心理,亦会影响其购买决策(Banerjee 和 Padhan,2017)。

事实上,企业在竞争过程中,一直致力于将自己所提供产品的绿色度与消费者的需求相匹配,以增强产品竞争力,提高企业利润,但企业的产品绿色度决策行为也是各因素权衡下的结果。首先,企业在制定决策时,需要依据其产品的销量、利润水平等竞争绩效来推测市场需求;其次,企业自身的历史经验、自身的技术水平等也对企业的决策起着重要影响(Moser 等,2014);再次,竞争对手的竞争决策,尤其是市场上最具竞争力的标杆企业,往往也会成为企业决策时所学习、模仿的对象。这些因素的共同作用导致企业的产品绿色度决策行为机制较为复杂,使得企业的绿色决策与消费者真实需求间往往存在着一定的差距。

由此可知,受消费者及企业决策行为复杂性的影响,虽然企业的产品绿色度决策行为及不同绿色度产品的市场竞争绩效已得到了广泛研究,但企业产品绿色度决策行为的演化机制与不同绿色度产品市场竞争的涌现特征仍存在进一步研究的空间。因此,本文聚焦于以下几个问题:

1. 在市场需求及竞争作用下,企业的产品绿色度决策行为将如何随着竞争进行演化?

2. 在不同的消费者购买力特征、互动特征情景下,企业的产品绿色度将呈现怎样的演化趋势?

3. 面对不同的消费者购买力、互动特征情景,生产何种绿色度的产品能为企业带来最高的销量与利润?

多主体建模的计算实验方法作为一种自下而上的研究方法,非常适合于复杂自适应系统的研究(Meng 等,2017),而本篇所研究的消费者与企业构成的系统恰恰具有复杂自适应系统的特征,因此,本篇采用多主体建模的计算实验方法,研究不同消费者购买力属性与互动特征下企业产品绿色度决策行为的演化机理与不同绿色度产品市场竞争的涌现特征,得出相应的管理启示,以推动企业更好的制定绿色决策,并助力政府更合理地出台政策引导绿色发展。

本篇聚焦于不同绿色度的产品相互竞争的市场,研究不同消费者购买力与互动特征情景下企业产品绿色度决策行为的演化机理及不同绿色度产品竞争的涌现特征,具有一定的理论与现实意义,如下所示:

1. 理论意义

(1) 厘清了消费者购买力属性与互动特征下企业产品绿色度决策行为的演化机制与不同绿色度产品竞争的涌现特征

本研究基于自组织理论与复杂自适应理论,采用多主体建模的计算实验方法构建了消费者与企业交互的复杂自适应系统,通过产品绿色度、销量、利润、市场集中度等微观与宏观的绿色产品竞争绩效,厘清了不同消费者购买力属性与互动特征下企业产品绿色度决策的演化机制与不同绿色度产品竞争的涌现特征。

(2) 丰富和完善绿色产品、企业绿色决策相关的理论研究本篇采用多主体建模的计算实验方法全面系统地刻画了消费者的购买决策、企业的产品绿色度决策、消费者与企业间的交互,并探究了消费者不同购买力属性与互动特征情景下绿色产品、企业与企业群体的竞争绩效演化机制,丰富和完善了绿色产品、企业绿色决策相关的研究。

2．实践意义

(1) 为企业产品绿色度决策的制定与优化提供指导

鉴于当前企业主动进行产品绿色度决策的积极性不高这一问题,本篇通过构建复杂的消费者购买模型,并设置不同的消费者购买力属性与互动特征情景,剖析了企业产品绿色度决策的演化机理,为企业在面对不同的市场时,制定合理的产品绿色度决策及后续的优化调整提供指导。

② 为支持企业群体(行业)绿色发展措施的制定提供依据

本篇通过计算实验方法构建了多个具有智能性且相互竞争的企业主体,企业能在竞争与市场需求的共同作用下自主调整其产品绿色度决策,因此本文的研究不仅展示了单个企业的竞争决策演化,还多指标全景式的展示了企业群体(行业)的宏观行为涌现,为支持相关行业绿色发展措施的制定提供了依据。

6.2　国内外研究现状及评述

6.2.1　企业产品绿色度水平决策研究现状

为了更好地适应消费者需求,增强产品的市场竞争力,企业在推出绿色产品时往往要制定合适的产品的价格与绿色度,这一问题已得到了学术界的关注与重视,且在现有的研究中,产品的绿色度往往作为一个综合的决策变量与产品的价格一起成为企业绿色决策的研究对象。许多学者基于市场特征、供应链环境与政府经济干预三个角度对企业的产品绿色度决策与不同绿色度的产品的竞争绩效进行了研究,取得了丰富的研究成果。

1. 市场特征角度

从市场特征角度,现有文献主要从消费者特征、市场竞争情况来进行分析。基于消费者偏好及需求方面,高鹏等(2013)研究发现供应链各成员的信息分享价值与消费者的绿色偏好程度正相关,且在考虑产品的绿色度后,绿色供应链的信息预测价值与产品的价格均有所提升。李永波(2014)通过"双维度"质量差异模型揭示出,绿色消费者的相对规模、消费者对产品环境特征等不同特征的支付意愿和产品不同特征的生产成本决定了企业是否采取绿色差异化生产战略。Yu 等(2016)研究表明,消费者环境保护意识的提高会激励制造商生产更多的绿色产品,但并不一定能带给企业更多的利润。刘新民等(2018)基于消费者满意度,构建了考虑消费者对绿色产品异质偏好的三方动态博弈模型,研究了消费者对产品价格与绿色度的敏感水平对消费者自身满意度与绿色企业定价决策的影响。Raza 等(2018)基于消费者支付意愿的异质性所产生的不完全细分市场,开发了综合收益管理框架来研究企业的绿色努力决策、定价及库存决策。Zhou(2018)研究表明,绿色消费者规模的扩大可能会导致普通制造商与绿色制造商双输的局面,而绿色消费者对绿色产品的溢价增大可能导致双赢的局面。程发新等(2019)基于新产品和再制造产品存在的绿色度差异,综合考虑差别权重补贴和消费者绿色偏好,建立了闭环供应链博弈定价模型。尚春燕等(2020)构建政府补贴下由一个制造商和一个供应商组成的绿色供应链博弈模型,探讨了双重消费偏好和政府补贴策略对产品绿色度、销售量和供应链成员利润的影响。

　　基于市场竞争方面,曹柬等(2012)研究发现,同行业间的博弈竞争对绿色产品的发展起到了重要的推动作用,并为绿色产品竞争力的提升提供了有效的发展渠道。Liu 等(2012)研究表明,市场竞争水平会影响不同绿色度企业的盈利能力。当市场竞争水平较高时,随着消费者环境意识的增强,更有利于高绿色度企业获益。刘小峰等(2013)研究表明,过分依赖市场的自由竞争不一定会提高产品的品质和绿色水平,过分地引进绿色生产技术极有可能损害传统技术生产者的利益。Chen 和 Sheu(2017)检验了市场的不确定性与消费者理性对企业绿色战略的影响,且表明,采取差异化战略来生产不同绿色度的产品并不总是有利,在某些情形下,企业应采取跟随战略与竞争对手生产同样绿色度的产品。Zhu 和 He(2017)发现价格竞争可能会对均衡绿色度产生积极影响,而产品绿色度竞争则会降低均衡绿色度,这两种竞争的相对强度最终决定了均衡绿色度。Du 等(2018)研究发现,竞争下传统企业为了维持市场份额往往会降低产品的价格,从而导致绿色产品仅销售给绿色消费者的均衡结果,而某些情况下,传统企业与绿色企业均能在较高的绿色消费者比例与消费者支付溢价差异化下受益。韩梦圆等(2020)研究表明,存在可替代产品的情况下,价格竞争的增强不一定会提高绿色产品的质量却一定会提升服务水平,同时和单因素影响相比,三重竞争因素下的供应链利润变化趋势更加复杂。

　　2. 供应链环境角度

　　在供应链环境方面,现有文献主要从绿色供应链的结构、契约等角度对供应链的产品决策、供应链的竞争绩效展开研究。Ghosh 和 Shah(2012)基于绿色服装供应链,研究了绿色度、价格和利润如何受渠道结构、绿色成本和消费者敏感度的影响。Zhang 和 Liu(2013)基于市场需求与产品绿色度相关的三级绿色供应链,发现合作决策模式与收益共享契约能促进供应链成员合作生产销售绿色产品,且使供应链系统及各主体的利润都达到最优水平。王丽杰与郑艳丽(2014)从经济、合作、技术与契约等维度探讨了刺激供应商主动提高所供应的原材料的绿色度的激励机制。江世英与李随成(2015)基于两级绿色供应链构建了四种绿色供应链博弈模型,并对比分析了四种模型下产品绿色度、价格等的差异,并基于此分析了收益共享契约对供应链各成员的影响。Ghosh 和 Shah(2015)基于消费者对环境较为敏感的市场研究了成本共担契约对绿色供应链成员的产品绿色度决策、定价决策以及企业利润的影响。高举红等(2015)聚焦零售商主导型闭环供应链,研究在市场需求受产品绿色度与零售努力影响情景下,绿色供应链的产品绿色度、销售努力水平、回收率决策和零售商营销策略等决策的影响因素。石平等(2016)研究表明,产品绿色度和供应链利润在分散式决策下都会低于集中式决策,且随着产品绿色化效率的提高,差距也变得越来越大。刘会燕和戚守峰(2017)基于二阶绿色供应链,通过四种竞合—研发模式的对比分析,发现共同竞合—研发模式下产品的绿色度、批发价和零售价均为最高水平,制造商也获得最高收益,但却没有带给零售商最高收益。Liu 和 Yi(2017)研究了大数据环境下考虑定向广告投入与产品绿色成本的绿色供应链定价决策,研究表明最优批发与零售价格与产品的绿色度和目标广告的投入水平呈负相关关系。Jamali 和 Rasti-Barzoki(2018)发现集中式的供应链结构更能提高绿色产品的绿色度与利润。同时,当制造商不能降低绿色度的成本系数时,就应该提高公众认知,鼓励人们购买绿色产品。曲优等(2018)依据 CVaR 风险度量准则为绿色供应链的协同创新构建了动态优化模型,且揭示出:

合作博弈模型下,产品绿色度水平及供应链的整体绩效水平均高于主从博弈模式。Zhang 等(2018)考虑学习效应,对比研究了绿色成本共担的绿色供应链中,制造商与零售商分别决策产品的绿色度的情景,且发现除非零售商有较强的议价能力,产品的绿色度通常由制造商来决策。杨天剑和田建改(2019)考虑三种可能渠道权力结构,构建制造商和两竞争零售商组成的绿色供应链利润模型,对比分析了不同渠道权力结构下产品绿色度及定价水平。周艳菊等(2020)考虑消费者环保意识、产品绿色度水平、价格等多种因素影响需求的情景下,探讨了批发价契约、成本分担契约和两部制契约对绿色产品需求、供应链协调及供应链成员利润的影响。曾裕等(2020)考虑自贴和认证两种环境标签策略,研究了由制造商和零售商组成的绿色供应链中环境标签策略选择问题,同时探讨了成本分担契约对绿色供应链决策的影响。

（3）政府经济干预

政府为了推动绿色发展,往往制定了绿色补贴、税收等一系列经济干预政策,因此政府经济干预措施的影响也成为了研究的热点。朱庆华和窦英杰(2011)建立了政府与两个竞争性生产商之间的三阶段博弈模型,探究了政府设定的绿色产品认证标准、绿色补贴下限等参数的变化对采取主动与被动绿色供应链战略生产企业的影响。Sheu 和 Chen(2012)揭示了政府应该采取绿色征税和补贴政策,以确保绿色产品带来的绿色利润是非负的,而在政府经济干预下,社会福利与绿色供应链利润分别提升了 27.8% 与 306.6%。李友东等(2014)揭示出,政府提供的绿色补贴和企业的收益的变化取决于供应链上下游合作的紧密程度,在纳什博弈下最高,在集中决策下最低,Stackelberg 博弈下介于两者之间。Yu 等(2016)研究了不同消费者环境保护意识和政府补贴水平下制造商产品绿色度与生产数量决策的生产优化模型,且数值结果表明精心设计的补贴政策不仅可以为制造商创造更多的利润,而且可以为政府节省补贴投资。Yang等(2017)研究表明,在模糊环境下,政府补贴增加时,产品的绿色度有所增加,零售价格变化的趋势取决于渠道领导,但政府补贴并不总是有利于绿色供应链,甚至会导致先发制造商的行动劣势。Madani等(2017)发现,政府提高补贴率将导致产品的绿色度、供应链利润和政府收益都得到增加,且效果要好于提高税率。Jin等(2018)采用集中数据包络分析方法(DEA)研究了政府的最优碳税税率,且发现当两家企业分别生产普通产品与绿色产品时,政府会设定较高水平的税率;当两家企业均生产普通产品时,政府会分别为其设定不同的税率。曹裕等(2019)研究表明,制造商在供应链内部协调补贴策略下的产品绿色度水平高于政府单一补贴策略,且在消费者绿色意识较强时,内部协调策略下的绿色度水平更高,但政府外部补贴策略下的利润总是最优。吕宝龙等(2019)建立了消费者具有低碳偏好的闭环供应链网络均衡模型,分析了政府碳税和补贴、回收比例因子以及消费者低碳偏好的变化对产品绿色度决策、产量与价格决策以及企业利润的影响。罗福周和王文心(2020)考虑产品绿色度,建立了政府、制造商、零售商和消费者之间的两阶段 Stackelberg 博弈模型,研究了政府补贴政策对闭环供应链各主体的决策影响。

6.2.2 基于计算实验的绿色产品研究现状

随着研究的深入,涉及的研究对象逐渐增多,且每一个研究对象的行为往往被刻画得更为细致,导致研究的复杂性与难度均逐渐增大,而多主体建模的计算实验方法(Agent-based modeling and simulation(ABMS))则作为一种自底向上的建模研究方法,特别适合复杂系统的研究(Macal 和 North,2009),得到了诸多领域众多学者的应用。主要涵盖:金融市场(隋聪等,2019),传染病传播与治理(Ito 等,2019),公共舆论传播(Lu,2019),灾难事故应急处理(Cho 等,2019),工程项目(Li 等,2018),政府战略(王淑芳等,2018),交通平台与管理(董西松等,2019),技术扩散(Zaffar 等,2019),供应链管理(田晨等,2017),安全(祁俊雄等,2018),自然系统演化(Lamperti 等,2018)等等。

而针对绿色产品相关的研究,目前计算实验方法也得到了更多的应用,主要基于消费者的绿色购买、绿色技术/产品的扩散,企业的环境行为等方面。

关于消费者的绿色购买方面,赵爱武(2015)通过计算实验动态模拟了消费者的绿色购买过程,并聚焦某非食品类环境友好型产品,探究了其购买态度-行为缺口产生的原因。Kowalska-Pyzalska 和 Ieee(2017)采用多主体建模仿真的方法刻画了消费者对绿色电力的购买意愿。Sopha 等(2017)聚焦印度尼西亚,构建了消费者购买天然气汽车的计算实验模型。

有关绿色技术与绿色产品扩散方面,Zhang 等(2011)构建了替代能源汽车(AFV)扩散的计算实验模型。Zhang 等(2016)通过多主体建模的方法研究了屋顶太阳能利用技术的扩散问题,并据此预测了圣地亚哥的扩散数据。Adepetu 等(2016)考虑空间与时间因素构建了电动汽车扩散的计算实验模型,并以旧金山为例进行了模拟实验。张海斌等(2017)基于计算实验方法对新能源汽车的演化扩散进行了研究。Kandiah 等(2019)基于多主体建模的方法模拟了水再利用技术与设施的覆盖情况,并根据北卡罗来纳州卡里镇的数据进行了预测。

有关企业的绿色行为方面,杨涛与张力菠(2016)通过计算实验方法研究了光伏电站各主体的利益分配与质量改善行为。杜建国等

(2016)构建了第三方治污企业与污染企业交互下污染治理行为演化的计算实验模型。Sopha 等(2017)构建了企业绿色投资行为的计算实验模型。Kieckhaefer 等(2017)基于电动汽车,采用计算实验方法研究了电动汽车制造商的投资组合决策及其对电动汽车扩散的影响。

6.2.3　消费者互动研究现状

众所周知,消费者之间的互动已经成为影响消费者个体购买决策最为重要的因素之一。根据 Liba 等(2010)的定义,消费者互动是一种将信息从一个消费者(一群消费者)交换或传递到另外一个消费者(一群消费者)的行为,并且这个行为同时可能改变参与者的偏好、实际购买决策,或是未来交流的方式。同时,在购买决策过程中,消费者群体会由一个或多个正式、非正式的特殊纽带连接在一起,组成了消费者互动网络(Achrol 和 Kotler,1999),消费者的产品购买决策往往会受其所处的互动网络的影响。因此,许多学者意识到消费者互动及互动网络对消费者行为及产品扩散的重要影响,展开了广泛的研究。

Pegoretti 等(2012)研究表明,在信息不完善的情况下,小世界网络中节点间较低的平均距离所带来的高扩散速度增加了创新垄断市场的概率。Gentina 和 Bonsu(2013)研究表明网络结构,如度数中心性、接近中心性等因素对消费行为存在影响,在度数中心性、接近中心性等程度越高的网络中,消费者更容易受到朋友的影响。黄玮强等(2013)发现不同因素对创新扩散速度的影响取决于社会网络的拓扑结构,无标度社会网络下的创新扩散深度最大及速度最快。Park 等(2014)发现关系强度、网络密度、网络中心性和同质性会增加消费者对社会网络中朋友推荐交易产品的购买意向。Mccoy 和 Lyons

(2014)发现即使电动汽车的整体购买率较低,消费者网络带来的轻微的同伴效应也会在某些地区形成较高的购买率。Ma 等(2014)研究表明,在产品选择和购买时机决策中,消费者都强烈地受到了消费者网络中邻居及同质化效应的影响,且网络邻居的影响是其他人的三倍。Miller 和 Mobarak(2015)以孟加拉国新型炉灶的推广为例,发现在一个消费者对新产品和品牌不信任的制度环境中,消费者似乎更多地依赖自己所处的网络来了解产品的负面属性。赵宏霞等(2015)研究表明,消费者之间的互动能够增加消费者对 B2C 网络购物的社会临界感,进而增强消费者对 B2C 商家诚信的信心,并降低其购物时的风险感知。韩金星等(2016)研究发现,消费者在网络购物过程中,会自发地形成相应的社会网络,其对网站、网购模式、网购商品的信任程度均在互动下与其他消费者的评价成正相关关系,且正面评价与负面评价的作用机理并无明显差异。王宁等(2017)基于小世界网络的视角,发现电动汽车的市场接受度取决于消费者个体初始偏好和社会网络效应的共同作用。Talukder 等(2019)采用实证方法证实了消费者在其社会网络中向好友推荐性能期望水平、习惯、通用性与创新性等其他特征同样对可穿戴技术的推广有着直接与间接的重要影响。谢光明等(2019)引入禀赋效应探究了离散的口碑对消费者购买意愿的影响,研究发现强禀赋状态的消费者对于高离散的产品的购买倾向更高,从而削弱了口碑离散对购买意向的负作用。

同时,社会网络中消费者互动之下也会产生从众效应,亦影响着消费者的行为,这也得到了一定研究的证实与重视。根据 Lascu 等(1999),从众效应被定义为消费者在接受到其他人对产品的评价、购买意愿及行为的信息后,改变自己的产品评价、购买意愿或行为,从而与他人达成一致的心理与行为。陈明亮与李敏乐(2013)应用脑成像技术——事件相关电位(ERP),从神经和心理层面为消费者购物中从众现象普遍的原因进行了解释。彭惠与宋倩倩（2014）发现，历史累积销量对消费者决策产生显著正向影响，而消费者对店铺的口碑信息不敏感，表明消费者在网上选择店铺时从众行为较口碑交易更重要。Tsao 等（2015）研究表明，当个体的从众倾向较强时，阅读正面评价对其决策有较强的影响，而个体从众倾向较弱时，更多数量的评论才对其具有说服力。张千帆等（2015）研究发现，消费者从众行为的强弱与零售平台和联营商家的定价决策呈现负相关关系，即消费者从众效应越强，产品的定价往往越低。Arlen 等（2015）研究表明，当消费者选择跟从不太可能因为后悔而产生偏见的专业人士的选择时，从众行为作为一种行为上合理的策略能够改善他们的预期结果。陈晓红与徐方方（2018）发现，当企业采用团购平台时，消费者的从众性与反从众性均会影响其购买决策，与不从众情景对比，消费者的从众性会降低企业的最优利润，而反从众性则相反。Zhen 等（2019）聚焦于生命周期较短且消费者很少重复购买的产品，发现口碑与从众效应会影响其广告的效果，且广告信号成本随着口碑效果的增加而减少，但随着从众强度的增加而提高。

6.2.4 研究评述

综上所述，现有文献已经对企业的产品绿色度决策、消费者互动进行了诸多研究且获得了丰厚的成果，这为本篇的研究奠定了良好的基础，但也存在一定的薄弱点，主要包括以下几点：

（1）企业产品绿色度水平相关的研究往往关注的是不同因素影响下单个企业或单条供应链的最优决策，而较少涉及企业产品绿色度决策的群体行为以及市场中不同绿色度产品竞争的宏观表现。实际上，企业间在竞争过程中，还伴随着相互模仿、学习等交互行为，而这些均会对企业的产品绿色度水平决策产生影响。

（2）现有的企业产品绿色度水平决策的相关研究中，市场需求常常被刻画为产品价格、质量与绿色度等特征的线性函数，而忽视了消费者之间的互动以及消费者在购买决策过程中的学习与模仿行为。实际上，除受到产品自身诸多属性（如价格、质量等）的影响外，消费者购买决策也会受到其所处社交网络中其他消费者的影响。

（3）消费者互动的相关研究往往关注的是新技术或产品在消费者互动下的扩散绩效，而较少涉及消费者互动对企业生产决策的影响机理，而现实中，企业在面对不同特征的消费市场时，往往会相应的制定不同的生产决策，因此，不同消费者互动特征对企业生产决策的影响机制仍存在进一步的研究空间。

因此，本篇基于现有的研究成果，构建了更为符合现实情况的多主体模型，考虑了系统中主体更为复杂的特征，如充分考虑了消费者购买力水平特征、消费者偏好异质性、消费者互动作用对其购买决策的影响以及企业间的竞争、模仿、学习等互动作用；并通过群智能算法刻画了企业在竞争过程中的模仿、学习以及基于历史经验进行决策的行为，进而通过计算实验方法对不同消费者特征下各类型企业的产品绿色度决策演化的过程进行了多维度绩效指标全景式的可视化分析。

6.3　研究内容与创新点

愈发严峻的生态环境压力使得绿色产品开发与推广的重要性得到全球的认可，各绿色度水平的产品相互竞争的市场局面也已形成，但一直存在企业主动进行产品绿色度决策的积极性不高的问题。因此，本篇基于现有相关文献的综述与分析，依据自组织理论、复杂自适应系统理论、演化理论,通过对消费者购买决策、企业的产品绿色度水平决策进行系统分析的基础上构建多主体建模的计算实验模型,通过 Repast 平台模拟不同消费者购买力与互动特征情景,研究不同情景下企业产品绿色度水平决策的演化机制,以期得出相应的管理启示。具体研究内容如下:

首先,本章由绿色产品的开发备受重视与企业绿色决策积极性不高的矛盾出发阐述了本篇的研究背景,并引出了本篇主要的研究问题;接下来,则是对企业产品绿色度水平决策、计算实验方法与消费者互动相关的现有文献进行综述与总结,进而阐述本篇的研究内容与主要创新之处。

其次,对企业产品绿色度水平决策进行了系统分析,包括企业产品绿色度决策行为的影响因素与复杂性分析;本章基于系统分析绘制了企业产品绿色度决策行为的系统结构图并设定了模型的基本假设;并参照系统结构图构建了包含消费者 Agent 与企业 Agent 的计算实验模型。在此基础上,分别研究了基于消费者购买力属性的企业绿色度决策行为演化以及基于消费者网络互动特征的企业绿色度决策演化。在消费者购买力实验中,考虑了三种消费者购买力属性情景(消费者购买力强弱情景、消费者购买力差异情景与消费者购买力增长情景),分别研究不同情景下企业的产品绿色度决策行为演化路径,并对比分析不同情景下产品绿色度、企业销量、企业利润、市场集中程度等宏观绩效的演化机制,得出相应的管理结论。在消费者互动实验中,模拟了三种消费者互动特征(平均邻居节点数量、重连概率与从众心理强度),研究不同情景下企业的产品绿色度决策行为演化路径,并对比分析不同情景下产品绿色度水平、企业销量、企业利润、市场集中程度等宏观绩效的演化机制,为企业的生产决策提供了相应的管理启示。本研究具有以下创新之处:

（1）对市场需求与企业行为的刻画更加符合现实，提高了模型的适用性

本篇考虑了消费者的互动特征，将消费者嵌入一定的互动网络之中，消费者在制定购买决策时会受其所处的互动网络结构影响，并表现出一定的从众心理。此外，本篇还考虑了消费者购买力、消费者期望水平等异质属性特征对消费者购买决策的影响，刻画了更符合现实的市场需求。此外，本篇还考虑了企业间的竞争、模仿、学习行为，并采用群智能算法刻画了企业在竞争过程中的模仿、学习以及基于历史经验进行决策的行为，与现实更为匹配。

（2）对产品绿色度水平决策的演化过程进行动态分析，提高了研究的系统性

现实中，由于企业、消费者的异质性，消费者、企业的交互性与自适应性，企业产品绿色度水平决策的演化过程具有复杂性、非线性与动态性，用传统方法较难进行全面系统地刻画和分析，因此本篇通过构建消费者、企业交互的计算实验模型，对不同情景下企业产品绿色度决策行为的演化过程进行可视化分析；并基于产品的绿色度、销量、利润、市场集中度等多维度绩效指标全景式分析了企业群体、消费者群体以及产品等对象的宏观行为表现，以期明确企业及行业的产品绿色度决策行为演化路径与不同绿色度产品的市场绩效的宏观涌现特征。

第7章 企业产品绿色度决策的问题研究

7.1 企业产品绿色度决策的计算实验模型构建

本章从影响因素和复杂性的角度对企业的产品绿色度决策进行了系统分析,进而构建了企业产品绿色度决策行为的计算实验模型,为后续的具体研究奠定了基础。

7.1.1 企业产品绿色度水平决策的系统分析

当下,产品的性能、功能等较为接近,产品的同质化竞争日益激烈,企业为了获取竞争优势,往往需要差异化地对产品的多维指标来进行开发决策。而鉴于生态危机较为严峻,政府与消费者对环境较为关注的背景,产品的绿色度已逐渐成为了企业制定产品决策时必不可少的指标,而企业在进行产品绿色度水平决策时涉及众多影响因素,具有一定的复杂性,构成了一个复杂自适应系统,因此本篇从影响因素与复杂性两个维度对企业的产品绿色度水平决策进行系统性的分析。

7.1.1.1　绿色度决策的影响因素分析

（1）消费者需求

消费者需求对企业的产品绿色度决策行为是至关重要的一个影响因素,而消费者需求亦涉及了许多因素,包含消费者的购买力水平、对产品属性的敏感度、对产品属性的期望程度等,因此企业对产品的绿色度水平进行决策时往往需要在符合消费者购买力水平的条件下,考虑消费者对价格、绿色度等属性的敏感度,且能满足消费者对产品绿色度的期望程度,导致企业在确定产品绿色度时往往会误判消费者的真实需求,因此许多企业不得不一直保持其现有的产品绿色度。

（2）政府的监管与 NGO 的监督

为了引导企业进行绿色生产,实现经济发展与生态环境可持续的发展模式,政府不断出台了相关的政策法规来严格限定行业的准入门槛与产品的上市门槛,政府对汽车的尾气排放标准监管就是一个很好的例子,我国环境保护部、国家质检总局分别于 2016 年 12 月 23 日、2018 年 6 月 22 日发布《轻型汽车污染物排放限值及测量方法（中国第六阶段）》（自 2020 年 7 月 1 日起实施）、《重型柴油车污染物排放限值及测量方法（中国第六阶段）》（自 2019 年 7 月 1 日起实施）。因此,政府制定的监管政策为企业产品绿色度水平决策划定了底线。此外,NGO 往往依据其影响力,向公众发布行业的绿色水平报告来公开监督企业,因此企业在进行产品绿色度水平决策时亦需要将 NGO 的监督考虑在内。

（3）同行业企业的竞争

行业内包含众多相互竞争的企业,这些企业为了获得更多的利润水平,需要根据自身及行业的利润情况,参考其他企业的竞争决策,不断地调整自身的产品绿色度决策,既有企业采用跟随策略来追随竞争绩效最高企业的产品绿色度,亦有企业采用差异化战略来确定自身的产品绿色度。由此可知,行业内各企业间的相互竞争,对企业的产品绿色度决策,有着不可忽视的影响。

（4）企业自身的经济、技术、资源实力

产品绿色度作为一个综合性的指标,包含了产品从原材料、生产、组装、运输等全周期的环境绩效,能够通过诸多子指标,如温室气体排放量、能耗水平、污染物排放水平等加以衡量,且受到企业技术、成本、资源等诸因素的制约,因此企业改变产品的绿色度,尤其是提高产品的绿色度,往往需要对全周期的诸多环节发力,需要企业自身的经济、技术与资源实力支撑。

7.1.1.2　绿色度决策的复杂性分析

出于研究的需要,本研究仅考虑消费者与企业两类决策主体,而这两类决策主体都具有异质性、智能性、自适应性,能自主根据现实情况进行决策的调整。

1. 主体行为的复杂性

（1）决策主体的异质性

决策主体的异质性为各决策主体同一属性的差异,导致主体行为的方式、结果均有所不同。在现实中,每个消费者面对产品的价格、绿色度等指标都有不同的敏感度,此外,不同的消费者基于自身的经验与认知,在做出购买决策前,往往对产品的价格与绿色度等有着不同的期望水平。同时,不同消费者的购买力水平也是千差万别的。除了消费者主体的异质性,企业这类决策主体中,各主体的异质性同样十分明显。企业的技术水平往往存在一定的差异,而这也导致企业所生产的产品成本存在差异,此外,企业采用的定价模式、产品绿色度调整的力度均体现了决策主体的异质性。

（2）决策主体的自适应性

决策主体的自适应性为决策主体能够根据自身绩效、外部环境的变化灵活地调整自身的决策,以更好地实现自身目标。本篇中的消费者主体能够根据不同周期内产品的变化动态地调整其购买决策以获取最大效用;企业则根据其自身的利润、市场中竞争对手的决策动态地改变其产品绿色度决策以攫取更大的利润。

2. 决策主体间互动的复杂性

决策主体的行为不是孤立的,而是相互影响相互渗透的,从而使得各决策主体的行为具有非线性、动态变化的特征,导致企业的产品绿色度决策这一系统更为复杂。

（1）消费者间互动

消费者不是孤立的,而是处于一定的互动网络中,其行为会受到互动网络中其他消费者的影响,举例来说,消费者在做出购买决策前,会参考周围其他消费者对产品的口碑、推荐;此外,在社会网络中消费者互动的作用下,消费者往往会自发的形成一定的从众心理,同样会对消费者的购买决策产生影响。

（2）企业间互动

企业之间的互动往往以两个形式存在:一为竞争,二为学习模仿。企业在相互竞争抢占市场的同时,亦会相互学习模仿,从而使得各自的竞争决策能够与消费者的需求更为吻合,也增加了系统的复杂性。

（3）企业与消费者间互动

消费者通过购买产品来获得效用，而企业则通过销售产品来获取利润与掌握市场需求信息，在下一个阶段，企业依据之前获取的市场信息来调整产品绿色度的决策，而消费者则继续在市场上做出购买决策，使得企业与消费者间的交互不断循环下去。

综上所述，异质性的企业与消费者主体都在自适应性地进行决策，且消费者间以社会网络为基础进行互动，企业间以竞争学习关系进行互动，消费者与企业间则以产品为载体进行互动，构成了一个复杂的、动态的、非线性的系统，使得系统的演化难以预测，较难以传统的数理方法进行全面的刻画与分析，而由于计算实验方法在复杂自适应系统的研究中具有较大的优势，本篇选择采用多主体建模的计算实验方法来展开研究。

7.1.2 企业产品绿色度决策的计算实验模型设计

7.1.2.1 系统结构与模型假设

本模型中包含制造商与消费者两类主体，数量分别为 M、N，并分别用 i 和 j 表示，我们基于前面的分析相应构建出了企业产品绿色度决策这一系统的结构图，包含制造商与消费者决策的影响因素、交互机制以及两类群体的互动机制，如图 7-1 所示。

由图 7-1 可知，市场中包含消费者群体、制造商群体及其产品。在市场交易过程中，消费者均会进行购买决策，影响消费者购买决策的因素主要包括消费者购买力水平、消费者对产品价格和绿色度的期望、消费者对产品价格和产品绿色度的敏感度等；此外，寓于小世界网络中的消费者之间基于口碑、推荐等行为而产生的互动也会对消费者购买决策产生影响，且在互动过程中可能会产生一定的从众效应。制造商在市场交易过程中也会决策自身的产品绿色度，其将

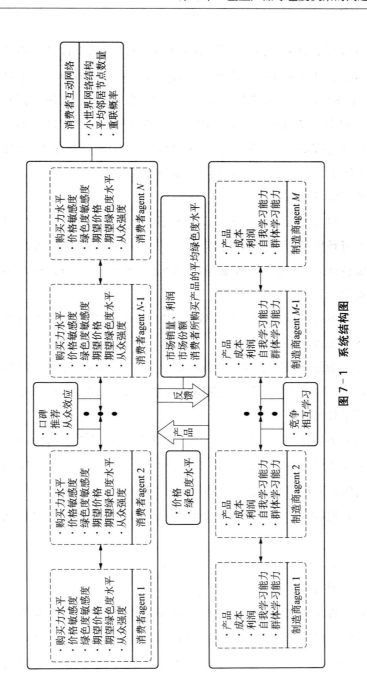

图 7 - 1　系统结构图

在竞争过程中通过模仿、学习其他标杆企业以及基于自身历史经验相应地调整其产品绿色度决策。制造商群体和消费者群体以产品为纽带,继而形成产品供给与需求的互动,形成产品绿色度决策以及购买决策的交互影响作用。通过市场中这些主体的交互,进而形成诸如产品绿色度水平,产品销量、企业利润、市场中产品集中度、市场中的供需匹配程度等系统宏观绩效的涌现。

模型的基本假设如下:

(1)M 家制造商生产的产品在功能、性能方面差异性不大,具有相互的可替代性,且均能满足消费者在功用方面的需求,但在产品价格与绿色度方面存在差异,众多产品将基于绿色度与价格两个属性展开竞争。

(2)本篇假设系统中企业数量是恒定的,即系统中不会有企业新增或退出市场。

(3)为便于观察消费者购买决策与企业产品绿色度水平决策的演化,本篇不考虑产品缺货与滞销所带来的成本,即企业的产量与产品的销量相等。

(4)为简化研究难度,模型中不考虑绿色产品供应链的层级结构且不设置供应商与零售商这两类主体,即企业能够直接获取原材料进行生产并能直接将产品销往市场。

(5)假设每个消费者在每个仿真周期均重新评估产品进行购买决策。

7.1.2.2 消费者 Agent/主体设计

(1)消费者互动网络

消费者个体在购买和消费过程中由一个或多个正式、非正式的特殊纽带连接在一起,组成了社会网络(Achrol 和 Kotler,1999),消费者的购买决策行为"嵌入"在该网络之中,网络结构、主体之间的互动和关联会影响或制约消费者购买行为（Baron 和 Hannan，1994）。对于消费者之间的互动网络，本篇将采用小世界网络来进行刻画。已有研究表明消费者互动网络具有小世界网络特性（Newman，2000），小世界网络是指具有较小的特征路径长度又具有较大的集聚系数的网络（Watts 和 Strogatz，1998），该模型具体从一个包含 N 个节点的环状规则网络开始，每个节点向与它最近邻的 K 个节点连出 K 条边，并假定 $N \geqslant K \geqslant \ln N \geqslant 1$，每条边的一个端点保持不变，另一个端点以概率 P_r 重新进行连接，通过调节 P_r 值就可以完成从完全规则网络（$P_r = 0$）向完全随机网络（$P_r = 1$）的过渡。因此，消费者 j 将会受到小世界网络特性的影响，如邻居节点数量 K、重连概率 P_r 等，邻居节点数量可表征在消费者 j 的购买决策过程中，与其存在交互作用的其他消费者的数量；重连概率可表征消费者 j 在每次购买决策过程中，其邻居消费者会以一定的概率发生变化。

（2）消费者效用与购买决策

$U_i^j(t)$ 表示产品 i 为消费者 $j(j \in (1, \cdots, N))$ 带来的效用，可表示消费者 j 购买产品 i 的动机以及意愿的大小，消费者将根据产品的效用大小进行购买决策。采用（Zhang 和 Zhang，2007）描述的动机函数作为消费者选择商品的决策依据。U_i^j 如公式（7.1）所示：

$$U_i^j = \mu_i^j * p_i^j + \rho_i^j * g_i^j \tag{7.1}$$

产品 i 为消费者 j 带来的效用 U_i^j 主要受到两方面因素的影响，一方面是产品的价格，公式（7.1）中 μ_i^j 表示消费者 j 对于产品 i 的价格敏感度参数。众所周知，消费者的购买动机会受到产品价格的影响，价格敏感度则表现了消费者对产品的货物价值、实用价值以及情感价值的认识和感知，是消费者的属性特征之一，对于不同的消费者而言，其价格敏感度系数将存在差异。根据价格敏感度分布模型

(Kim,1995),一个品牌的价格越低,这个品牌所引起的价格敏感度就越低,也就是说,这个品牌对消费者主体购买动机形成的阻碍就越小,消费者的价格敏感度是这个商品的实际价格 p_i^j 与期望价格 $p_{(e)i}^j$ 之差的幂函数,如公式(7.2)所示,其中 $\partial_j > 1$, $p_{(e)i}^j$ 为消费者 j 对产品 i 的期望价格:

$$\mu_i^j = \frac{1}{1+\partial^{(P_i^j - P_{(e)i}^j)}} \tag{7.2}$$

另一方面,公式(7.1)中 ρ_i^j 表示消费者 j 对产品 i 绿色度水平的敏感度参数,在本模型中,产品的绿色度水平是指产品多个绿色属性的一般影响,而产品多个绿色属性在某种层面上相当于产品的质量,因此消费者对产品绿色度水平的敏感度参数可以理解为是产品质量的敏感度参数。异常规避消费者心理理论(Patel 和 Schlijper,2004)认为,当某个产品的质量与消费者对这类产品质量的期望越是接近,则消费者对这个产品质量的敏感度就越高。ρ_i^j 的表达式如(7.3),其中 β_j 满足 $0 < \beta_j < 1$, $g_{(e)i}^j$ 表示消费者 j 对产品 i 的期望绿色度水平:

$$\rho_i^j = \beta_j^{|g_i^j - g_{(e)i}^j|} \tag{7.3}$$

在现实生活中,消费者对具有产品效能相当的同一种产品的购买决策除了受到产品价格和绿色度水平的影响外,消费者还处于相应的社会网络中,其购买决策还将受到其他消费者的影响,如朋友推荐,口碑等,且在选择产品过程中将呈现出一定的从众心理(Huang 和 Chen,2006),而从众是一种忽略个人信仰而采纳他人建议的心理和行为表现,人们往往趋向于相信多数人相信的,即使多数人相信的未必正确(Deutsch 和 Gerard,1955)。消费者 j 在与其他消费者互动的过程中,在从众心理作用下,产品为其带来的效用也会发生改变。消费者 j 在从众影响下效用的变化规则,如公式(7.4)所示:

$$HE_j = \theta_j * infl_{jl} \qquad (7.4)$$

HE_j 表示消费者 j 的从众效应,参数 θ_j 表示消费者 j 的从众强度,服从均匀分布,θ_j 越接近 0 表示消费者越不容易受别人的影响,从众的效果越弱,θ_j 值越大表示消费者越容易受到周边人的影响,从众的效用越明显。$infl_{jl}$ 表示消费者 j 感知到的社会网络中的其他消费者所起的影响,采用邻居消费者对产品 i 的效用的均值进行刻画,如公式(7.5)所示:

$$infl_{jl} = \sum_{l=1}^{h} U_{jl}^i / h \qquad (7.5)$$

即消费者 j 在其社会网络中有 h 个邻居消费者,且邻居消费者 l 对于产品 i 的效用表示为 U_{jl}^i,结合公式(7.1)至公式(7.5),消费者 j 的效用可进一步表示为公式(7.6),如下所示:

$$U_i^j = \frac{1}{1 + \partial_j^{(p_i^j - p_{(e)i}^j)}} * p_i^j + \beta_j^{|g_i^j - g_{(e)i}^j|} * g_i^j + \theta_j * infl_{jl} \qquad (7.6)$$

根据文献(Adepetu 等,2016)的研究,消费者 j 对产品 i 的期望绿色度水平与消费者的收入水平呈正相关关系,即消费者的收入越高,其越重视产品的环境绩效,对产品的绿色度水平期望也就越高。因此,消费者 j 对产品 i 绿色度水平的期望 $g_{(e)i}^j$ 如公式(7.7)所示。$income_j$ 表示消费者 j 的收入水平,而 m 为期望绿色度与收入水平比例的系数,$m > 0$;a 表示当消费者收入为 0 时,其对产品绿色度水平的固定期望,a 为常数;ω_j 则表示消费者 j 的产品绿色度期望的偏差值,且服从正态分布。

$$g^j_{(e)i} = m * income_j + a + \omega_j \tag{7.7}$$

此外,假设消费者 j 能够根据对产品 i 的期望绿色度水平 $g^j_{(e)i}$ 来估计产品 i 的期望价格 $p^j_{(e)i}$,期望绿色度水平 $g^j_{(e)i}$ 越高,期望价格 $p^j_{(e)i}$ 也就越高,且参考文献(Eppstein 等,2011),我们假设当产品价格高于期望价格的 1 倍时,消费者认为该产品价格过高,将会拒绝购买该产品。因此,产品 i 对消费者 j 的效用可进一步表示为公式(7.8):

$$U^j_i = \frac{1}{1 + \partial_j^{(p^j_i - p^j_{(e)i})}} * p^j_i + \beta^{|g^j_i - m*income_j - \alpha - wj|} * g^j_i + \theta_j * infl_{jl} \tag{7.8}$$

消费者 j 将基于产品 i 的效用相应进行购买决策。为了获得最大效用,消费者 j 会对市场上所有 M 家制造商生产的产品 i 为其带来的效用进行比较,进而形成购买决策。即当 $U^j_1 = \max\{U^j_1, U^j_2, \cdots U^j_M\}$ 时,选择产品 1,当 $U^j_2 = \max\{U^j_1, U^j_2, \cdots U^j_M\}$ 时,选择产品 2,当 $U^j_M = \max\{U^j_1, U^j_2, \cdots U^j_M\}$ 时,选择产品 M,当 $U^j_1 = U^j_2 = \cdots = U^j_M$ 时,以相同的概率随机选择产品。

7.1.2.3 企业 Agent/主体设计

（1）企业收益

企业为提高产品的绿色度,需要在生产过程的各个方面投入一定的成本。设 c_i 为企业 i 的基本单位生产成本,c'_i 为企业生产绿色产品的额外边际成本。根据现实情况,绿色度越高的产品,其生产过程可能更加复杂、要求的技术水平可能更高,其单位产品的生产成本也越高。参照文献(Liu 等,2012),产品的额外边际成本与绿色度水平成二次函数关系,设 $c'_i = \frac{1}{2} r_i g^2_i$,设 r_i 为生产绿色产品的成本系

数,$r_i > 0$。产品 i 的单位生产成本如式(7.9)所示:

$$c_i = \underline{c_i} + \frac{1}{2} r_i g_i^2 \tag{7.9}$$

假设企业采用成本加成的定价方法,即 $p_i = (1 + o_i)c_i$,其中 $o_i > 0$ 表示产品的利润率,本篇假设 o_i 均相同。由此可知,产品 i 的销售价格 p_i^j 如式(7.10)所示:

$$p_i^j = (1 + o_i)c_i = (1 + o_i)\left(\underline{c_i} + \frac{1}{2} r_i g_i^2\right) \tag{7.10}$$

设 pc_i^j 为消费者 j 是否购买企业 i 的产品。若购买,$pc_i^j = 1$,否则 $pc_i^j = 0$,则企业 i 的产品销量可表示为:

$$q_i = \sum_{j=1}^{N} pc_i^j \tag{7.11}$$

企业的利润是企业的销售收益减去企业的生产成本,因此企业利润如公式(7.12)所示:

$$\pi_i = (p_i^j - c_i^j)q_i = (p_i^j - c_i^j)\sum_{j=1}^{N} pc_i^j \tag{7.12}$$

(2) 企业产品绿色度水平决策

面对消费者不断增加的绿色需求与同类企业的竞争,制定合适的产品绿色度决策并根据市场竞争绩效不断调整已成为企业必不可少的竞争手段。市场中的每个企业都是具有一定智能性与自适应性的主体,在相互竞争的过程中也在相互模仿学习,尤其是学习市场标杆企业的产品绿色度决策,并根据各自的历史经验来确定各自合适的产品绿色度以获取最优利润。在这一过程中,整个行业的产品绿色度水平将由分散走向集中,与消费者的市场需求更为吻合,导致每个企业的最优决策与整个行业的最优决策都在逐步接近,这样的演变过程从形式上可以描述为一个鸟群的捕食过程,实质上是一个粒子群优化过程,因此本篇采用粒子群(PSO)算法来模拟制造商的产品绿色度决策调整行为。且为了更好地模拟企业的决策,本篇聚焦于木制家具行业制造商来建立模型展开研究。

木制家具行业基本上就是将木材、胶黏剂、金属、塑料、纺织品等众多原材料加工组装成木制家具的低技术制造业(González-García等,2011)。作为产品绿色度水平的重要评价指标,木制家具产品全生命周期的温室气体排放量已经得到了广泛的研究,González-García等(2012)梳理了几种儿童木制家具产品(简易婴儿车,书桌,床头柜)的温室气体排放量,发现原材料木材的生产竟然占比高达49%;Linkosalmi等(2016)研究表明,芬兰木制家具产品原材料及组成部件对家具产品总温室气体排放量的影响最大,占比高达38.4%—90%;而Iritani等(2015)表明,木制橱柜仅有7%的温室气体排放量来自于加工制造环节。由此可见,木制家具行业产品的绿色度水平往往是由上游的原材料及组成部分所决定的,而加工制造环节的影响则较低,因此,相较于其他行业,木制家具行业制造商能够通过改变原材料及组成部分的供应更为灵活地调整产品的绿色度水平,而这也得到了一些研究的证实。Iritani等(2015)揭示出,将衣柜所使用的原木50%替换为木材废料,可以将产品的温室气体排放与对环境的影响降低27%与20%;Medeiros等(2017)发现,巴西一家办公橱柜的生产厂家仅仅通过改变原材料的采购地与运输方式,就能使其家具产品全生命周期的温室气体排放量下降18%;Gutiérrez Aguilar(2017)发现,通过改变木质椅子的胶合板与靠背后腿的形状,能够将木质椅子的木材使用量下降29.95%,且木质椅子的污染物产生量由43.81%下滑至32.20%。

因此,本篇参考木制家具行业,假设企业不存在技术壁垒以及生产性能限制,制造商可以基于自身利润相应调整产品绿色度,无需支付产品生产转换所导致的额外成本,制造商会将市场中利润水平最优的制造商视为"标杆企业",并向该"标杆企业"模仿学习。基于自身利润最大化目标,制造商 i 将根据自身当期产品绿色度 $g_i^j(t)$、自身历史最优利润下的产品绿色度 $pbest_i^j$、当期市场中最优利润企业所对应的产品绿色度 $gbest_i^j$ 相应决策自身下一期的产品绿色度。具体步骤如下:

Step1:对企业参数进行初始化,设定企业数量 M,随机产生每个企业的初始产品绿色度水平 $g_i^j(t)$ 和速度 $v_i(t)$。

Step2:计算每个制造商在自身当期产品绿色度水平下的利润 $\pi_i(t)$ 以及相应的绿色度水平 $g_i^j(t)$。

Step3:若 $\pi_i(t)$ 大于企业历史最优利润 π_{ip},则更新 $\pi_{ip}=\pi_i(t)$,同时更新历史最优利润对应的产品绿色度为当期产品绿色度 $pbest_i^j=g_i^j(t)$。

Step4:假设制造商可以了解到当期市场上其他制造商的利润与产品绿色度。假设当期市场企业最优利润为 π_{best},则 $\pi_{best}=\max(\pi_i)$,同时将取得当前最优利润 π_{best} 的企业的产品绿色度更新为 $gbest_i^j$。

Step5:根据式(7.13)、(7.14)更新企业的速度及产品绿色度水平。

$$v_i(t+1)=c_0 v_i(t)+c_1 r_1(pbest_i^j-g_i^j(t))+c_2 r_2(gbest_i^j-g_i^j(t))$$

$$\tag{7.13}$$

$$g_i^j(t+1)=g_i^j(t)+v_i(t+1) \tag{7.14}$$

Step6:转至 Step2,直到所有企业均遍历完毕。

其中,c_0 为惯性权重,根据文献(Shi 和 Eberhart,1998),$c_0 \in [0.9,1.2]$ 时,收敛效果较好,因此我们取 $c_0=1$;c_1 为制造商的学习

因子,而 c_2 为制造商的群体认知系数,表达了个体之间的协作以及个体对群体共有信息的认可程度(Kennedy,1997),而 r_1 和 r_2 则为随机数,且均服从于 $[0,1]$ 的均匀分布,即 $r_1,r_2 \sim U[0,1]$。

7.1.2.4 主体交互流程设计

本篇所构建的计算实验模型包含多个生产周期(Tick),消费者与企业主体在每一个周期内都要制定各自的决策且两类主体的决策以产品这一纽带进行交互,而这一交互流程展示于图 7-2 中。

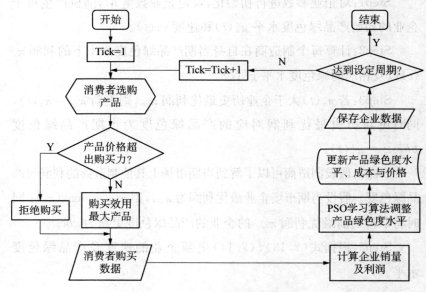

图 7-2 主体交互流程图

在实验初始阶段,制造商在市场中销售具有各自初始绿色度的产品,产品在绿色度以及价格方面存在差异;消费者在市场上寻找符合其购买能力的所有产品,并分别计算产品的购买效用,依据最大效用原则来进行购买决策;在消费者购买结束后,制造商将能相应得到各自的产品的销量、利润水平等竞争绩效指标,并通过对其他制造商利润的比较寻求到"标杆企业",基于 PSO 算法以及各因素综合决策调整下一期的产品绿色度及价格。

7.2　消费者购买力影响下企业产品绿色度决策问题分析

7.2.1　问题描述

众所周知,消费者的购买力作为消费者的重要特征,对于消费者的产品购买决策起着至关重要的作用,消费者在制定购买决策时,往往要参考其购买力水平,而现有的研究往往是采用实证方法来探究消费者购买力水平的影响,但现有的研究中,消费者购买力水平影响下企业产品绿色度决策行为的演化机制尚缺少深入的研究,因此本篇采用多主体建模的计算实验方法研究消费者不同购买力属性下企业的产品绿色度决策行为演化能够更深入地厘清消费者购买力属性的影响机理。

现实中,不同消费者的购买力水平是存在强弱差异的,有的消费者购买力水平较强,但亦有消费者的购买力水平较弱,那么不同的消费者购买力强弱情景会对企业的产品绿色度决策产生什么影响呢?同时,在不同消费市场中,消费者的购买力水平的集中程度也是存在差异的,有的消费市场中消费者的购买力差距较小而较为集中,有的消费者购买力差异较大而较为分散,那么不同的消费者购买力差异情景下企业的产品绿色度水平决策演化路径会同样具有差异性吗?此外,随着经济的增长,消费者的平均购买力水平往往随之不断升高,那么企业的产品绿色度水平决策会在消费者购买力增长情景下产生什么变化,不同的消费者购买力增长率会对企业的产品绿色度决策演化产生什么差异的影响？因此，本章分别研究消费者购买力强弱情景、购买力差异情景与购买力增长情景下，企业的产品绿色度决策的演化路径来为上述的这些问题提供答案。

7.2.2 实验情景设计

本章分别设置消费者购买力强弱、消费者购买力差异与消费者购买力增长三组实验，且每组实验均保持实验模型的基本参数不变。在消费者购买力强弱情景下，本篇依次取购买力 $Income_j \sim N(400, 75)$，$Income_j \sim N(500, 75)$，$Income_j \sim N(600, 75)$；而在购买力差异情景下，本篇依次取购买力 $Income_j \sim N(500, 100)$，$Income_j \sim N(500, 200)$，$Income_j \sim N(500, 300)$；在购买力增长情景下，本篇将购买力设置为 $Income_j \sim N(400, 75)$，并依次取购买力增长率 $gr = 0.0\%$，$gr = 0.2\%$，$gr = 0.4\%$。同时，为消除实验过程中的随机性，提升实验结果的统计稳定性与有效性，本篇针对每一组实验重复运行 10 次，对所得实验结果进行统计分析。模型参数的初始值设置如表 7 - 1 所示。

表 7 - 1　模型基本参数的初始设置

实验参数	取值范围	分布	数据来源/描述
N	10000	常量	参考淘宝与京东的信息
M	10	常量	参考淘宝与京东的信息
∂_j	U(1, 20)	均匀分布	Zhang 和 Zhang（2007）
β_j	U(0.4, 0.6)	均匀分布	Zhang 和 Zhang（2007）
a	−13.54	常量	Eppstein 等,（2011） Adepetu 等,（2016）
m	0.067	常量	Eppstein 等,（2011） Adepetu 等,（2016）

实验参数	取值范围	分布	数据来源/描述
P_r	0.2	常量	McCoy 和 Lyons（2014）
K	4	常量	McCoy 和 Lyons（2014）
θ_j	U(0.0，0.1)	均匀分布	Zhang 和 Zhang（2007）
c_i	5	常量	参考与制造商访谈的结果
r_i	0.02	常量	Liu 等，（2012）
o_i	0.1	常量	参考与制造商访谈的结果
c_0	1	常量	Shi 和 Eberhart（1998）
c_1	2	常量	Kennedy（1997）
c_2	2	常量	Kennedy（1997）
r_1	U(0.0，0.1)	均匀分布	Kennedy（1997）
r_2	U(0.0，0.1)	均匀分布	Kennedy（1997）

　　出于节约能源、保护环境的目的，许多国家根据产品的节能与碳排放水平，将产品分类进行管理，比如，是否通过绿色认证的木制家具产品，引言中所提的中国分体式空调均是很好的例证。因此为了更细致地分析企业的产品绿色度决策，本篇根据企业的初始绿色度将其分为高绿企业、中绿企业和低绿企业三个类型，其产品绿色度初始水平在 50 以上的被称为高绿企业（MHIGD），符号记为 M_h，产品绿色度初始水平在[30，50)之间的被称为中绿企业（MMIGD），符号记为 M_m，产品绿色度初始水平在[15，30)之间的被称为低绿企业（MLIGD），符号记为 M_l。通过基于产品绿色度水平将企业划分为不同类型，将有利于分析企业在市场中的竞争决策以及消费者需求的宏观演化趋势。

7.2.3　消费者购买力强弱情景下绿色度决策演化分析

7.2.3.1　产品绿色度水平决策的演化

图 7-3 给出了三种类型企业在市场竞争中各自的产品绿色度水平的决策及其演化趋势,图中指标"MHIGD 的产品平均绿色度水平"表示为 $\sum_{M_h} g_i / n_1$,描述了高绿企业的产品绿色度平均水平,n_1 表示高绿企业(MHIGD)的个数;"MMIGD 的产品平均绿色度水平"表示为 $\sum_{M_m} g_i / n_2$,描述了中绿企业的产品绿色度平均水平,n_2 表示中绿企业(MMIGD)的个数;"MLIGD 的平均产品绿色度水平"表示为 $\sum_{M_l} g_i / n_3$,描述了低绿企业(MLIGD)的产品绿色度平均水平,n_3 表示低绿企业(MLIGD)的个数。

图 7-3(a)、7-3(b)、7-3(c)分别表示消费者购买力均值为 400、500、600 情况下,三类企业的产品绿色度水平的演化趋势。

由图 7-3 可知,在市场竞争下,MHIGD 决策出的产品绿色度逐渐降低至某一稳定水平,而 MLIGD 的产品绿色度逐渐升高至某一稳定水平;在市场竞争过程中,企业之间的产品的绿色度差异在逐渐缩小,且逐渐在市场竞争中稳定于某一水平。但 MHIGD 的产品绿色度始终高于 MMIGD 的产品绿色度,而 MLIGD 的产品绿色度始终低于另外两类企业的产品绿色度。对比分析消费者不同购买力均值情景下同一类型企业的产品绿色度,可知市场中同一类型企业的产品绿色度会随着消费者购买力均值的增高而增高,例如消费者购买力均值为 600 时的三种类型企业的产品绿色度均高于消费者购买力均值为 500 时各自产品的绿色度。

企业在竞争过程中存在相互的模仿和学习,会使得企业的产品绿色度水平决策在保持差异性的同时,整体上出现"趋同"效应。在此

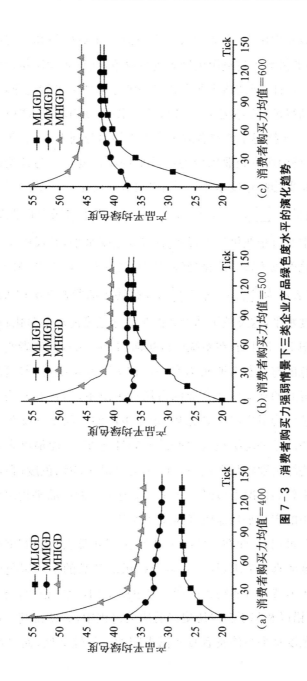

图 7-3　消费者购买力强弱情景下三类企业产品绿色度水平的演化趋势

(a) 消费者购买力均值=400　　(b) 消费者购买力均值=500　　(c) 消费者购买力均值=600

"趋同"效应作用下,企业向市场中"标杆"企业模仿和学习的动力降低,而更加依赖于自身历史经验进行决策,使得企业决策产生一定的"稳定性"特征,保持该企业在各自的细分市场中进行竞争,并使得市场中产品绿色度逐步稳定于各自某一水平,使市场进入"稳态"。

图 7-4 描述了消费者购买力水平均值分别为 400、500、600 情况下,市场中所有企业供应的产品平均绿色度水平与消费者真实购买的产品平均绿色度水平。其中"制造商所生产产品的平均绿色度水平"表示为 $\sum_n g_i/n$, $n = n_1 + n_2 + n_3$ 表示市场中企业总数,描述了市场中所有企业供应产品的平均绿色度水平,其反映了市场中企业的绿色度决策整体演化趋势;其中"消费者所购买产品的平均绿色度水平"表示为 $\sum_n g_i \cdot q_i / \sum_n q_i$,描述了消费者真实购买产品的平均绿色度水平,这反映了消费者的整体绿色度需求的演化趋势。

由图 7-4 可知,在系统运行初期(Tick=0),消费者购买的产品平均绿色度与消费者购买力水平正相关。在系统运行过程中,伴随着消费者间的互动以及企业的市场竞争决策,消费者所购买的产品平均绿色度均呈现出上升趋势,企业生产的产品平均绿色度与消费者购买的产品平均绿色度之间的差异性将变小;而最终企业生产的产品平均绿色度将高于消费者购买的产品平均绿色度;在消费者购买力水平较高情况下(均值=600),企业生产的产品平均绿色度与消费者购买的产品平均绿色度匹配度较好。

由此可知,企业在竞争决策过程中,其可能会"高估"消费者对产品绿色度的真实需求,导致企业所提供的产品的平均绿色度水平一般会高于消费者真实购买的产品绿色度平均水平;企业在相互学习、模仿、试错以及基于自身历史经验决策过程中,会使得其生产的产品平均绿色度水平与消费者真实需求间的差异性降低;而当消费者收

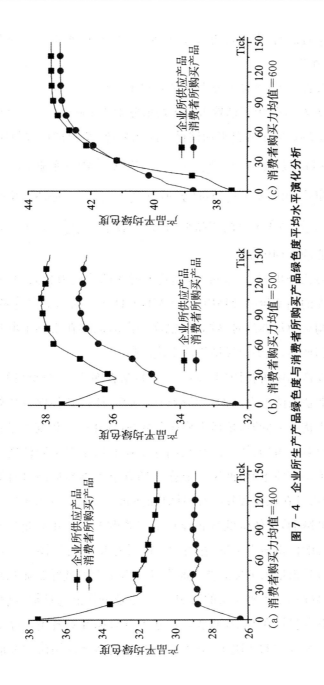

图 7-4　企业所生产产品绿色度与消费者所购买产品绿色度平均水平演化分析

入水平较高时,企业将更容易实现产品绿色度水平的供应与需求间的"匹配"。

7.2.3.2 产品销量与市场集中度演化

图 7-5 给出了消费者收入均值分别为 400、500、600 时三类企业在市场竞争中各自平均销量的演化趋势,图中指标"MMIGD 的产品平均销量"表示为 $\sum_{M_h} q_i / n_1$,描述了高绿企业的平均销量;"MMIGD 的产品平均销量"表示为 $\sum_{M_m} q_i / n_2$,描述了中绿企业的平均销量;"MLIGD 的产品平均销量"表示为 $\sum_{M_l} q_i / n_3$,描述了低绿企业的平均销量。

对比分析图 7-5 可知,消费者群体的购买力越高,其对产品的绿色度的期望越高,MMIGD 与 MHIGD 的产品销量也越多;且当消费者购买力足够高时,较高绿色度的产品能够在市场中取代较低绿色度的产品,成为市场销售的主流产品。

在产品销售初期(Tick:0—30),结合图 7-3 分析可知,由于高绿企业快速降低自己的产品绿色度水平,使得其在保持较好的绿色度水平优势的同时,价格劣势逐渐减弱,这在一定程度上增强了高绿企业自身的市场竞争力,导致高绿企业的销量在不同消费者购买力水平下均有所上升;低绿企业在市场竞争中不断提高自身绿色度水平,使得其在保持较好的价格优势的同时,其绿色度水平较低的劣势也逐渐减弱,这使得低绿企业在消费者购买力水平较低时(图 7-5(a))仍能保持最高销量,在消费者购买力水平较高(图 7-5(b)、7-5(c))时其销量水平也能够不断提升。由于受到低绿企业和高绿企业的产品绿色度水平决策的影响,中绿企业的产品与低绿、高绿企业产品间的差异性在变小,消费者将基于自身偏好对各类产品重新评估并产生相应的购买决策,导致中绿产品的部分市场份额被低绿和高

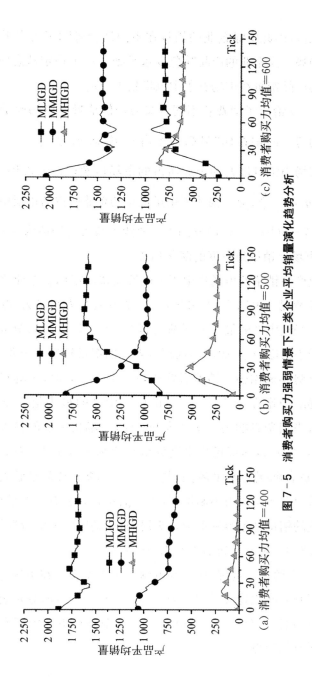

图 7 - 5　消费者购买力强弱情景下三类企业平均销量演化趋势分析

绿产品抢占,因此中绿企业的销量在不同消费者购买力水平下均呈现下降趋势。当企业的产品绿色度水平处于一个稳定状态时(30 周期后),其产品销量在市场竞争中也将趋于稳定。

图 7－6 给出了消费者不同购买力均值情景下市场销量集中度的演化趋势。图中指标"最高市场占有率"表示为 $\{q_i\}_{max} / \sum_n q_i$,描述了市场中销量最大的企业所占的市场份额;"最低市场占有率"表示为 $\{q_i\}_{min} / \sum_n q_i$,描述了销量最小的企业所占的市场份额。图 7－6(a)、7－6(b)、7－6(c)分别表示消费者购买力均值为 400、500、600 时,市场上销量集中度的演化趋势。

企业产品销量的市场集中程度能够反映出市场上企业之间的竞争力差异情况。由图 7－6 可知,当消费者购买力水平为 400 时,产品销量市场集中度的最大值逐渐增高至 40％以上,产品销量市场集中度的最小值则较小,表明市场逐步被个别销量较好的企业所占领,其竞争优势不断增强。消费者购买力水平为 500 时,市场集中度的最大值逐渐稳定在 25％左右,而市场集中度的最小值逐步下降至 2％左右;当消费者购买力水平为 600 时,市场集中度的最大值逐步稳定在 18％左右,而市场集中度的最小值则上升至 4％左右。由此可见,消费者购买力水平越高,越不利于市场中的企业形成垄断优势。随着消费者购买力不断增强,虽然消费者间具有从众效应,但市场中企业的销量越不容易形成寡头局面,而是形成了均衡竞争局面。

7.2.3.3 企业利润水平演化趋势分析

图 7－7 给出了高绿、中绿与低绿三种类型企业在市场竞争中各自平均利润的演化趋势,图 7－7(a)、7－7(b)、7－7(c)分别表示消费者购买力均值为 400、500、600 时,三类企业和市场中所有企业的平均利润演化趋势。

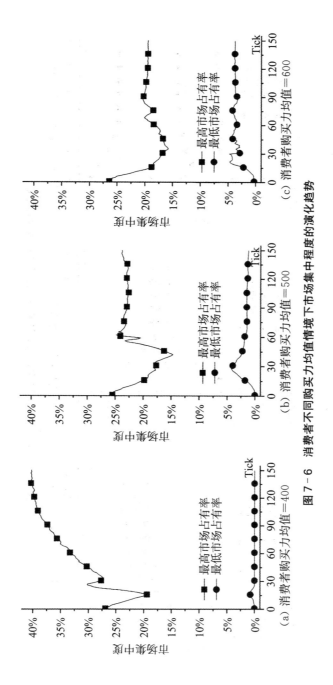

图 7 - 6　消费者不同购买力均值情境下市场集中程度的演化趋势

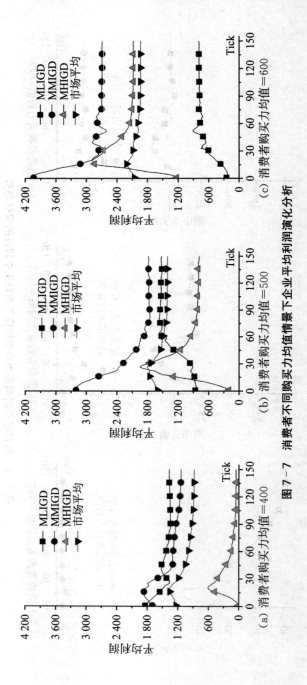

图7-7 消费者不同购买力均值情景下企业平均利润演化分析

　　企业的利润水平将受到其产品销量和绿色度水平的双重影响。我们将结合图 7－3、图 7－5 和图 7－7 共同分析企业平均利润的演化。对应于消费者不同的购买力水平，三类企业的平均利润水平与图 7－5 中不同类型产品销量的演化趋势相类似，但三类企业间利润水平的差异与企业间产品销售量的差异并不相同。由图 7－7(b)可知，与三类产品销量的演化趋势相类似，高绿企业的平均利润呈现出先上升后又下降的趋势，中绿企业的平均利润呈现出先下降而后平稳的趋势，而低绿企业的平均利润则呈现出先上升而后较为平稳的趋势。随着市场的演化，中绿企业的平均利润水平略高于低绿企业平均利润水平，且两者均高于市场企业利润平均水平。可知虽然中绿产品的销售量低于低绿产品，但中绿产品凭借其产品价格仍能为企业实现较高的利润水平。由图 7－7(c)可知，即使低绿企业的产品销量超过了高绿企业的产品销量，但其利润水平却远远低于高绿企业和中绿企业；而中绿企业的销量水平远远高于高绿企业的产品销量，但高绿企业的利润水平却能够在市场竞争的某些时段超越中绿企业。综合对比图 7－7(a)、7－7(b)和 7－7(c)，随着消费者收入购买力增强，中绿和高绿企业的平均利润水平均呈现出上升的趋势，而低绿企业的平均利润水平在消费者收入水平为 600 时最低。

　　由此可知，在消费者购买力水平较低时，企业的利润主要是由传统的产品销量中获取；随着消费者购买力水平的增加，企业的利润将逐渐转向于由产品的绿色度中获取。产品的绿色度越高，其为企业所带来的单位产品利润率越高，从而为企业实现了较大的利润空间。综上所述，消费者的购买力强弱已经成为影响不同绿色度类型企业利润差异的最为重要的因素之一，企业应充分了解市场中消费者的购买力水平及绿色偏好程度，进而进行产品绿色度的合理化决策。

7.2.4　消费者购买力差异情景下绿色度决策演化分析

7.2.4.1　产品绿色度水平决策的演化

图 7 - 8 给出了三种类型企业在消费者购买力差异情景下,其产品绿色度水平的演化趋势。图 7 - 8(a)、7 - 8(b)、7 - 8(c)分别表示消费者购买力方差为 100、200、300 情况下,三类企业的产品绿色度水平的演化趋势。

对比分析图 7 - 8(a)、7 - 8(b),当消费者购买力方差较小(100)与中等(200)下,高绿企业决策出的产品绿色度不断减小并最终稳定于某一稳定水平,而低绿企业的产品绿色度不断增大至某一稳定水平,中绿企业的产品绿色度则基本保持稳定稍有升高至某一稳定水平;但在消费者购买力方差较大(300)时,与其他两种情景不同,三类企业的产品绿色度均呈现出了上升的趋势。对比不同的购买力方差情景,三类企业的产品绿色度的差异在逐渐缩小,而同一类企业的产品绿色度均随着消费者购买力的方差的增大而增大。

与消费者购买力强弱情景相同,企业之间的相互模仿与学习,导致企业之间的产品绿色度决策逐渐趋同并达到各自的稳态。而在不同的消费者购买力方差下,随着购买力方差的增大,出现了更多数量的高购买力消费者与低购买力消费者,购买力更高的消费者对产品的绿色度期望水平越高,有意愿并且有能力购买绿色度与价格均更高的产品,而企业为了追求最大利润,相较于迎合购买力较低的消费者,更倾向于提高产品的绿色度以迎合购买力较高的消费者群体的需求,导致三类企业的产品平均绿色度均随着方差的增大而增大,且在购买力方差为 300 时,MHIGD 的产品绿色度也略有上升。

图 7 - 9 描述了消费者购买力方差分别为 100、200、300 情况下,市场中所有企业供应的产品平均绿色度与消费者真实购买的产

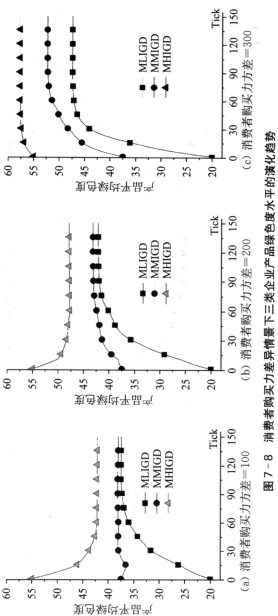

图 7 - 8　消费者购买力差异情景下三类企业产品绿色度水平的演化趋势

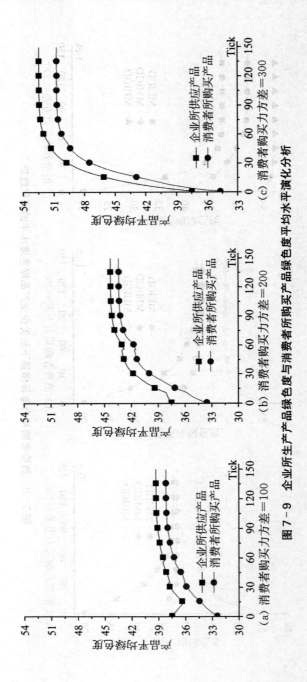

图 7－9　企业所生产产品绿色度与消费者所购买产品绿色度平均水平演化分析

品平均绿色度。由图 7-9 可知,在产品销售初期(Tick＝0),消费者所购买产品的平均绿色度随着其购买力方差的增大而增大,且随着系统的运行,受消费者互动以及企业产品绿色度决策的不断调整,消费者所购买产品的平均绿色度均呈现出上升趋势,而企业所生产产品的平均绿色度也呈现出增高的趋势,企业生产的产品平均绿色度均高于消费者购买的产品平均绿色度,且与图 7-8 趋势相同,两类产品平均绿色度指标都随着方差的增大而增大。在消费者购买力水平差异较小与中等情景(方差分别为 100 与 200)下,企业所生产产品与消费者所购买产品的平均绿色度的差异均逐渐缩小,而当消费者购买力差异较大(方差＝300)时,企业所生产产品与消费者所购买平均绿色度指标差异虽稍有减少,但差异仍然较大,匹配度较差。

由此可知,与消费者购买力强弱情景下相同,购买力差异情景下企业仍然会高估消费者对产品绿色度的真实需求,而受到消费者购买决策的驱动,企业在竞争中相互模仿与学习会使得企业所供应产品的平均绿色度逐渐趋同于消费者的真实购买需求;但在消费者购买力差异较大时,虽然企业仍在竞争中相互模仿学习,但受利润驱动,企业觉察出的市场需求往往会在一定程度上扭曲为购买力较强的消费者群体的需求,导致企业所供应产品的平均绿色度与消费者真实需求的匹配性较差。

7.2.4.2　产品销量与市场集中度演化

图 7-10 给出了消费者购买力方差分别为 100、200、300 时三类企业在市场竞争中各自平均销量的演化趋势。

由图 7-10 可知,中绿企业的产品平均销量呈现先快速下降后保持稳定的趋势,且其销量的初始值(Tick:0—30)与最终值均随着方差的增大而减小;低绿企业产品平均销量则先快速升高后趋于稳定,其销量的初始值在方差为 200 与 300 时基本相同且均高于方差

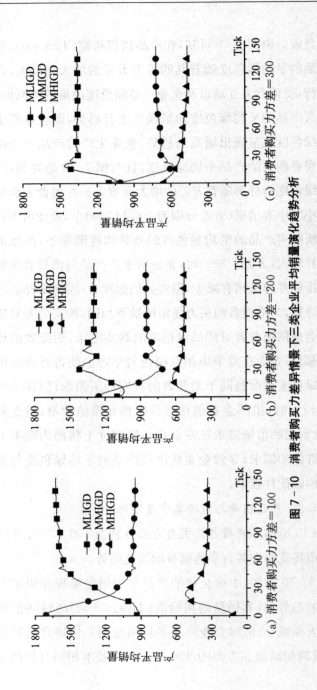

图 7 - 10　消费者购买力差异情景下三类企业平均销量演化趋势分析

为 100 的情景,低绿企业最终的产品平均销量则是在方差为 100 最高,方差为 300 时次之,方差为 200 时最低;高绿企业的产品平均销量的初始值随着方差的增大而增大,在方差为 100 时,高绿企业产品的平均销量呈现出先快速升高再有所下降后保持稳定的趋势,而在方差为 200 时其演变趋势也基本相同但幅度较小,而在方差为 300 时,其销量则呈现出小幅降低的趋势。最终,高绿企业的产品平均销量在方差为 200 时最高,方差为 100 时最低。

对比图 7-10(a)、7-10(b)与 7-10(c)可知,在三类情景下,低绿企业产品最终的平均销量均为最高,而中绿企业位置次之,高绿企业则最低。中绿企业产品的平均销量与高绿企业产品平均销量的差距随着方差的增大而减小,而中绿企业产品与低绿企业产品销量的差距则随着方差的增大先减小后又增大,且在方差为 300 时,低绿企业产品的初始平均销量已超过中绿企业;低绿企业产品与高绿企业产品销量的差距则是随着方差的增大先大幅减小后有所增大。

由此可知,消费者购买力差异的大小会对绿色产品的市场销量状况产生显著影响。结合图 7-8 进行分析,低绿企业产品的绿色度在竞争初期快速上升,且保持了价格较低的优势,而高绿企业产品绿色度一直都处于市场最高水平,价格亦处于劣势,因此三种情景下低绿企业产品的平均销量均处于最高水平,而高绿企业产品则为最低。对于不同的消费者购买力差异情景,当购买力方差由较小(100)增至中等(200)时,随着消费者购买力的分散,有更多数量的低购买力与高购买力消费者出现,因此高绿与低绿产品的平均销量都有所增加且挤占了中绿产品的市场份额,中绿产品的平均销量则随之降低。而当方差增至较大(300)时,消费者购买力更为分散,中绿企业产品销量也更低,且由于其初始产品绿色度就较高,因此其销量自系统运行就一直低于低绿企业;而高绿企业则由于产品绿色度过高,导致其销量较方差为 200 时有所下滑,而低绿产品销量则反而有所增加。

图 7 - 11(a)、7 - 11(b)与 7 - 11(c)分别表示消费者购买力方差为 100、200 与 300 时市场集中程度的演化趋势。

由图 7 - 11 可知,当消费者购买力方差为 100 时,产品销量市场集中度的最大值逐渐增高至 20%左右,产品销量市场集中度的最小值则仅有 3%左右;而当消费者购买力方差为 200 时,市场集中度的最大值逐渐增高至 16%左右,而最小值则达到了 5%左右;当消费者购买力方差为 300 时,市场集中度的最大值稳定在 23%左右,而最小值则稳定于 3%左右。

由此可知,当消费者购买力差异由较小水平增至中等水平时,消费者的购买选择更为多元,使得制造商之间的销量差异有所减小,市场集中程度也随之降低;但当消费者购买力差异继续增至较大水平时,虽然消费者的购买决策更为多元,但结合图 7 - 9 分析,可知众多企业受利润驱使,往往更积极地提高产品的绿色度来吸引高购买力的消费者,使得许多消费者只能选择绿色度相对较低的低价产品,反而导致市场集中程度有所升高。

7.2.4.3　企业利润水平演化趋势分析

图 7 - 12 展示了消费者不同购买力方差情景下三类企业的平均利润水平以及市场整体平均利润水平的演化趋势。

与消费者购买力强弱情景相同,消费者购买力差异情景下企业平均利润的演化趋势与产品销量的演化趋势也较为相似,但企业的利润与销量水平并不一致。

如图 7 - 12(a),低绿企业的平均利润呈现先迅速升高后趋于稳定的趋势,而中绿企业的平均利润则在先快速降低后趋于稳定,高绿企业的平均利润则呈现出先上升后又下降最终平稳的趋势,中绿企业的平均利润高于市场平均利润,而低绿企业的平均利润则与市场

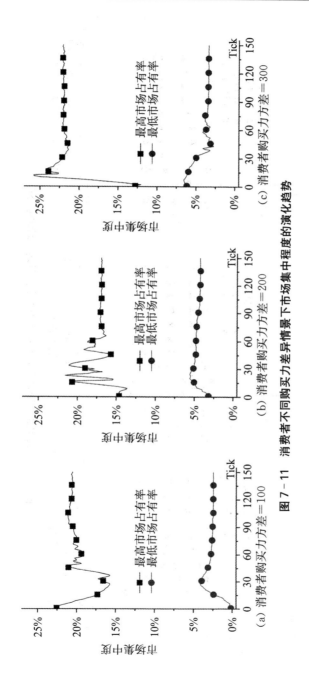

图 7 - 11　消费者不同购买差异情景下市场集中程度的演化趋势

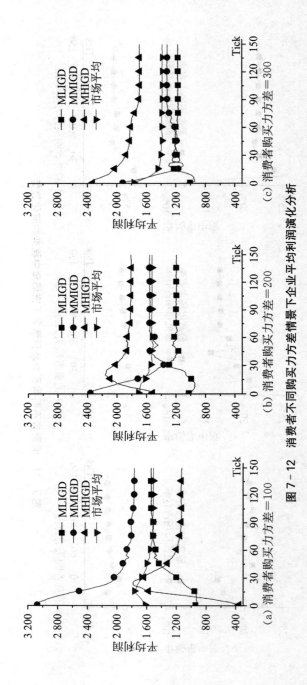

图 7 - 12　消费者不同购买力方差情景下企业平均利润演化分析

平均利润水平基本接近,高绿企业的平均利润则远低于市场平均水平。而在图 7 - 12(b) 中,三类企业的平均利润的演化趋势与 7 - 12 (a) 基本相同,但中绿企业的平均利润已经降低至与市场平均利润基本齐平,而低绿企业的平均利润则处于市场最低水平,相反,高绿企业的平均利润此情景下已经达到市场最高水平。结合图 7 - 9 与图 7 - 11 进行分析,随着消费者购买力方差由 100 增大到 200,中绿企业的产品绿色度虽然有所增加,但其产品的平均销量大幅降低,结果导致其利润水平亦大幅降低;而高绿企业产品绿色度升高且销量也有所增加,最终带动高绿企业利润能够远超市场平均;而在图 7 - 12(c) 中,高绿企业的利润仍为市场最高且远超市场平均水平,而中绿企业的利润则稍低于市场平均水平,有的时间内甚至被低绿企业所超过;低绿企业利润则同样处于市场最低水平。在方差为 300 时,虽然低绿企业产品绿色度水平与销量均较方差为 200 时有所升高,而中绿企业销量则继续下滑,但相对较高的产品价格使得中绿企业的销量仍能持续超过低绿企业。综合对比图 7 - 12(c)、7 - 12(b) 与 7 - 12 (c),可以看出,随着消费者购买力差异性的增强,中绿企业的利润随之大幅降低,低绿企业的利润也随之有所降低,而高绿企业的利润则随之增加。

由此可知,当消费者购买力差异较小时,与消费者平均产品绿色度期望及需求最为匹配的中等绿色度产品企业往往能获得最高的利润;但随着消费者购买力差异增大时,虽然消费者对产品绿色度的平均期望水平没变,但由于消费者购买力及绿色需求的分散,原先与消费者需求最为匹配的企业的销量出现了流失,导致其利润下降;而高绿色度产品企业由于较高的产品绿色度,相较其他企业更能得到购买力较高的消费者群体的青睐与认可,反而能够随着消费者购买力差异的增大而获取更高的利润,引领整个行业。

7.2.5 消费者购买力增长情景下绿色度决策演化分析

7.2.5.1 产品绿色度水平决策的演化

图 7-13 给出了三种类型企业在消费者购买力不同增长率情景下,其产品绿色度的演化趋势。图 7-13(a)、7-13(b)、7-13(c)分别表示消费者购买力增长率为 0、0.2%、0.4%情况下,三类企业的产品绿色度水平的演化趋势。

由图 7-13 可知,在消费者购买力增长率为 0 时,中绿和高绿企业决策出的产品绿色度逐渐降低至某一稳定水平,而低绿企业的产品绿色度则上升至某一稳定水平。而消费者购买力增长率为 0.2%、0.4%时,中绿和高绿企业决策出的产品绿色度先是逐渐降低而后略有上升,而低绿企业的产品绿色度则呈现出先快速上升而后缓慢上升的趋势。在市场竞争过程中,企业之间的产品的绿色度差异在逐渐缩小。对比分析消费者不同购买力增长率情景下同一类型企业的产品绿色度,可知市场中同一类型企业的产品绿色度会随着消费者购买力增长率的增高而增高,例如消费者购买力增长率为 0.4%时的三种类型企业的产品绿色度高于消费者购买力增长率为 0.2%时的各自类型企业的产品绿色度,且均高于消费者购买力增长率为 0 时的情况。

由此可见,消费者购买力增长率是影响制造商绿色决策的关键因素之一。当消费者购买力增长率较高时,市场环境将呈现出对产品绿色度更为关注的特征。在企业竞争过程中,其存在相互的模仿和学习,会使得企业的产品绿色度决策在保持差异性的同时,整体上出现"趋同"效应,即不同类型企业决策的产品绿色度的差异性将逐渐变小。

图 7-14 描述了消费者不同购买力增长率情景下,市场中所有

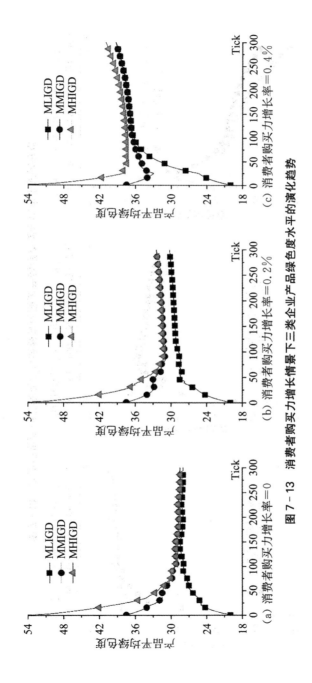

图 7 - 13　消费者购买力增长情景下三类企业产品绿色度水平的演化趋势

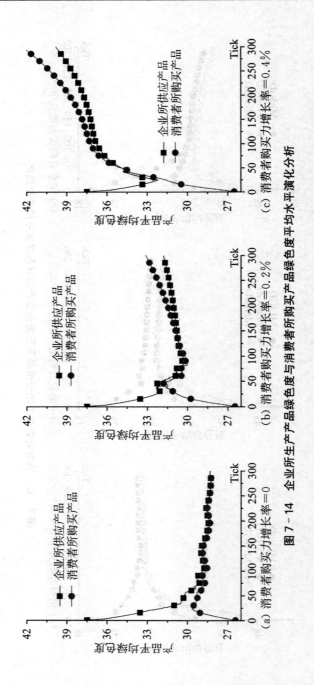

图 7 - 14　企业所生产产品绿色度与消费者所购买产品色度平均水平演化分析

企业供应的产品平均绿色度与客户真实购买的产品平均绿色度的演化趋势。由图 7 - 14 可知,在系统运行初期(Tick＝0),企业所提供的产品平均绿色度高于市场中客户真实需求的产品平均绿色度。在消费者购买力增长率为 0 时,企业所提供的产品平均绿色度和市场中客户真实需求的产品平均绿色度均呈现出一定的下降趋势,且两者的演化趋势较为一致;而在消费者购买力增长率为 0.2% 或 0.4% 时,在初期企业所提供的产品平均绿色度呈现出下降趋势,而客户真实需求的产品平均绿色度呈现出上升趋势,两者之间的差异性在变小。而随着消费者购买力增长率水平地不断提高,两者均呈现出上升趋势,且客户真实需求的产品平均绿色度高于企业所提供的产品平均绿色度。

由此可知,静态市场环境下,企业在竞争决策过程中,通过竞争与学习能够较为准确地"捕捉"到市场中消费者对产品绿色度的真实需求,使得其供应的产品平均绿色度与消费者真实需求间的差异性不断降低。而在消费者购买力增长率不断提高的动态市场环境下,消费者对产品绿色度的需求也会随之提高,进而引领企业不断生产更高绿色度的产品,但企业可能会"低估"消费者对产品绿色度的真实需求,导致企业生产的产品平均绿色度低于消费者真实需求的产品平均绿色度。

7.2.5.2　产品销量与市场集中度演化

图 7 - 15 给出了消费者不同购买力增长率情景下,三类企业在市场竞争中各自平均销量的演化趋势。对比分析图 7 - 15 可知,当消费者购买力增长率为 0 时,低绿产品的市场销量呈现出先下降而后平稳的趋势,中绿和高绿产品销量呈现出交替波动的趋势,且销量均低于低绿产品。而在消费者购买力增长率为 0.2% 时,如图 7 - 15 (b)所示,随着消费者购买力水平的增加,中绿产品慢慢抢占了市场

份额,低绿和高绿产品的市场竞争力逐渐减弱。在消费者购买力增长率为 0.4％时,如图 7－15(c)所示,高绿产品的市场销售量随着消费者购买力水平的增加而快速上升,低绿和中绿产品的市场竞争力逐渐减弱,销量呈现出下降趋势。由此可知,消费者购买力的动态变化会对不同绿色度产品的市场竞争力产生差异性影响。消费者购买力水平越高,高绿产品的市场竞争力将越强。

图 7－16 给出了消费者不同购买力增长率情景下市场销量集中度的演化趋势。图 7－16(a)、7－16(b)、7－16(c)分别表示消费者购买力增长率为 0、0.2％、0.4％时,市场上销量集中度的演化趋势。

企业产品销量的市场集中程度能够反映出市场上企业之间的竞争力差异情况。由图 7－16 可知,当消费者购买力增长率为 0 时,产品销量市场集中度的最大值逐渐增高至 30％以上,产品销量市场集中度的最小值则较小。当消费者购买力增长率为 0.2％时,市场集中度的最大值将达到在 90％左右,而市场集中度的最小值逐步下降至 0;当客户消费者购买力增长率为 0.4％时,市场集中度的最大值最终稳定在 1 左右,而市场集中度的最小值下降至 0。由此可见,消费者购买力增长速度越快,市场将逐步被个别销量较好的企业所占领,其竞争优势不断增强,越有利于市场中的企业形成垄断优势。

7.2.5.3 企业利润水平演化趋势分析

图 7－17 给出了三种类型企业在市场竞争中各自平均利润的演化趋势,图 7－17(a)、7－17(b)、7－17(c)分别表示消费者购买力增长率为 0、0.2％、0.4％时,三类企业的平均利润演化趋势。企业的利润水平将受到其产品销量和绿色度水平的双重影响。我们将结合图 7－13、图 7－15 和图 7－17 共同分析企业平均利润的演化。对应消费者不同的购买力增长率,三类企业的平均利润水平与图 7－15 中不同类型产品销量的演化趋势较为一致。综合对比图 7－17(a)、

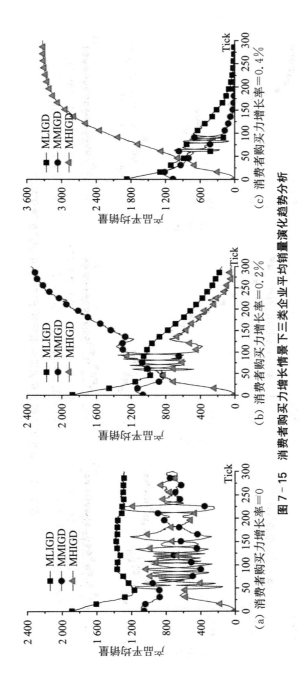

图 7 – 15　消费者购买力情景下三类企业平均销量演化趋势分析

(a) 消费者购买力增长率＝0

(b) 消费者购买力增长率＝0.2%

(c) 消费者购买力增长率＝0.4%

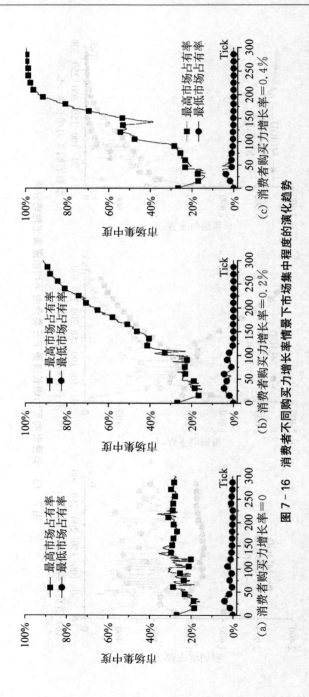

图 7 - 16　消费者不同购买力增长率情景下市场集中程度的演化趋势

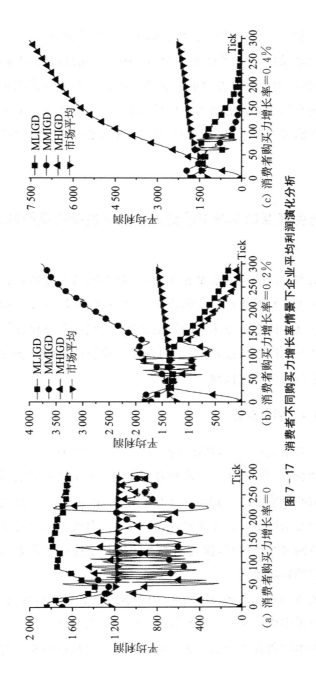

图 7 - 17　消费者不同购买力增长率情景下企业平均利润演化分析

7 - 17(b)和 7 - 17(c),随着消费者购买力增长率的提高,产品的绿色度越高,相应的生产企业的平均利润将越高。由此可知,与前面两节的分析相似,消费者购买力水平的动态增长已经成为影响不同绿色度类型企业利润差异的最为重要的因素之一,企业应充分了解市场中消费者购买力水平及动态增长速度,进而进行产品绿色度的合理化决策。

7.3 消费者互动影响下的企业产品绿色度决策问题分析

与消费者的购买力水平相类似,消费者网络互动特征也对消费者的购买决策有着非常重要的影响,而现在鲜有研究深入探讨消费者网络互动特征对企业生产决策的影响,因此本章对比分析了不同的消费者互动网络特征,考察了消费者互动特征影响下企业产品绿色度决策行为的演化机理。

7.3.1 问题描述

消费者不是孤立的,其往往嵌入一定的互动网络,并受所处的网络结构的影响(Park,2018),消费者互动网络对消费者购买行为及新产品扩散的影响已经得到了一些研究的关注,但鲜有文献进一步探讨消费者互动网络对企业生产决策的影响,因此本章通过设置不同的消费者网络互动情景,探讨消费者网络互动特征对企业的产品绿色度决策的影响机制。

根据 Newman(2000)的研究,消费者网络具有小世界网络特征,因此本章采用小世界网络中的邻居节点数量与节点重连概率这两个指标来表示消费者的网络互动特征。邻居节点数量刻画了与消费者直接互动的其他消费者的数量,表征了消费者互动范围的广度;而重连概率刻画了与消费者直接互动的其他消费者更换的频率,表征了消费者邻居成员的稳定程度。现实中,一些消费者的互动范围更广,其在制定购买决策时往往会咨询更多的邻居消费者,而一些消费者邻居成员的稳定性较差,其在购买产品前往往会频繁地更换咨询对象,因此企业在面对不同的消费者市场时,往往存在这样的一些疑问:消费者邻居节点数量的差异会对不同绿色度产品的销量、利润产生什么样的差异? 消费者重连概率的增大是否会带动消费者积极购买绿色度较高的产品,且是否会影响绿色产品的市场占有率?

此外,在互动网络的影响下,消费者往往也会产生一定的从众心理,也对消费者的购买决策产生了一定的影响,从众心理较强的消费者往往更愿意跟风抢购产品,企业在面对不同从众心理强度的消费者时,其产品绿色度决策的演化路径与竞争绩效会发生何种改变?

因此,为了解答这些问题并揭示出消费者网络特征对于企业产品绿色度决策行为演化的影响机制,本章相应的设置了不同消费者网络互动特征下的实验情景。

7.3.2　实验情景设计

本章分别设置消费者平均邻居节点数量、消费者重连概率与消费者从众心理三组实验,且每组实验均保持实验模型的基本参数不变。在消费者邻居节点数量实验中,本篇依次取平均邻居节点数量 $K=5$,$K=15$ 与 $K=25$;而在消费者重连概率实验中,本章依次取重连概率 $P_r=0.25$,$P_r=0.50$ 与 $P_r=0.75$;在消费者从众心理影响的情景下,本章将从众心理 θ_j 依次设置为 $\theta_j \sim U(0.0,0.1)$,$\theta_j \sim U(0.2,0.3)$ 与 $\theta_j \sim U(0.4,0.5)$。同时,为消除实验过程中的随机性,提升实验结果的统计稳定性与有效性,本章针对每一组实验重复运行 10 次,对所得实验结果进行统计分析。模型参数的初始值设置如表 7-2 所示。

表 7-2   模型基本参数的初始设置

实验参数	取值范围	分布	数据来源/描述
N	10000	常量	参考淘宝与京东的信息
M	10	常量	参考淘宝与京东的信息
∂_j	U(1, 20)	均匀分布	Zhang 和 Zhang(2007)
β_j	U(0.4, 0.6)	均匀分布	Zhang 和 Zhang(2007)
a	−13.54	常量	Eppstein 等,(2011) Adepetu 等,(2016)
m	0.067	常量	Eppstein 等,(2011) Adepetu 等,(2016)
$income_j$	N(500, 75)	正态分布	基于统计数据
c_i	5	常量	参考与制造商访谈的结果
r_i	0.02	常量	Liu 等,(2012)
o_i	0.1	常量	参考与制造商访谈的结果
c_0	1	常量	Shi 和 Eberhart(1998)
c_1	2	常量	Kennedy(1997)
c_2	2	常量	Kennedy(1997)
r_1	U(0.0, 0.1)	均匀分布	Kennedy(1997)
r_2	U(0.0, 0.1)	均匀分布	Kennedy(1997)

本章基于企业的产品初始绿色度同样将企业分为了高绿、中绿与低绿三类,高绿企业(MHIGD)的产品初始绿色度依然高于 50,中绿企业(MMIGD)的产品绿色度初始水平仍处在[30,50]之间,而低绿企业(MLIGD)产品绿色度的初始水平在[15,30)之间。

7.3.3　邻居节点数量影响下的绿色度决策演化

7.3.3.1　企业产品绿色度水平决策的演化

图 7 - 18(a)—(c)分别展示了平均邻居节点数量为 5、15 与 25 时低绿、中绿与高绿三类企业产品的平均绿色度,而图 7 - 18(d)—(f)则分别展示了低绿、中绿与高绿三类企业在邻居节点数量为 5、15 与 25 时各自的产品平均绿色度。

由图 7 - 18(a)—(c)可知,在不同邻居节点数量下,三类企业各自的产品平均绿色度演化趋势基本相同,高绿企业产品的平均绿色度呈现出先快速下降后趋于稳定的趋势,低绿企业产品的平均绿色度呈现先快速升高后逐渐稳定的趋势,而中绿企业产品的平均绿色度则略有变化而基本保持稳定。同时,高绿企业产品的平均绿色度均为最高,中绿企业产品次之,低绿企业产品最低,且三类企业产品平均绿色度间的差异逐渐缩小,这些趋势均与前面一章中购买力强弱情景是一致的。

而分析图 7 - 18(d)—(e),图 7 - 18(d)中,低绿企业产品的平均绿色度在竞争前期基本相同,而在竞争中后期,其平均绿色度在邻居节点为 15 与 25 时基本相同且稍高于邻居节点数量为 5 的情景。图 7 - 18(e)中,中绿企业产品的平均绿色度随着邻居节点数量的增大而增大,而其增长的幅度则随着邻居节点数量的增长而降低。图 7 - 18(e)中,在竞争前期高绿企业产品的平均绿色度也基本相同,而在竞争中后期,高绿企业产品的平均绿色度在邻居节点数量为 25 时稍高于节点数量为 15 的情景,而邻居节点为 15 时又稍高于节点数量为 5 的情景。

由此可知,消费者邻居节点数量对于整个行业产品的整体平均绿色度演化基本不产生影响,但从各类企业的角度来分析,邻居节点

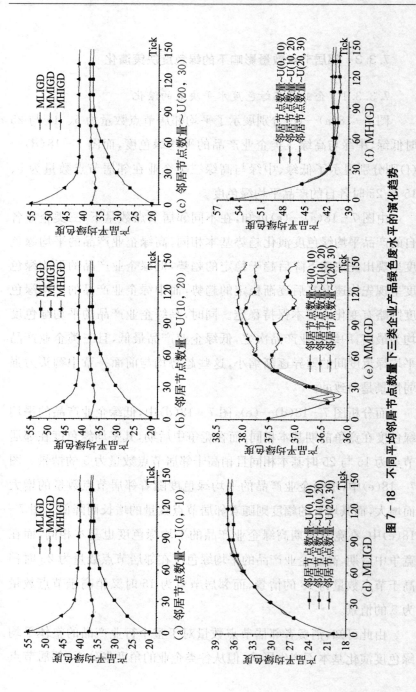

图 7-18 不同平均邻居节点数量下三类企业产品绿色度水平的演化趋势

数量的增大能够在竞争中后期时引导企业稍稍提高其产品的绿色度,且中绿企业受到的影响要大于另外两类企业。但当邻居节点数量继续增大时,各企业产品的平均绿色度则基本不发生变化。

图 7 - 19(a),(b),(c)分别展示了消费者邻居节点数量为 5、15 与 25 时,企业所生产产品与消费者所购买产品的演化趋势,而图 7 - 19(d)与 7 - 19(e)分别展示了企业所生产产品与消费者所购买产品在邻居节点数量为 5、15 与 25 时各自的平均绿色度。

由 7 - 19(a),(b)与(c)可知,消费者所购买产品的平均绿色度均在快速升高至某一水平后保持稳定,而企业所生产产品的平均绿色度则在竞争初期有所降低后逐渐升高并稳定于某一水平,且企业所生产产品的平均绿色度一直高于消费者所购买的产品,但差距在逐渐缩小。对比不同邻居节点情景,企业所生产产品与消费者所购买产品的平均绿色度演化趋势基本相同。

由图 7 - 19(d)与(e)可知,消费者邻居节点数量的增大会导致消费者所购买产品与企业所生产产品的平均绿色度均升高,且增加的幅度随着邻居节点数量的增加而减小,而企业所生产产品的平均绿色度增加的幅度与消费者购买产品的平均绿色度相比更大。在邻居节点数量由 5 增至 15 时,两类产品绿色度均大幅增加,而邻居节点数量继续增至 25 时,两类产品绿色度则仅有小幅增加。

通过实验结果可知,第一,随着消费者互动与企业竞争的持续,企业所生产的产品与消费者所购买产品的平均绿色度差异会减小,但企业会高估消费者的购买需求;第二,邻居节点数量的增大会促使企业生产与消费者购买的产品的绿色度均提高,但增加的幅度则随着邻居节点数量的增大而减小,且企业生产产品的平均绿色度变化幅度高于消费者所购买产品。消费者邻居节点数量表明消费者在制定产品购买决策时与其直接互动的邻居消费者数量,当邻居节点数

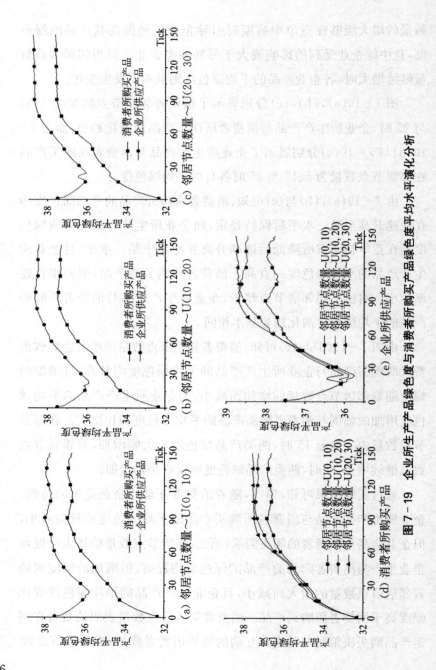

图7-19 企业所生产产品绿色度与消费者所购买产品绿色度平均水平演化分析

量增加时,消费者能够与更多的消费者互动,而在购买力均值为 500 时,消费者对产品绿色度的平均期望水平处于中等水平,因此直接互动的消费者数量增多会带动消费者购买产品的绿色度与平均期望水平更为一致而有所升高,但当消费者直接互动的邻居数量已经较大时,消费者间互动的影响已经较大,因此邻居节点数量的进一步增加仅会导致消费者购买产品的平均绿色度小幅增长。而从企业的角度来分析,为了获取更多的利润,企业需要主动地制定产品绿色度决策来积极迎合消费者需求,因此当邻居节点数量增大时,企业所生产产品的平均绿色度随着消费者所购买产品的升高而升高,而与均值情景下相同,企业仍会高估消费者需求,导致生产产品绿色度增加的幅度大于消费者实际购买产品。

7.3.3.2 企业产品销量与市场集中度演化

图 7 - 20(a)、7 - 20(b)与 7 - 20(c)分别表示消费者平均邻居节点数量为 5、15 与 25 时三类企业销量的演化趋势,而图 7 - 20(d)、7 - 20(e)、7 - 20(f)则分别展示了低绿、中绿与高绿企业各自在三种情景下的销量演化趋势。

由图 7 - 20(a)—(c)可知,不同消费者邻居节点数量下,企业平均销量的演化趋势基本相同,低绿企业产品的平均销量均呈现先上升后稳定的趋势,中绿企业的平均销量则在快速降低至某一水平保持稳定,而高绿企业的平均销量则呈现先快速升高后降低最终保持稳定的趋势,最终低绿企业的销量高于中绿企业,而中绿企业销量又高于高绿企业。对比不同邻居节点数量情景,唯一的不同为当邻居节点数量为 15 与 25 时,低绿与中绿产品销量的差距均低于邻居节点数量为 5 的情景。

图 7 - 20(d)中,低绿企业产品的平均销量在平均邻居节点数量为 15 与 25 时基本相似且均低于邻居节点数量为 5 的情景;中绿企

业与高绿企业在三种情景下各自的销量均差异较小且基本相同,中绿企业的平均销量在平均邻居节点数量为 15 时最高,而高绿企业的平均销量在平均邻居节点数量为 25 时最高。

通过不同邻居节点数量下产品销量的分析可知,消费者平均邻居节点数量的多寡并不会对于整个市场中企业的销量变化产生较大的影响,不同类型企业各自的销量演化趋势均相同。但是,对于各类企业而言,消费者邻居节点数量的多寡会起着差异性的影响。当消费者直接互动的邻居增多时,而邻居对产品的绿色度期望往往处于中等水平时,购买绿色度较低产品带来的效用在消费者互动增强时会被削弱,因此在邻居节点数量由 5 增至 15 时,低绿企业的产品销量会大幅降低,但随着邻居节点数量继续增至 25 时,消费者间互动的强度基本不会增加多少,低绿企业的销量则基本保持不变;而由于消费者对产品绿色度的期望水平处于中等水平,消费者互动强度增加并不会对中绿企业产品购买效用产生较大的影响,而高绿产品则由于其较高的价格门槛制约了互动的影响,导致中绿企业与高绿企业产品的平均销量在不同邻居节点数量下变化幅度均较小。

在不同消费者邻居节点数量情景下,产品的市场集中程度展示在图 7-21(a)—(c)中,而最高与最低市场占有率在不同平均邻居节点数量下各自的演化趋势则汇总于图 7-21(d)和 7-21(e)中。

当消费者邻居节点数量为 5 时,市场集中度的最大值最终稳定于 20% 左右,市场集中度的最小值最终还不到 1%;而当邻居节点数量为 15 时,市场集中度的最大值最终稳定于 23% 左右,而市场集中度的最小值则稳定于 1% 左右;而当平均邻居节点数量为 25 时,市场集中度的最大值逐步稳定于 22% 左右,最小值则逐步稳定于 2% 左右。而由图 7-21(d)与 7-21(e)可见,市场集中度的最大值在邻居

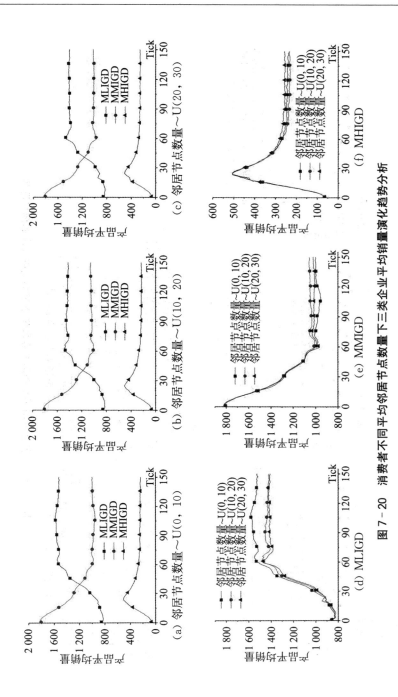

图 7-20 消费者不同平均邻居节点数量下三类企业平均销量演化趋势分析

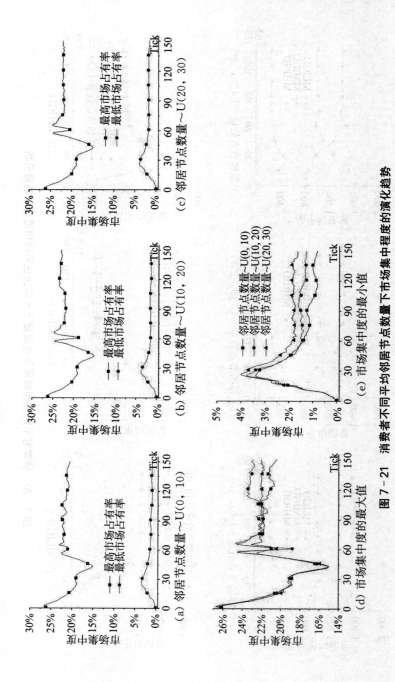

图 7-21 消费者不同平均邻居节点数量下市场集中程度的演化趋势

节点数量为 15 时最大,而在节点数量为 5 时最低;市场集中度的最小值则随着邻居节点数量的增大而增大;市场集中度最大值与最小值的变化幅度均较小。

由此可知,消费者邻居节点数量的增大使得消费者间的互动增加从而使销量最低的企业也能稍稍扩大受众,带动市场集中度的最小值有少许上升;而邻居节点数量由较小水平(节点数量=5)扩大至中等水平(节点数量=15)时,消费者互动的增加会使得更多的消费者购买最热销的产品时都能获得最大效用从而提升市场集中度的最大值;而当邻居节点数量继续增加,消费者互动的影响基本相同,反而导致市场集中度的最大值稍稍下降。综合来看,消费者邻居节点数量的变化仅仅会导致市场集中度发生少许的变化,而无法较大程度改变市场的垄断或分散格局。

7.3.3.3　企业利润水平演化趋势分析

消费者邻居节点数量为 5、15 与 25 时,市场中低绿、中绿与高绿三类企业以及市场平均的利润水平均展示于图 7-22(a)—(c)中;而低绿、中绿与高绿企业各自的平均利润的演化趋势则如图 7-22(d)—(f)所示。

如图 7-22(a)—(c)所示,三类企业与市场平均的利润水平在三种情景下各自的演化趋势基本相同,低绿企业的平均利润均先升高后保持稳定,中绿企业的平均利润则在竞争初期稍有升高后有所降低并逐渐趋于稳定;高绿企业的平均利润则呈现先迅速升高后降低最终保持稳定的趋势,市场平均利润的变化幅度则较小,最终中绿企业利润最高,低绿次之,高绿最低,这些趋势与产品平均销量的演化趋势基本相同。但不同的是,在平均邻居节点数量为 5 时,低绿企业的平均利润稍高于市场平均水平且与中绿企业的差距较小,但当邻居节点数量为 15 时,低绿企业与中绿企业平均利润的差距较大且与

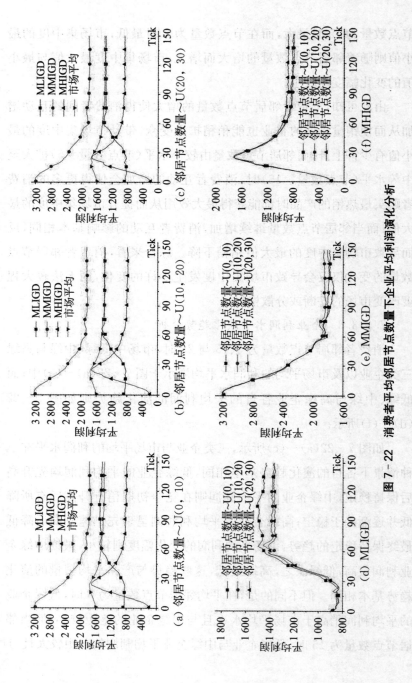

图 7-22 消费者平均邻居节点数量下企业平均利润演化分析

市场平均水平基本相似。

而由图 7-22(d)—(f)可知,低绿企业的平均利润在平均邻居节点数量为 15 与 25 时基本相同且低于邻居节点为 5 时的情景;中绿企业的平均利润在平均邻居节点数量为 5 与 25 时基本相同且略低于节点数量为 15 的情景;高绿企业的平均利润在平均邻居节点数量为 5 与 15 时基本相同且略低于节点数量为 25 的情景。同时,中绿企业与高绿企业平均利润的变化幅度均较小。

通过结合图 7-18 与 7-20 进行分析,企业的平均利润往往取决于产品的平均销量与绿色度,各类企业以及市场平均利润水平在不同消费者邻居节点数量下基本相同,即消费者间互动的强度并不会改变市场的现有格局;而对于微观的企业,其各自的平均利润在不同邻居节点数量下的差异性与其销量基本相同,即邻居节点数量的变化对于企业的销量产生一定的影响进而传导至利润亦同样发生变化。

7.3.4　重连概率影响下的绿色度水平决策演化

7.3.4.1　企业产品绿色度水平决策的演化

不同消费者重连概率下,微观层面所有三类企业产品平均绿色度的决策演化展示于图 7-23(a),(b)与(c)中,而每一类企业在不同重连概率下各自产品的绿色度演化则如图 7-23(d),(e),(f)所示。

对比分析图 7-23(a),(b)与(c)可知,三类企业产品平均绿色度的演化趋势与前面邻居节点数量情景下相同,且不同重连概率下三类企业产品平均绿色度水平均基本相同。而由图 7-23(d),(e),(f)可知,低绿企业产品的平均绿色度水平在竞争前期基本相同,而在竞争中后期,其值在重连概率为 0.50 时稍高于重连概率为 0.25 的情景,而当重连概率为 0.75 时,其值反而低于重连概率为 0.25 的情景。中绿企业产品的平均绿色度在重连概率为 0.25 与 0.75 时基本接近且均低于重连概率为 0.50 时的情景。高绿企业的平均绿色度在不同情景下基本相同。由此可知,消费者重连概率的变化不能显著地改变企业的产品绿色度决策,仅对于低绿企业与中绿企业的产品绿色度决策起着一定的影响。

图 7 - 24(a),(b),(c)展示了在消费者重连概率为 0.25,0.50 与 0.75 时,消费者所购买产品的平均绿色度与企业所生产产品的平均绿色度;图 7 - 24(d),(e)则分别展示了不同情景下消费者所购买与企业所生产产品的平均绿色度。

由图 7 - 24(a),(b),(c)可知,不同情景下,消费者所购买产品与企业所生产产品的平均绿色度的演化趋势与邻居节点情景下相同,企业所生产产品的平均绿色度一直高于消费者所购买产品的平均绿色度,但二者间的差异在逐渐缩小;不同消费者重连概率下,两产品绿色度指标演化趋势均无变化。由图 7 - 24(d),(e)可知,消费者所购买产品与企业所生产产品的平均绿色度在消费者重连概率为 0.25 与 0.75 时基本接近而低于重连概率为 0.50 时的情景,且企业所生产产品的平均绿色度在重连概率由 0.25 增至 0.50 时的增幅较消费者所购买产品绿色度的增幅更高。

由此可知,消费者重连概率由较小增至中等水平时,会促使消费者购买更高绿色度的产品,而企业在生产产品时也随着这一趋势而提高产品的绿色度,但由于企业依据利润来制定产品绿色度决策,导致市场需求传导出现了一定的偏差,从而使得企业产品绿色度调整的幅度高于消费者购买产品绿色度增加的幅度。但当重连概率继续增至较高水平时,由于消费者在制定产品购买决策时参考对象更改的过于频繁,使得消费者反而会增加与产品绿色度期望水平较低的消费者的接触,导致消费者购买产品的平均绿色度反而回落至与重

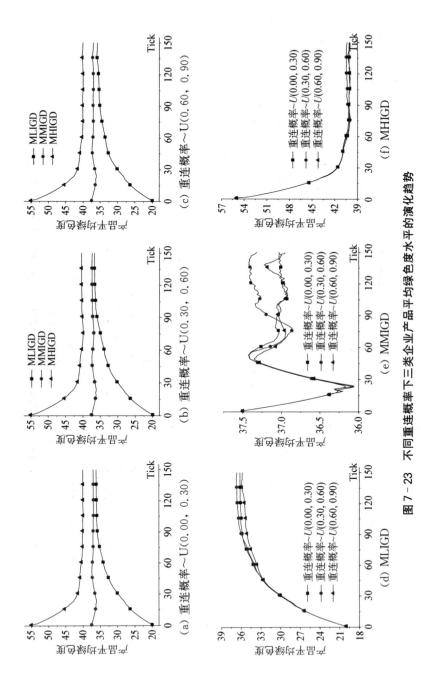

图 7 - 23　不同重连概率下三类企业产品平均绿色度水平的演化趋势

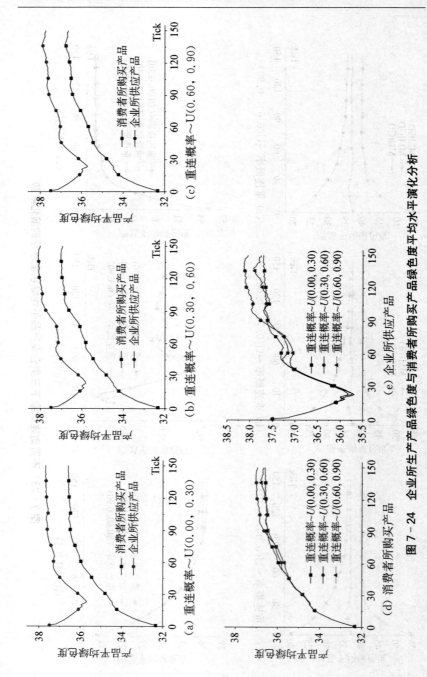

图7-24　企业所生产产品绿色度与消费者所购买产品绿色度平均水平演化分析

连概率为 0.25 时基本相同,而企业也顺应这一趋势降低了生产产品的绿色度。因此,企业为了促进消费者更多的购买较高绿色度的产品时,应建立并壮大一些论坛、KOL 等来进行宣传,使得消费者能够改变熟人互动的单一信息渠道,但企业也应注意,过多地建立论坛、社区、KOL 来宣传产品,虽然花费了更高的成本但反而会失去宣传的效果。

7.3.4.2　企业产品销量与市场集中度演化

图 7-25(a),7-25(b)与 7-25(c)分别表示消费者重连概率为 0.25,0.50 与 0.75 时三类企业平均销量的演化趋势,而图 7-25(d),7-25(e),7-25(f)则分别展示了低绿、中绿与高绿企业在三种情景下各自的平均销量演化趋势。

由图 7-25(a),(b)与(c)可知,消费者不同重连概率下,三类企业平均销量的演化趋势均与平均邻居节点数量情景下的演化趋势相同,对比不同重连概率情景,所有企业平均销量的演化趋势都基本没有变化。对比分析图 7-25(d),(e)与(f),三种情景下,低绿企业的平均销量在竞争前中期基本相同而仅在竞争末期发生改变,当重连概率为 0.50 与 0.75 时,低绿企业的销量基本相同且均高于重连概率为 0.25 的情景;而中绿企业与高绿企业在各重连概率下各自的平均销量差异较小。

由此可知,消费者重连概率的增大对于市场上各类企业产品的销量及其演化趋势基本不会产生影响,仅仅会在竞争末期稍稍改变企业的销量状况,而低绿企业由于价格较低的优势,消费者之间相互推荐的机会较多,从而在重连概率增加时导致其销量略微的增大。

图 7-26(a),(b),(c)分别展示了在消费者重连概率为 0.25,0.50 与 0.75 时,产品市场集中度的最大值与最小值的演化趋势,而图 7-26(d),(e)则分别展示了产品市场集中度的最大与最小值在不

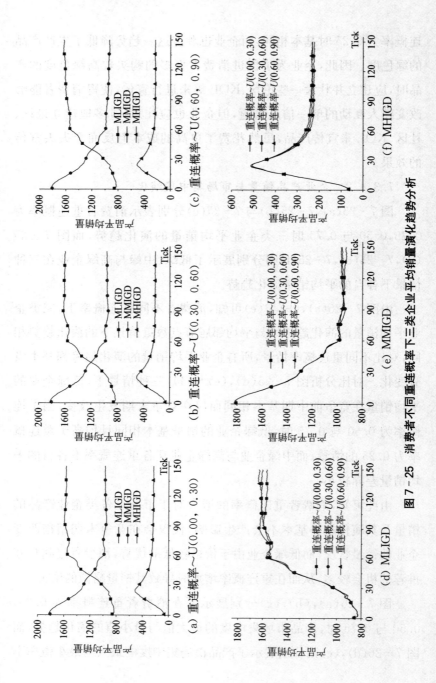

图 7-25　消费者不同重连概率下三类企业平均销量演化趋势分析

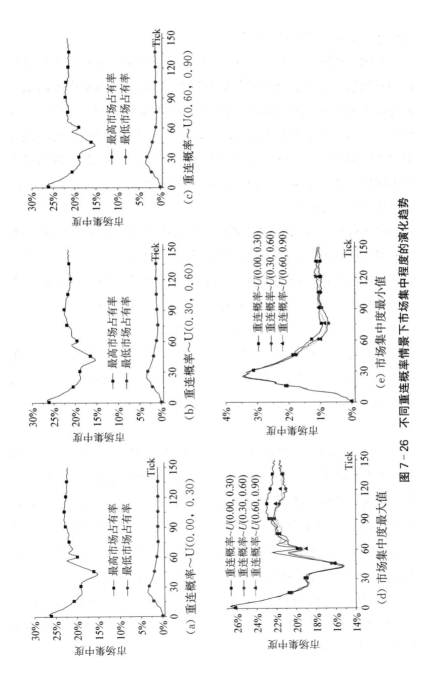

图 7－26　不同重连概率情景下市场集中程度的演化趋势

同重连概率下各自的演化趋势。

对比分析图 7 - 26(a),(b),(c),产品市场集中度最大值与最小值的演化趋势均与前面邻居节点数量下相同,且市场集中度的最大值与最小值的演化趋势在不同重连概率下基本相同。由图 7 - 26(d),(e)可知,当重连概率由 0.25 增至 0.50 时,市场集中度的最大值由 22％降至 21％,而当重连概率继续增至 0.75 时,集中度的最大值仍保持于 21％;不同重连概率下,市场集中度的最小值基本不变,都保持在 1％的水平。

由此可见,随着消费者重连概率由较小增至中等水平时,市场的分散程度稍稍有所增加,而当重连概率增至较大水平时,虽然消费者间互动的频率较高,但市场的分散程度基本不会变化,可见,消费者互动的对象更为频繁的改变无力改变市场的垄断状况。

7.3.4.3　企业利润水平演化趋势分析

在不同重连概率下,不同企业及市场平均的利润水平展示于图 7 - 27(a),(b),(c)中,而低绿、中绿与高绿每一类企业在重连概率为 0.25、0.50 与 0.75 下各自的平均利润则展示在图 7 - 27(d),(e)与(f)中。

由图 7 - 27(a)—(c)可知,低绿企业的平均利润在快速增长达到某一水平后趋于稳定,而中绿企业的平均利润则呈现先快速下降后趋于稳定的趋势,高绿企业的平均利润则先快速上升后平缓下降最终保持稳定,市场平均利润则呈现先稍有增长后平缓下降最终在某一水平保持稳定的趋势,且在不同消费者重连概率下,企业与市场平均利润水平的演化趋势都基本相同。再结合图 7 - 27(d),(e)与(f),可知,三类企业各自的平均利润在不同重连概率下均基本相同,即消费者重连概率的增加虽然会提升消费者所购买与企业所销售产品的平均绿色度,但并不能影响各类企业的利润情况。

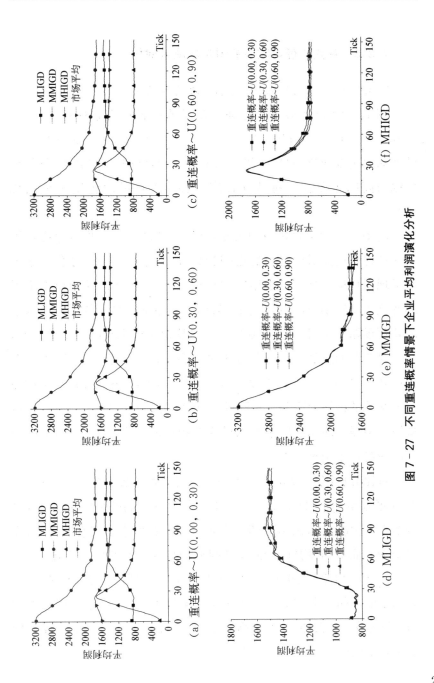

图 7 - 27　不同重连概率情景下企业平均利润演化分析

7.3.5 从众心理影响下的绿色度决策演化

7.3.5.1 企业产品绿色度水平决策的演化

图 7-28(a),(b),(c)分别表现了消费者从众心理强度 $\theta_j \sim U(0.0, 0.1)$,$\theta_j \sim U(0.2, 0.3)$ 与 $\theta_j \sim U(0.4, 0.5)$ 时不同企业的产品绿色度演化趋势,而图 7-28(d),(e),(f)则分别展示了低绿、中绿与高绿企业在三种从众强度下各自的产品绿色度水平演化趋势。

由图 7-28(a),(b),(c)可知,高绿企业的产品平均绿色度水平均呈现先快速降低后趋于稳定的趋势;低绿企业的产品绿色度水平则呈现先快速升高后趋于稳定的趋势,而中绿企业产品绿色度水平的变化幅度较小,且随着竞争的持续,三类企业产品平均绿色度水平的差距逐渐缩小,且高绿企业的产品平均绿色度水平高于中绿企业,而中绿企业的产品平均绿色度水平则高于低绿企业。此外,当从众强度 $\theta_j \sim U(0.0, 0.1)$ 与 $\theta_j \sim U(0.2, 0.3)$ 时,各企业产品平均绿色度水平的最终差距基本相同,但当从众强度 $\theta_j \sim U(0.4, 0.5)$ 时,低绿与中绿产品绿色度水平的最终差距有所增大,而高绿与中绿企业的最终差距稍有增大。

对比分析图 7-28(d),(e),(f),当消费者从众强度 $\theta_j \sim U(0.0, 0.1)$ 增强至 $\theta_j \sim U(0.2, 0.3)$ 时,低绿企业产品的平均绿色度水平基本不发生改变,而中绿企业产品的平均绿色度水平则有所降低,高绿企业产品的平均绿色度水平则稍有降低;而当从众强度 $\theta_j \sim U(0.2, 0.3)$ 继续增至 $\theta_j \sim U(0.4, 0.5)$ 时,低绿企业、中绿企业、高绿企业产品的平均绿色度水平均大幅降低,且低绿企业产品平均绿色度水平降低的幅度大于高绿企业,而高绿企业产品平均绿色度水平降低的幅度大于中绿企业。

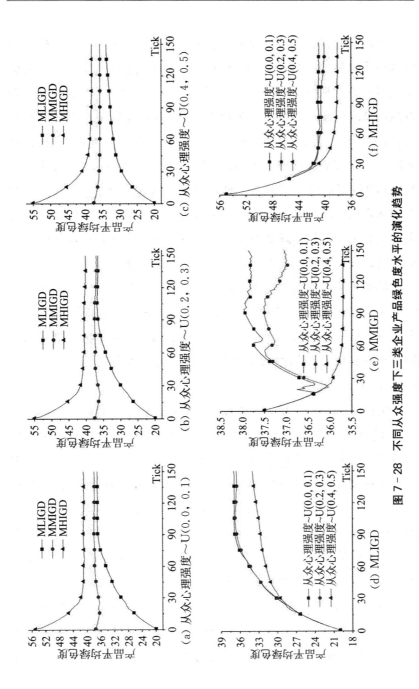

图 7－28　不同从众强度下三类企业产品绿色度水平的演化趋势

由此可知,第一,消费者从众心理并不会改变市场产品绿色度的整体演化趋势,各类企业在竞争下决策出的产品绿色度整体上仍会出现"趋同性"与"稳定性"。第二,消费者从众心理的强度会对各企业的产品绿色度决策行为产生较大的影响,随着从众心理强度的增大,各类企业产品的平均绿色度均降低,且降低的幅度逐渐增大,而不同企业产品绿色度的降幅不同,MLIGD 降低的幅度最高,MMIGD 降低的幅度则最低。即在从众心理强度较大时,各企业均大幅地降低产品的绿色度与价格来抢夺消费者,产品绿色度最低的企业在竞争下往往会降低更多的产品绿色度,而与消费者绿色需求最为吻合的企业则仅会小幅地降低其产品绿色度。

消费者从众强度 $\theta_j \sim U(0.0, 0.1)$, $\theta_j \sim U(0.2, 0.3)$ 与 $\theta_j \sim U(0.4, 0.5)$ 时消费者所购买产品与企业所供应产品的平均绿色度水平分别展示于图 7-29(a)—(c)中,而这两种产品绿色度指标在不同消费者从众心理强度情景下各自的演化趋势则展示于图 7-29(d),(e)中。

由图 7-29(a),(b),(c)可知,当从众强度 $\theta_j \sim U(0.0, 0.1)$ 与 $\theta_j \sim U(0.2, 0.3)$ 时,消费者所购买产品的平均绿色度水平快速增长至某一水平后保持稳定,而企业所生产产品的平均绿色度水平则在竞争初期有所下降后快速上升直至某一水平后保持稳定;而当从众强度 $\theta_j \sim U(0.4, 0.5)$ 时,消费者所购买产品的平均绿色度水平仍呈现先增长后稳定的趋势,但企业所生产产品的平均绿色度水平则呈现先降低后稳定的趋势。此外,三种情景下企业所生产产品的平均绿色度水平均高于消费者所购买的产品,且二者间的差距随着竞争持续而缩小。由图 7-29(d),(e)进行对比分析,当消费者从众强度由(0.0—0.1)增至(0.2—0.3)时,消费者所购买产品与企业所生产产品的平均绿色度均有所降低,而当从众强度继续增至(0.4—0.5)

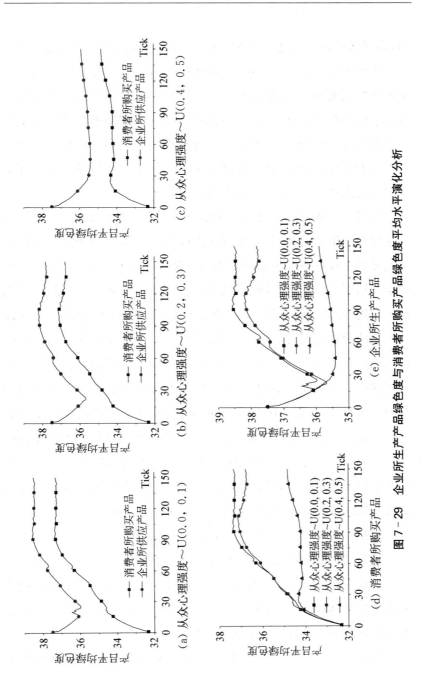

图 7-29　企业所生产产品绿色度与消费者所购买产品绿色度平均水平演化分析

时,消费者所购买产品与企业所生产产品的平均绿色度均大幅降低。

由此可见,第一,企业在产品绿色度决策时会高估消费者对产品绿色度的真实需求,而随着企业在竞争中的相互学习,企业供应与市场需求的匹配度增加。第二,当消费者从众心理强度由较小增至中等水平时,消费者所购买产品与企业所供给产品的平均绿色度均仅有少许的降低,但当从众强度较大时,两种产品绿色度指标均大幅降低且更快地进入了稳态,可能的原因如下所示:

消费者一般对产品价格更为敏感,产品价格带来的效用往往要高于绿色度带来的效用,因此,在市场竞争下随着各企业的产品绿色度差异缩小且都朝着消费者平均绿色期望水平集中时,消费者更倾向于价格更低的产品,导致市场中绿色度与价格相对较低的产品的购买效用普遍较高。同时,消费者在评估产品的购买效用时,会先评估产品的价格效用与绿色度效用,再综合与其互动的邻居消费者所评估的产品效用(从众效用),且相较于产品价格与绿色度效用,从众效用在产品评估效用中的影响较弱,因此在从众心理强度由较弱增至中等水平时,消费者所购买产品与企业所供应产品的绿色度仅有小幅降低;但当从众心理强度较大时,消费者在从众作用下往往会跟风购买邻居消费者集中选择的绿色度较低的产品,导致其所购买产品的平均绿色度大幅降低且迅速进入稳态,而企业则在从众效应下也大幅降低了其供应产品的绿色度并迅速进入了稳态。

7.3.5.2 企业产品销量与市场集中度演化

图 7-30(a),(b),(c)分别表示消费者从众强度 $\theta_j \sim U(0.0, 0.1)$,$\theta_j \sim U(0.2, 0.3)$ 与 $\theta_j \sim U(0.4, 0.5)$ 时各类企业平均销量的演化趋势,而图 7-30(d),(e),(f)分别表示了低绿、中绿与高绿企业在不同情景下各自平均销量的演化趋势。

由图 7-30(a),(b),(c)可知,三类企业平均销量的演化趋势与

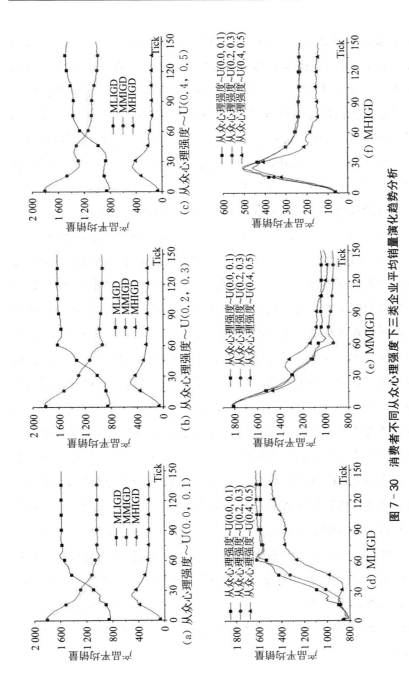

图 7-30　消费者不同从众心理强度下三类企业平均销量演化趋势分析

平均邻居节点数量、重连概率下相同,而在从众强度 $\theta_j \sim U(0.4, 0.5)$ 时,中绿企业产品平均销量与低绿企业产品的差异减小,与高绿企业产品的差异增大。而由图 7-30(d),(e),(f)对比分析不同情景下各企业各销量的演化可知,低绿企业与高绿企业平均销量在从众强度 $\theta_j \sim U(0.0, 0.1)$ 与 $\theta_j \sim U(0.2, 0.3)$ 时基本相同且均高于 $\theta_j \sim U(0.4, 0.5)$,而中绿企业产品销量在 $\theta_j \sim U(0.0, 0.1)$ 时稍高于 $\theta_j \sim U(0.2, 0.3)$,但其在 $\theta_j \sim U(0.4, 0.5)$ 时在竞争中期虽高于另外两种情景,但最终则降至处于另外两种情景之间。

结合图 7-28,7-29 进行分析,当消费者从众强度由 $\theta_j \sim U(0.0, 0.1)$ 增至 $\theta_j \sim U(0.2, 0.3)$ 时,低绿企业与高绿企业的产品绿色度水平基本保持不变,中绿企业产品绿色度水平则有所降低,而消费者所购买产品的平均绿色度水平仅有略微降低,因此面对低绿与高绿企业各自基本不变的产品时,消费者的购买决策基本不变,但中绿企业产品降低产品绿色度水平带给消费者的购买效用降低使得购买中绿企业产品的消费者数量有所减少。当消费者从众强度较大($\theta_j \sim U(0.4, 0.5)$)时,虽然高绿企业大幅降低了产品绿色度水平,而消费者所购买产品的平均绿色度水平亦大幅降低,高绿企业的产品价格往往超出了消费者的购买能力,因此销量大幅下滑;同样,低绿企业亦大幅降低了产品绿色度水平,但在从众效应影响下,低绿产品绿色度效用较低导致其总效用较低的这一缺陷被放大,导致低绿产品销量亦大幅下滑。面对中等购买力水平的消费者,中绿企业产品价格与绿色度水平最为适中,因此在竞争初期能够取得最高销量,在从众强度较大时,中绿企业能够更好地发挥自身优势并在竞争中期获取更高的销量,但在竞争末期各企业产品绿色度水平较为趋同的情景下,中绿企业产品平均绿色度水平的降低则使得其销量亦有所降低。

　　消费者不同从众强度下市场集中度的最大值与最小值展示在了图 7－31(a),(b),(c)中,而市场集中度最大值与最小值各自在不同从众心理强度下的演化趋势展示于图 7－31(d),(e)中。

　　由图 7－31(a),(b),(c)可知,在从众强度 $\theta_j \sim U(0.0, 0.1)$ 时,市场集中度的最大值稳定于 22% 左右,最小值稳定于 2% 左右;当从众强度 $\theta_j \sim U(0.2, 0.3)$ 时,市场集中度的最大值稳定于 22% 左右,最小值则稳定于 1% 左右;而当 $\theta_j \sim U(0.4, 0.5)$ 时,市场集中度的最大值最终仍为 22%,最小值则稳定于 0 左右。对比分析图 7－31(d),(e),市场集中度的最大值在从众强度 $\theta_j \sim U(0.0, 0.1)$ 与 $\theta_j \sim U(0.2, 0.3)$ 演化趋势基本相同,而在 $\theta_j \sim U(0.4, 0.5)$ 时,其最大值则在竞争中后期均远高于其他两种情景,但在竞争末期则回落至与其他两种情景相同的水平;而市场集中度的最小值则随着从众强度的增大而降低,且降低的幅度随着从众强度的增大而增大。

　　由此可知,消费者从众强度在较低与中等水平时,对于市场的垄断状况影响均较小,而当从众强度较大时,消费者购买决策较为集中导致市场中有的企业根本无法获取市场需求,而市场集中度的最大值则在竞争的大多数阶段均远高于其他情景,但在竞争末期随着各企业产品属性的趋同化,市场集中度的最大值也回落至正常水平。

7.3.5.3　企业利润水平演化趋势分析

　　图 7－32(a),(b),(c)分别展示了消费者不同从众强度下各企业与市场平均利润的演化趋势,而 7－32(d),(e),(f)则分别展示了低绿、中绿与高绿三类企业在不同从众强度下各自平均利润的演化趋势。

　　由图 7－32(a),(b),(c)可知,不同情景下,各类企业与市场平均利润的演化趋势与前面平均邻居节点、重连概率情景基本相同,中绿企业平均利润一直为市场最高,低绿企业的平均利润低于中绿企业

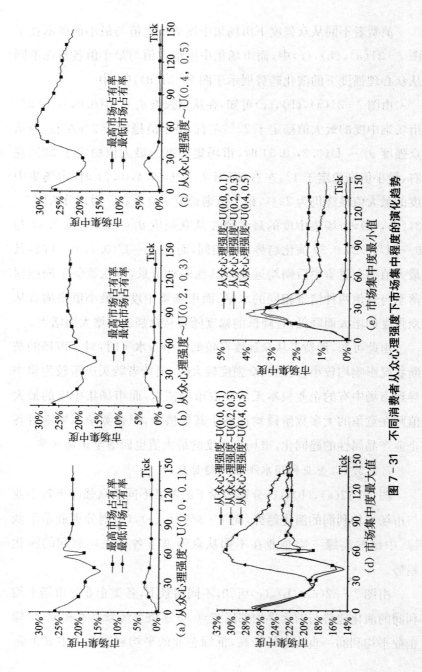

图 7-31 不同消费者从众心理强度的演化趋势

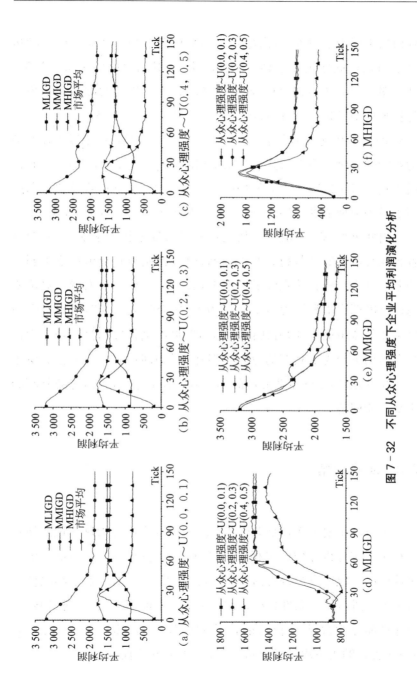

图 7 - 32　不同从众心理强度下企业平均利润演化分析

且稍高于市场平均水平,高绿企业的平均利润则仅在竞争前期较短时间内超过低绿企业达到市场平均水平,其余时间均为市场最低。结合图 7-32(d),(e),(f),低绿与高绿企业平均利润的演化趋势与各自平均销量相同,均在从众强度 $\theta_j \sim U(0.0,0.1)$ 与 $\theta_j \sim U(0.2,0.3)$ 时基本相同且远高于 $\theta_j \sim U(0.4,0.5)$ 的情景;中绿企业的平均利润的演化趋势也与其平均销量相同,在 $\theta_j \sim U(0.0,0.1)$ 时稍高于 $\theta_j \sim U(0.2,0.3)$,但其在 $\theta_j \sim U(0.4,0.5)$ 时在竞争中期虽高于另外两种情景,但最终则与 $\theta_j \sim U(0.0,0.1)$ 时基本相同。

由此可见,第一,消费者从众强度只有处于较高水平时,才会对各企业与市场的经营利润产生影响,但各企业利润与市场平均利润的差异并不会随着从众强度的改变而改变。第二,在消费者对价格与绿色度期望水平较为适中的市场中,从众强度较大时能够增强中绿企业的竞争优势,助力其获得更高的利润;而低绿与高绿企业则在从众效用下遭受了利润的流失。但在竞争末期,随着三类企业所生产产品的趋同,中绿企业的产品亦逐渐失去了竞争优势,导致其利润水平有所回落。

7.4 本章小结

本章的主要工作就是对企业产品绿色度决策行为这一现实问题进行了系统分析并构建了相应的计算实验模型。首先,本章分析了企业产品绿色度决策行为的影响因素;其次,本文对企业产品绿色度决策行为进行了复杂性分析;最终,本章基于前面的系统分析构建了企业产品绿色度决策行为的计算实验模型,设定了消费者、企业agent 各自的决策规则以及两类 agent 的交互流程。

在消费者的购买力水平实验中,对比分析了不同消费者购买力水平属性下企业产品绿色度水平决策及竞争绩效的演化趋势,这对企业进行合理决策以获得竞争优势具有重要的意义,且这将有助于揭示出竞争过程中市场宏观行为及其涌现现象的微观机理。实验结果表明:

(1) 在各消费者购买力属性情景下,企业在竞争过程中的相互学习模仿会使得企业的产品绿色度决策行为整体上出现"趋同"效应,而企业基于自身历史经验的决策会产生一定的"稳定性"特征,使得市场中各企业所提供产品的绿色度的差异性减小且逐步稳定于各自的某一水平,而企业所供应产品的绿色度与消费者真实需求间的差异性将逐步降低。

(2) 基于产品绿色度水平角度,消费者所购买产品与企业所生产产品的平均绿色度水平均随着消费者购买力水平均值、方差、增长率的增大而增大,且在消费者购买力静态情景下,企业在竞争下往往会"高估"消费者的真实绿色需求,导致其生产出的产品绿色度水平一般都高于消费者所购买产品的平均水平,但在消费者购买力较强或动态增长情景下,企业在竞争下难以准确捕捉市场需求,因此企业所生产产品的绿色度水平反而会低于消费者的真实需求水平。此外,企业在相互学习、模仿、试错以及基于自身历史经验决策过程中,会使得其生产的产品平均绿色度水平与消费者真实需求间的差异性降低,且当消费者购买力水平较高、差异较小或增长率较低时,企业将更容易实现产品绿色度的供应与需求间的"匹配",而在消费者购买力差异较大或增长率较高时,较为分散或快速增长的消费者购买力水平大大加大了企业适应真实需求的难度,从而使得企业供给与市场需求的匹配性较差。

(3) 基于市场销量与市场集中度的角度,在消费者购买力强弱情景下,随着消费者购买力水平均值的增加,中绿与高绿企业所生产的较高绿色度水平的产品销量升高,并逐渐成为市场销量的主流产品,同时市场中的企业越不容易占据垄断优势,市场竞争更加均衡。在消费者购买力差异情景下,中绿企业所生产的中等绿色度水平的产品虽然与市场平均需求最为匹配,但随着消费者购买力方差的增大,其销量逐渐流失给另外两类企业;而市场的集中程度在购买力方差增至中等水平时有所降低,但在消费者购买力差异增至较高水平时,市场集中程度反而有所回升。在消费者购买力增长情景下,消费者购买力的动态变化会对不同绿色度产品的市场销量产生差异性的影响,消费者购买力增长率越高,高绿产品的市场竞争力越强,越能获取更高的市场销量,越有利于个别竞争力较强的企业占据垄断优势,形成垄断局面。

(4)基于利润水平的角度,可以看出企业利润的源泉既包括产品销量,也包括产品的绿色度水平。在消费者购买力强弱情景下,当消费者购买力水平较低时,企业的利润源泉主要是由传统的产品销量中获取;而绿色度水平较高的产品单位利润往往较高,因此当消费者购买力水平升高时,绿色度水平较高的产品销量随之升高,带动企业利润的提升,即此时,企业的利润源泉将逐渐转向由产品的绿色度中获取。同样,在消费者购买力差异情景下,随着购买力方差的增大,中绿与低绿企业利润均不断降低,产品绿色度水平较高的高绿企业则能随之获取更高的利润,并能达到远超另外两类企业的水平;而在消费者购买力增长情景下,当消费者购买力增长率较高时,高绿企业同样能获取最高的产品利润。

综上所述,消费者购买力水平对企业的产品绿色度决策及多种竞争绩效的演化趋势起着极为重要的影响,因此,企业在制定更为合理的产品绿色度水平决策时,应充分做好调研,深入了解市场中消费者的购买力水平,并及时根据市场反馈与行业竞争绩效进行调整;而政府在积极出台鼓励绿色消费与绿色生产的引导政策时,同样也应深入调研,真实掌握市场的购买力水平与行业的竞争现状,使政策更具针对性。

基于消费者互动网络,分别研究了消费者邻居节点数量、重连概率与从众心理这三种消费者互动特征对企业产品绿色度决策行为及企业、行业的产品销量、市场集中度与利润水平等竞争绩效的影响机制,研究结果如下所示:

(1) 在消费者网络互动特征与市场竞争作用下,企业在竞争过程中通过相互学习与模仿会使得企业的产品绿色度决策行为整体上出现"趋同"效应,而企业基于自身历史经验的决策则会使其产品绿色度决策行为产生一定的"稳定性"特征,使得市场中各企业的产品绿色度的差异性减小且逐步稳定于各自的某一水平。同时,企业在竞争中可能会"高估"消费者对产品绿色度的真实需求,导致企业所提供的产品的平均绿色度一般会高于消费者所购买产品的平均绿色度,而二者间的差异将在竞争中逐步降低,这再一次验证了第 4 章中企业产品绿色度水平演化趋势的相关结论。

(2) 与消费者购买力强弱情景下相同,在消费者网络互动特征影响下,企业所生产产品的平均绿色度水平均高于消费者所购买产品的平均绿色度水平,即企业在竞争下为了更好地获取差异性优势,往往会"高估"消费者的绿色需求。

(3) 消费者平均邻居节点数量与重连概率这两种网络互动特征的影响基本相似,都是仅仅对消费者所购买产品与企业所生产产品的平均绿色度水平产生明显的影响,而对其他竞争绩效的影响较小。当消费者平均邻居节点数量增大时,消费者所购买产品与企业所生产产品的平均绿色度水平都增大,但二者增加的幅度则减小,同时市场最低占有率也随之增大;而消费者重连概率由较弱增至中等水平时,消费者所购买产品与企业所生产产品的平均绿色度水平先随之增大,但当重连概率继续增大时,企业供给与市场需求绿色度水平反而有所回落。

(4)相较于其他两种网络互动特征,消费者从众心理对企业产品绿色度水平决策及竞争绩效的影响则更为显著,但从众心理只有在强度较高时,才能产生较大的影响,而在强度较小与中等水平时,影响则较轻微。当消费者从众心理强度增至较大水平时,各类企业的产品绿色度水平均大幅降低,而消费者所购买产品与企业所生产产品的平均绿色度水平同样大幅降低,至于销量与利润方面,当消费者购买力为中等水平时,中绿企业所生产的产品与消费者需求更为匹配,因此其产品销量与利润在不同从众心理强度下影响较小,甚至在从众心理强度较大时,其利润有所升高,而低绿与高绿企业的销量与利润则在从众心理强度增大时大幅降低。至于市场集中度方面,从众心理强度的增大会促进垄断市场局面的形成。

综上所述,消费者平均邻居节点数量与重连概率这两个网络互动特征基本上仅对消费者所购买产品与企业所生产产品的平均绿色度水平产生影响,而对销量、市场集中度、利润等竞争绩效则基本上不产生影响;而消费者的从众心理则对企业的产品绿色度水平决策及相关的市场竞争绩效能够起到非常重要的影响,但这些影响只有在从众心理强度较大时才能明显地显露出来。由此可知,企业在竞争中制定合理的决策时,应重点关注消费者的从众心理特征,并通过多种方式积极引导潮流,且应及时关注市场的潮流动向及时调整产品的绿色度水平决策;此外,企业在宣传其产品时,应聚焦宣传投放的对象重点宣传,寄希望于采用不同的营销方式改变消费者互动特征来提高产品的市场竞争力的想法并不现实。

第8章 总结与展望

8.1 企业绿色产品的定价决策

8.1.1 研究结论

该部分主要从绿色供应链的角度出发，依据消费者效用理论及 Stackelberg 博弈，构建了由制造商、零售商、消费者构成的传统渠道及双渠道两种不同渠道结构下的绿色供应链模型，分别将消费者异质性和消费者双重偏好考虑到市场需求中，在传统渠道及双渠道结构下，研究了政府补贴不同主体情境下，绿色供应链中普通产品和绿色产品的最优协同定价决策，分析了政府补贴、消费者异质性、消费者双重偏好对绿色供应链定价决策、需求量及企业利润的影响，并通过数值分析验证了模型的有效性，得到的研究结论如下：

（1）传统渠道下同无政府补贴模型相比，在有政府补贴的三种模型中，普通产品的批发价格均没有变化，普通产品的销售价格和需求量均降低，绿色产品的需求量均上升，且绿色产品零售商的利润增加，普通产品零售商的利润减少，而对制造商利润的影响与政府补贴的额度大小有关。政府补贴制造商时，绿色产品的批发价格及销售价格均降低；政府补贴绿色产品零售商时，绿色产品的批发价格提高，销售价格降低；政府补贴绿色产品消费者时，绿色产品的批发价格及销售价格均提高。

（2）在传统渠道下政府补贴三种模型中，首先，在政府补贴对产品价格、需求的影响方面，随着补贴额度的增加，普通产品的批发价格不随之变化，普通产品的销售价格和需求量均随之降低，绿色产品的需求量随之升高。在政府补贴绿色产品制造商时，绿色产品的批发价格和销售价格均随着补贴额度的增加而降低；在政府补贴绿色产品零售商时，绿色产品的批发价格随着补贴额度的增加而升高，绿色产品的销售价格随着补贴额度的增加而降低；在政府补贴绿色产品消费者时，绿色产品的批发价格和销售价格均随着补贴额度的增加而升高。说明政府补贴能够促进绿色产品的销售，抑制普通产品的销售，从而扩大绿色产品的市场份额，推动绿色发展。其次，在政府补贴对企业利润的影响方面，随着补贴额度的增加，制造商和绿色产品零售商的利润均不断升高，普通产品零售商的利润均不断降低，说明政府补贴对制造商和绿色产品零售商有利，对普通产品零售商不利。

（3）在消费者异质性对产品价格、需求及企业利润的影响方面，首先，对于消费者环保意识来说，在四个模型中，随着环保意识系数的增加，普通产品的批发价格均不随之变化，普通产品的销售价格和需求量均逐渐降低；绿色产品的批发价格、销售价格及需求量均逐渐升高;制造商和绿色产品零售商的利润均逐渐升高,普通产品零售商的利润均逐渐降低。说明环保意识的提高会促进绿色产品的销售,抑制普通产品的销售。其次,对于消费者消费水平来说,在四种模型中,随着消费水平系数的增加,普通产品和绿色产品的批发价格、销售价格和需求量均逐渐升高,制造商和绿色产品零售商以及普通产品零售商的利润也均不断增加,进一步说明消费者消费水平的提高对普通产品和绿色产品的销售及企业利润的提高均有益。

(4) 双渠道下同无政府补贴模型相比,在有政府补贴的两种模型下,普通产品的批发价格不变,其销售价格及需求量均下降,制造商的利润增加,普通产品零售商的利润变化与政府补贴额度有关;在政府补贴制造商模型下,绿色产品的销售价格下降,其需求量上升,在政府补贴绿色产品消费者模型下,绿色产品的销售价格和需求量均上升。

(5) 在双渠道下有政府补贴两种模型中,首先,在政府补贴对产品价格、需求的影响方面,随着补贴额度的增加,普通产品的批发价格不随之变化,普通产品的销售价格和需求量均随之降低。在政府补贴制造商模型下,绿色产品的销售价格随着补贴额度的增加而降低,其需求量随着补贴额度的增加而升高;在政府补贴绿色产品消费者模型下,绿色产品的销售价格和需求量随着补贴额度的增加而升高。说明无论政府补贴哪个主体,适当的补贴能够提高绿色产品的需求,推动绿色产品的发展,对环境改善有益。其次,在政府补贴对企业利润的影响方面,随着补贴额度的增加,制造商的利润均不断增加,普通产品零售商的利润均不断减少,说明政府补贴会提高制造商的利润,降低普通产品零售商的利润。

(6) 在消费者双重偏好对产品价格、需求的影响方面,首先,对于消费者绿色偏好来说,在三种模型中,随着消费者绿色偏好的增加,普通产品的批发价格、销售价格及需求量均逐渐降低,绿色产品的销售价格及需求量均逐渐升高,制造商的利润均不断增加,普通产品零售商的利润均不断减少。其次,对于消费者渠道偏好来说,在三种模型中,随着消费者渠道偏好的增加,普通产品的批发价格、销售价格及需求量均逐渐升高,绿色产品的销售价格及需求量均逐渐降低,普通产品零售商的利润均不断增加;在没有政府补贴的模型下,制造商的利润随着消费者渠道偏好的增加而逐渐增加,在有政府补贴的两种模型下,制造商的利润均随着消费者渠道偏好的增加而逐渐减少。

8.1.2　研究展望

本篇聚焦于在传统渠道和双渠道结构中考虑消费者异质性及双重偏好下,政府补贴不同主体情境绿色供应链中产品的协同定价问题,并得出了相应的结论。本篇的研究具有一定的局限性,考虑未来可以从以下方面做进一步的研究,具体如下:

（1）本篇研究的绿色供应链结构中考虑的是一个制造商,由于现实中的供应链结构更加复杂,因此,未来的研究方向可以考虑存在多个制造商的供应链结构下,供应链企业如何决策的问题,从而更加贴近现实。

（2）本篇将制造商作为供应链中的主导者,零售商为追随者,而当零售商作为供应链中的主导者,制造商作为追随者,即供应链参与者的决策顺序发生改变时,政府补贴、消费者异质性及消费者偏好对供应链参与者决策的影响,有待进一步研究。

（3）本篇考虑的双渠道中的线上渠道售卖绿色产品,线下渠道售卖普通产品,未来的研究可以拓展更多的销售渠道进行研究,即线上线下渠道均售卖普通产品和绿色产品,从而使得结论更加全面。

8.2　企业绿色产品诱饵决策

8.2.1　研究结论

日益恶化的生态环境和逐渐匮乏的自然资源等问题在很大程度上决定了改变消费模式和发展绿色产品的重要性。结合现有的理论与实践,针对绿色产品在市场中扩散速度较慢的现象,本研究首先以诱饵产品加入后产生的新的参考点为基准,将整个区域分为 16 个部分,其次基于单个消费者个体通过数理分析的方法探究了新的参考点分别落在这 16 个区域内时其购买产品效用变化情况,由此确定了新参考点的研究区域,接着在此基础之上反推出理论上的诱饵策略可行域(也就是本篇主要的研究区域),并以绿色产品的价格和绿色度为标准,将诱饵策略区域分为四类:Ⅰ类绿色产品诱饵策略(诱饵产品价格和绿色度均比绿色产品低)、Ⅱ类绿色产品诱饵策略(诱饵产品价格比绿色产品低且绿色度比绿色产品高)、Ⅲ类绿色产品诱饵策略(诱饵产品价格和绿色度均比绿色产品高)、Ⅳ类绿色产品诱饵策略(诱饵产品价格高于绿色产品且绿色度低于绿色产品)。然后,基于此研究区域,在考虑了消费者间交互行为的基础之上,构建了相应的计算实验研究模型,探究了在确定的消费者交互情景下绿色产品伪诱饵策略设置和绿色产品真实诱饵策略设置以及消费者交互特征(消费者邻居节点数量、重连概率、从众程度)对绿色产品伪诱饵策略效果和真实诱饵策略效果的影响,为企业合理的设置绿色产品诱饵策略提供一定的理论依据。主要结论如下:

（1）对绿色产品伪诱饵策略而言,在确定的消费者交互情景下,

Ⅲ类伪诱饵策略的效果最好,Ⅱ类伪诱饵策略的效果次之,Ⅳ类伪诱饵策略的效果第三,Ⅰ类伪诱饵策略效果最差。通过分析可知,提高消费者对该类产品的预期有助于提高绿色产品的市场竞争力。因此,在企业日常的经营之中,可以采取一定的措施提高消费者对绿色产品的认可度或自身环保意识,培养消费者对保护环境的责任感,为我国节能减排和可持续发展做出贡献,从而增强绿色产品的市场竞争力。

(2)对绿色产品真实诱饵策略而言,在确定的消费者交互情景下,Ⅳ类真实诱饵策略效果最好,Ⅲ类真实诱饵策略的效果次之,而Ⅰ类真实诱饵策略和Ⅱ类真实诱饵策略非但没有起到"诱饵"的作用,反而占领了一部分市场份额,使得绿色产品的销量不断降低。与绿色产品伪诱饵策略不同,绿色产品真实诱饵策略由于其产品可被实际选择避免了伪诱饵策略在某些情况下的道德问题,从而更受消费者信赖,但也因此真实诱饵策略的不可控性更大,如若设置不当,可能会起到反效果。

(3)在确定的消费者交互情景下,绿色产品伪诱饵策略的效果和绿色产品真实诱饵策略的效果不尽相同。从演化趋势来看,绿色产品伪诱饵策略情境下Ⅰ、Ⅱ、Ⅲ、Ⅳ四类诱饵策略下的绿色产品销量均呈现出上升的趋势,而绿色产品真实诱饵策略情境下,绿色产品销量在Ⅰ、Ⅱ两类诱饵策略下呈现出下降趋势,在Ⅲ、Ⅳ两类诱饵策略下则呈现出上升趋势;从效果上来看,在初始状态(质期 T=1)时,绿色产品真实诱饵策略的效果均不如绿色产品伪诱饵策略的效果,而从长期来看,除了Ⅳ类真实诱饵策略在后期的效果赶超了Ⅳ类伪诱饵策略的效果,在其他情况下,真实诱饵策略情境下Ⅰ、Ⅱ、Ⅲ三类诱饵策略的效果仍均不如伪诱饵策略情境下的Ⅰ、Ⅱ、Ⅲ三类策略的效果。

（4）无论是绿色产品伪诱饵策略还是绿色产品真实诱饵策略，消费者交互特征（如消费者邻居节点数量、重连概率、从众程度等）对其影响的规律是相同的，即：对同一绿色产品诱饵策略而言，消费者这些互动特征并不影响绿色产品真伪诱饵策略下绿色产品销量演化趋势的方向，影响的只是演化趋势的快慢，也就是说，随着消费者邻居节点、重连概率、从众程度的变大，绿色产品销量演化趋势变化速度越来越快。

8.2.2　研究展望

总的来说，本篇主要基于诱饵策略理论可行域在考虑消费者交互行为的基础之上，研究了在确定的消费者交互情景下绿色产品伪诱饵策略设置和绿色产品真实诱饵策略设置的效果差异，还探究了消费者交互特征（如消费者邻居节点数量、重连概率、从众程度等）对绿色产品伪诱饵策略效果和绿色产品真实诱饵策略效果的影响，得出一些相关的结论，为企业合理设置绿色产品诱饵策略提供一定的理论依据。但由于时间、精力有限等原因，本研究还存在着一些不足和尚待深入探讨的问题。具体来说，可以将其概括为以下方面：

（1）部分结论与以往相关文献研究的结果相似，起到了相互验证的作用，还有部分结论则尚待以后的实证检验；实验结果的绝对值可能与现实情况存在一定的偏差，但是这并不影响对系统结果演化趋势方向的把握和判断。另外，由于社会系统的复杂性，其包含的因素数不胜数，本研究只是选取了几个主要的因素，以后的研究可以选取更多、更全的元素，对模型进一步的丰富和完善。

（2）现实中更多时候存在着多家绿色产品制造企业和多家普通产品制造企业竞争的局面，而由于时间以及自身能力等局限，本研究仅考虑了市场上存在一家绿色产品制造企业和一家普通产品制造企业,在某种程度上来说是对现实的简化。在以后的研究中可以考虑多家企业并存的情形,从而探究绿色产品诱饵策略又该如何设置以及诱饵策略效果会发生怎样的变化。

8.3 企业产品绿色度水平决策

8.3.1 研究结论

在生态环境愈发严峻的当下,开发与推广绿色产品已成为国际的共识。一些企业已经推出了各自的绿色产品,形成了各绿色度水平产品相互竞争的市场局面,但遗憾的是,企业积极生产绿色产品并主动提高产品绿色度水平的积极性不高,因此厘清企业的产品绿色度水平决策的演化机制具有现实的迫切性。

现实中,企业的产品绿色度水平决策往往是在消费者的市场需求与行业竞争驱动下产生的,因此,本篇基于复杂自适应系统理论与自组织理论,对企业的产品绿色度水平决策进行了系统分析,将消费者购买力属性、消费者偏好异质性、消费者互动作用对其购买决策的影响以及企业间的竞争、模仿、学习等互动作用纳入考虑范围,并在此基础上构建了相应的多主体建模的计算实验模型。之后,本篇基于所构造的计算实验模型,对消费者的购买力属性与网络互动特征这两大类特征进行了多次模拟实验,并基于多维度绩效指标全景式分析了制造商群体、消费者群体以及产品等对象的宏观行为表现,如产品绿色度水平、产品销量、企业利润、市场中产品集中度、市场中的供需匹配程度等,以厘清企业群体产品的绿色决策演化机理以及绿色产品市场的演化趋势,从而揭示出竞争过程中市场宏观行为及其涌现现象的微观机理。本篇的主要结论如下所示：

（1）企业在竞争过程中的相互模仿和学习会使得企业的产品绿色度决策整体上出现"趋同"效应，而基于自身历史经验决策会使得企业决策产生一定的"稳定性"特征，市场中产品绿色度逐步稳定于各自某一水平。

（2）在固定的消费市场中，企业在竞争决策过程中，其可能会"高估"消费者对产品绿色度的真实需求，导致企业所提供的产品的平均绿色度水平一般会高于消费者真实购买的产品绿色度平均水平，但在消费者购买力差异较大且消费者购买力水平动态增长情景下，企业群体在竞争下无法适应消费者需求，导致其提供产品的平均绿色度水平反而低于消费者的真实需求水平。同时，企业在相互学习、模仿、试错以及基于自身历史经验决策过程中，会使得其生产的产品平均绿色度水平与消费者真实需求间的差异性降低，但在消费者购买力差距较大时，由于受购买力水平较高的消费者需求的扭曲，导致企业所生产产品的平均绿色度水平与消费者真实需求的差异一直较大。

（3）企业的利润源泉既包括产品销量，也包括产品的绿色度水平。在消费者购买力水平较低或差异较小时，企业所得利润的多寡往往依靠其产品销量，但当消费者购买力水平较高或差异较大时，企业将逐渐转向于由产品的绿色度中获取利润。产品的绿色度水平越高，其为企业带来的单位产品利润率越高，从而为企业实现了较大的利润空间，因此高绿企业的销量虽然基本都远低于低绿企业，但较高的单位产品利润使其能够在多个情景下超过低绿企业。

（4）消费者不同购买力水平会对企业的产品绿色度水平决策产生差异性的影响。消费者所购买产品与企业所生产产品的平均绿色度水平均随着消费者购买力均值、方差与增长率的升高而升高；在消费者购买力差异较大与动态增长情景下，企业所生产产品的平均绿色度水平会低于消费者的真实需求，而在其他情景下，则截然相反。

（5）在不同的消费者购买力水平属性下，企业及市场的竞争绩效演化趋势会产生差异性的变化。高绿企业生产的较高绿色度水平产品的平均销量与利润随着消费者购买力均值、方差与增长率的增大而增大，且在消费者购买力方差与增长率值均较大的情景下，高绿企业的利润均远超另外两类企业。此外，在不同的消费者购买力水平属性下，市场集中程度亦存在一定的差异。当消费者购买力更强时，市场竞争更为均衡，越不利于企业获取垄断优势；但在消费者购买力动态增长情景下，市场竞争反而随着增长率的升高不断集中，企业越容易占据垄断地位；而市场的集中程度则随着消费者购买力差异的增大呈现先降低后升高的趋势。

（6）消费者平均邻居节点数量与重连概率这两个网络互动特征基本上只影响企业所生产产品与消费者所购买产品的绿色度水平决策，而对其他的竞争绩效则基本上不产生影响。随着消费者平均邻居节点数量的增大，消费者所购买产品与企业所生产产品的平均绿色度水平均随之增大，而增长的幅度则不断减小。而在不同的消费者重连概率情景下，两种绿色度水平指标则随着消费者重连概率的增加呈现出先升高后有所降低的趋势。

（7）消费者从众心理对企业的产品绿色度水平决策与竞争绩效的影响呈现出差异性的影响。消费者从众心理低于中等水平时，对企业的绿色度水平决策与竞争绩效的影响较小；而当从众心理的强度较强时，各类企业的绿色度水平、所有企业所生产产品与消费者所购买产品的平均绿色度水平均处于较低水平，产品与消费者绿色度期望水平及购买力较为匹配的中绿企业受影响较小，甚至能出现销量与利润的升高，而低绿与高绿企业的销量与利润均较低。同时，从众心理强度的增大能促进企业获取垄断优势,使得市场的垄断程度有所增加。

综合这 7 个结论,可以看出消费者的购买力属性与部分网络互动特征(从众心理)已经成为影响不同绿色度类型企业利润差异的最为重要的因素之一,而消费者的其余网络互动特征(平均邻居节点数量及重连概率)则对企业的绿色度水平决策及竞争绩效演化的影响极小。因此,企业应深入调研,充分了解市场中消费者的购买力水平及绿色偏好程度,进而进行产品绿色度的合理化决策,并重视消费者从众心理的作用,积极引导潮流并对从众心理的负面影响加以防范与及时处理。

8.3.2　研究展望

本篇聚焦于企业的产品绿色度水平决策,基于计算实验方法研究了消费者不同购买力属性与网络互动特征下企业群体的产品绿色度水平决策及竞争绩效的演化机制。本篇的研究还存在一些不足,今后可以进一步深入研究,具体如下:

(1)本篇中企业群体的信息完全透明,一个企业可以准确地获知其他企业的产品绿色度与利润水平,并在此基础上学习模仿其他企业的产品绿色度水平,但现实中,企业的具体决策与利润往往为机密,企业较难非常准确地获取信息,因此未来的研究中将企业间的信息不对称纳入考虑范围。

(2)本篇中企业的绿色度水平决策规则参考了木制家具行业,因此企业能够通过群智能算法较为自由地改变产品的绿色度水平,但现实中受生产线调整等客观因素影响,许多行业的产品绿色度水平调整的难度较大,同时本篇中企业的产品绿色度调整算法非常固定,因此是否能在研究中考虑其他行业的特点,构建更具有普适性与灵活性的企业绿色决策调整规则,也是未来的一个研究方向。

（3）本篇中,消费者每一期均进行购买决策,与现实存在一定的差异,因此未来可考虑在消费者的购买规则中包含产品的生命周期等特征,以更符合现实。

（4）本篇虽然构建了企业产品绿色度水平决策这一系统的计算实验模型,但仅聚焦于消费者特征的角度,而没有探究企业的特征对企业产品绿色度水平决策的影响,且仅考虑了企业的产品绿色度水平决策,因此未来的研究中可以考虑拓展企业的决策范围,并研究企业自身的不同属性对企业绿色决策的影响。

参考文献

[1] Achrol R S, Kotler P. Marketing in the network economy [J]. Journal of Marketing, 1999, 63(1): 146 – 163.

[2] Adepetu A, Keshav S, Arya V. An agent-based electric vehicle ecosystem model: San Francisco case study[J]. Transport Policy, 2016, 46: 109 – 122.

[3] Arlen J, Tontrup S. Strategic bias shifting: Herding as a Behaviorally Rational Response to Regret Aversion [J]. Journal of Legal Analysis, 2015, 7(2): 517 – 560.

[4] Arndt J. Role of product-related conversations in the diffusion of a new product[J]. Journal of Marketing Research, 1967, 4 (3): 291 – 295.

[5] Aslani A, Heydari J. Transshipment contract for coordination of a green dual-channel supply chain under channel disruption[J].

Journal of Cleaner Production，2019，223：596 - 609.

［ 6 ］ Azevedo S G，Carvalho H，Machado V C. The influence of green practices on supply chain performance：a case study approach［J］. Transportation Research Part E，2011，47(6)：850 - 871.

［ 7 ］ Banerjee A K，Padhan P C. Herding behavior in futures market：an empirical analysis from India［J］. Available at SSRN 3014561，2017.

［ 8 ］ Baron J N，Hannan M T. The impact of economics on contemporary sociology［J］. Journal of Economic Literature，1994，32(3)：1111 - 1146.

［ 9 ］ Bem D J，Mcconnell H K. Testing the self-perception explanation of dissonance phenomena：on the salience of premanipulation attitudes［J］. Journal of Personality and Social psychology，1970，14(1)：23 - 31.

［10］ Bhole B，Hanna B G. Word-of-mouth communication and demand for products with different quality levels［J］. Computational Economics，2015，46(4)：627 - 651.

［11］ Biswas A，Roy M. Green products：an exploratory study on the consumer behaviour in emerging economies of the East［J］. Journal of Cleaner Production，2015，87：463 - 468.

［12］ Bohlmann J D，Calantone R J，Zhao M. The effects of market network heterogeneity on innovation diffusion：an agent-based modeling approach［J］. Journal of Product Innovation Management，2010，27(5)：741 - 760.

［13］ Bonabeau E. The perils of the imitation age［J］. Harvard

Business Review, 2004, 82(6): 45 - 54.

[14] Brito E P Z. Green attributes converged within multifunctional technology products[J]. Telematics and Informatics, 2017, 34(1): 79 - 90.

[15] Cai Z, Xie Y, Aguilar F X. Eco-label credibility and retailer effects on green product purchasing intentions[J]. Forest Policy & Economics, 2017, 80: 200 - 208.

[16] Carroll J M, Hoffman B, Han K, et al. Reviving community networks: hyperlocality and suprathresholding in Web 2.0 designs[J]. Personal & Ubiquitous Computing, 2015, 19 (2): 477 - 491.

[17] Chan KW, Li S Y. Understanding consumer-to-consumer interactions in virtual communities: the salience of reciprocity [J]. Journal of Service Reaearch, 2010, 63(9): 1033 - 1040.

[18] Chang C T. Are guilt appeals a panacea in green advertising? [J]. International Journal of Advertising, 2012, 31(4): 741 - 771.

[19] Chatterjee P, Chollet B, Trendel O. From conformity to reactance: contingent role of network centrality in consumer-to-consumer influence [J]. Journal of Business Research, 2017, 75: 86 - 94.

[20] Chekima B, Wafa S a W S K, Igau O A, et al. Examining green consumerism motivational drivers: does premium price and demographics matter to green purchasing? [J]. Journal of Cleaner Production, 2016, 112: 3436 - 3450.

[21] Chemama J, Cohen M C, Lobel R, et al. Consumer subsidies

with a strategic supplier: Commitment vs. flexibility [J]. Management Science, 2018, 65(2): 681 - 713.

[22] Chen S, Wang X, Ni L, et al. Pricing policies in green supply chains with vertical and horizontal competition [J]. Sustainability, 2017, 9(12): 2359.

[23] Chen T B, Chai L T. Attitude towards the environment and green products: consumers' perspective [J]. Management Science & Engineering, 2010, 4(2): 27 - 39.

[24] Chen Y F. Herd behavior in purchasing books online[J]. Computers in Human Behavior, 2008, 24(5): 1977 - 1992.

[25] Chen Y J, Sheu J B. Environmental-regulation pricing strategies for green supply chain management [J]. Transportation Research Part E: Logistics and Transportation Review, 2009, 45(5): 667 - 677.

[26] Chen Y J, Sheu J B. Non-differentiated green product positioning: roles of uncertainty and rationality [J]. Transportation Research Part E Logistics & Transportation Review, 2017, 103: 248 - 260.

[27] Chen Y-S. The positive effect of green intellectual capital on competitive advantages of firms [J]. Journal of business ethics, 2008, 77(3): 271 - 286.

[28] Cho C, Park J, Sakhakarmi S. Emergency response: Effect of human detection resolution on risks during indoor mass shooting events[J]. Safety Science, 2019, 114: 160 - 170.

[29] Cohen M C, Lobel R, Perakis G. The impact of demand uncertainty on consumer subsidies for green technology

adoption[J]. Management Science, 2015, 62(5): 1235 –
1258.

[30] Commission of the European Communities. Green Paper on
Integrated Product Policy[EB/OL]. http://eur-lex. europa.
eu/LexUriServ/site/en/com/2001/com2001_0068en01. pdf.

[31] Crouch R, Ewer M, Quester P, et al. Talking with you—not
at you: how brand smbassadors can spark consumer brand
attachment? [J], 2016, 15:189 – 194.

[32] Dai L F, Wang X F, Liu X G, Wei L. (2019). Pricing
Strategies in Dual-Channel Supply Chain with a Fair Caring
Retailer[J]. Complexity, 2019, 23.

[33] Dan A, Wallsten T S. Seeking subjective dominance in multi-
dimensional space: an explanation of the asymmetric dominance
effect[J]. Organizational Behavior & Human Decision Processes,
1995, 63(3): 223 – 232.

[34] Dangelico R M, Pontrandolfo P. From green product definitions
and classifications to the Green Option Matrix[J]. Journal of
Cleaner Production, 2010, 18(16 – 17): 1608 – 1628.

[35] de Oliveira U R, Espindola L S, da Silva I R, et al. A systematic
literature review on green supply chain management: research
implications and future perspectives[J]. Journal of Cleaner
Production, 2018, 187: 537 – 561.

[36] Deutsch M, Gerard H B. A study of normative and informational
social influences upon individual judgment[J]. The journal of
abnormal and social psychology, 1955, 51(3): 629.

[37] Du S F, Tang W Z, Zhao J J, et al. Sell to whom? Firm's

green production in competition facing market segmentation [J]. Annals Of Operations Research, 2018, 270(1 - 2): 125 - 154.

[38] Durif F, Boivin C, Julien C. In search of a green product definition[J]. Innovative Marketing, 2010, 6(1): 25 - 33.

[39] Eppstein M J, Grover D K, Marshall J S, et al. An agent-based model to study market penetration of plug-in hybrid electric vehicles[J]. Energy Policy, 2011, 39(6): 3789 - 3802.

[40] Ert E, Lejarraga T. The effect of experience on context-dependent decisions [J]. Journal of Behavioral Decision Making, 2018, 31(4): 535 - 546.

[41] Esmaeili M, Allameh G, Tajvidi T. Using game theory for analysing pricing models in closed-loop supply chain from short-and long-term perspectives[J]. International Journal of Production Research, 2016, 54(7): 2152 - 2169.

[42] Fang Y, Wang X, Yan J. Green Product Pricing and Order Strategies in a Supply Chain under Demand Forecasting[J]. Sustainability, 2020, 12.

[43] Fraccascia L, Giannoccaro I, Albino V. Green product development: what does the country product space imply? [J]. Journal of Cleaner Production, 2017, 170: 1076 - 1088.

[44] Gao J, Xiao Z, Wei H, Zhou G. Dual-channel Green Supply Chain Management with Eco-label Policy: A Perspective of Two Types of Green Products[J]. Computers & Industrial Engineering, 2020, 146, 106613.

[45] Garcia R. Uses of Agent-Based Modeling in Innovation/New Product Development Research [J]. Journal of Product Innovation Management, 2005, 22(5): 380 - 398.

[46] GB 21455 - 2013, 转速可控型房间空气调节器能效限定值及能效等级[S].

[47] GB/T 33761 - 2017, 绿色产品评价通则[S].

[48] Geisendorf S, Klippert C. The Effect of Green Investments in an Agent-Based Climate-Economic Model[J]. Environmental Modeling & Assessment, 2017, 22(4): 323 - 343.

[49] Gentina E, Bonsu S K. Peer network position and shopping behavior among adolescents [J]. Journal of Retailing & Consumer Services, 2013, 20(1): 87 - 93.

[50] Ghosh D, Shah J. A comparative analysis of greening policies across supply chain structures[J]. International Journal of Production Economics, 2012, 135(2): 568 - 583.

[51] Ghosh D, Shah J. Supply chain analysis under green sensitive consumer demand and cost sharing contract[J]. International Journal of Production Economics, 2015, 164: 319 - 329.

[52] Godes D, Mayzlin D, Chen Y, et al. The firm's management of social interactions[J]. Marketing Letters, 2005, 16(3 - 4): 415 - 428.

[53] González-García S, Gasol C M, Lozano R G, et al. Assessing the global warming potential of wooden products from the furniture sector to improve their ecodesign[J]. Science of the Total Environment, 2011, 410: 16 - 25.

[54] González-García S, Lozano R G, Moreira M T, et al. Eco-

innovation of a wooden childhood furniture set: an example of environmental solutions in the wood sector[J]. Science of the Total Environment, 2012, 426: 318 - 326.

[55] Gonzalez-Prieto D, Sallan J M, Simo P, et al. Effects of the addition of simple and double decoys on the purchasing process of airline tickets [J]. Journal of Air Transport Management, 2013, 29(2): 39 - 45.

[56] Govindan K, Azevedo S G, Carvalho H, et al. Impact of supply chain management practices on sustainability [J]. Journal of Cleaner Production, 2014, 85: 212 - 225.

[57] Guo D, He Y, Wu Y, et al. Analysis of supply chain under different subsidy policies of the government [J]. Sustainability, 2016, 8(12): 1290.

[58] Gutiérrez Aguilar C M, Panameño R, Perez Velazquez A, et al. Cleaner production applied in a small furniture industry in Brazil: addressing focused changes in design to reduce waste [J]. Sustainability, 2017, 9(10): 1867.

[59] Haken H. Advanced synergetics: Instability hierarchies of self-organizing systems and devices[M]. 20. Springer Science & Business Media, 2012.

[60] Handfield R B, Walton S V, Melnyk S A. Green supply chain: best practices from the furniture industry [C]. Proceedings, Annual Meeting of the Decision Science Institute USA. 1996, 3: 1295 - 1297.

[61] Hast A, Syri S, Jokiniemi J, et al. Review of green electricity products in the United Kingdom, Germany and Finland[J].

Renewable & Sustainable Energy Reviews, 2015, 42 (2): 1370 - 1384.

[62] He P, He Y, Xu H. Channel structure and pricing in a dual-channel closed-loop supply chain with government subsidy [J]. International Journal of Production Economics, 2019, 213: 108 - 123.

[63] He R, Xiong Y, Lin Z. Carbon emissions in a dual channel closed loop supply chain: the impact of consumer free riding behavior[J]. Journal of Cleaner Production, 2016, 134: 384 - 394.

[64] Heath T B, Chatterjee S. Asymmetric decoy effects on lower-quality versus higher-quality brands: meta-analytic and experimental evidence [J]. Journal of Consumer Research, 1995, 22(3): 268 - 284.

[65] Hedgcock W M, Rao R S, Chen H A. Choosing to choose: the effects of decoys and prior choice on deferral [J]. Management Science, 2016, 62(10):2952 - 2976.

[66] Hedgcock W, Rao A R, Chen H. Could ralph nader's entrance and exit have helped al gore? the impact of decoy dynamics on consumer choice [J]. Journal of Marketing Research, 2009, 46(3): 330 - 343.

[67] Heinonen K, Jaakkola E, Neganova I. Drivers, types and value outcomes of customer-to-customer interaction: an integrative review and research agenda[J]. Journal of Service Theory and Practice, 2018, 28(6): 710 - 732.

[68] Holland J H. Emergence: From chaos to order[M]. OUP

Oxford, 2000.

[69] Holland J H. Hidden order: how adaptation builds complexity [M]. Perseus Books, 1996.

[70] Hong Z, Wang H, Yu Y. Green product pricing with non-green product reference[J]. Transportation Research Part E-Logistics And Transportation Review, 2018, 115: 1 - 15.

[71] Hsiao L, Chen Y J. Strategic Motive for Introducing Internet Channels in a Supply Chain[J]. Production and Operations Management, 2014, 23(1): 36 - 47.

[72] Hsu H C, Liu W L. Using decoy effects to influence an online brand choice: the role of price-quality trade-offs [J]. Cyberpsychology Behavior & Social Networking, 2011, 14 (4): 235 - 239.

[73] Hu G, Wang L, Chen Y, et al. An oligopoly model to analyze the market and social welfare for green manufacturing industry [J]. Journal of Cleaner Production, 2014, 85: 94 - 103.

[74] Huang J H, Chen Y F. Herding in online product choice[J]. Psychology & Marketing, 2006, 23(5): 413 - 428.

[75] Huang J, Leng M, Liang L, et al. Promoting electric automobiles: Supply chain analysis under a government's subsidy incentive scheme[J]. IIE Transactions, 2013, 45(8): 826 - 844.

[76] Huang S, Yang C, Liu H. Pricing and production decisions in a dual-channel supply chain when production costs are disrupted [J]. Economic Modelling, 2013, 30: 521 - 538.

[77] Huang W, Swaminathan J M. Introduction of a second channel: Implications for pricing and profits[J]. European

Journal of Operational Research, 2009, 194(1):258 – 279.

[78] Huber J, Payne J W, Puto C. Adding asymmetrically dominated alternatives: violations of regularity and the similarity hypothesis[J]. Journal of Consumer Research, 1982, 9(1): 90 – 98.

[79] Iritani D R, Silva D L, Saavedra Y, et al. Sustainable strategies analysis through Life Cycle Assessment: a case study in a furniture industry[J]. Journal of Cleaner Production, 2015, 96: 308 – 318.

[80] Ito H, Yamamoto T, Morita S. Demography of sexually transmitted infections with vertical transmission[J]. Applied Mathematics And Computation, 2019, 348: 363 – 370.

[81] Jafari H, Hejazi S R, Rastibarzoki M. Pricing decisions in dual-channel supply chain with one manufacturer and multiple retailers: A game-theoretic approach[J]. RAIRO - Operations Research, 2017, 51(4): 1269 – 1287.

[82] Jamali M-B, Rasti-Barzoki M. A game theoretic approach for green and non-green product pricing in chain-to-chain competitive sustainable and regular dual-channel supply chains [J]. Journal of Cleaner Production, 2018, 170: 1029 – 1043.

[83] Ji J, Zhang Z, Yang L. Carbon emission reduction decisions in the retail-dual-channel supply chain with consumers' preference [J]. Journal of Cleaner Production, 2017, 141: 852 – 867.

[84] Jin M, Shi X, Emrouznejad A, et al. Determining the optimal carbon tax rate based on data envelopment analysis [J]. Journal of Cleaner Production, 2018, 172: 900 – 908.

[85] Josiam B M, Hobson J S P. Consumer choice in context: the decoy effect in travel and tourism [J]. Journal of Travel Research, 1995, 34(1): 45-50.

[86] Kandiah V K, Berglund E Z, Binder A R. An agent-based modeling approach to project adoption of water reuse and evaluate expansion plans within a sociotechnical water infrastructure system [J]. Sustainable Cities And Society, 2019, 46.

[87] Kareklas I, Carlson J R, Muehling D D. "I eat organic for my benefit and yours": Egoistic and altruistic considerations for purchasing organic food and their implications for advertising strategists[J]. Journal of Advertising, 2014, 43(1): 18-32.

[88] Kennedy J. The particle swarm: social adaptation of knowledge [C]. Proceedings of 1997 IEEE International Conference on Evolutionary Computation (ICEC'97), 1997: 303-308.

[89] Khan, S A R, Sharif A, Golpîra H, Kumar A. 2019. A green ideology in Asian emerging economies: from environmental policy and sustainable development [J]. Sustainable Development, 2019: 1-13.

[90] Khouja M, Park S, Cai G G. Channel selection and pricing in the presence of retail-captive consumers [J]. International Journal of Production Economics, 2010, 125(1): 84-95.

[91] Kieckhaefer K, Wachter K, Spengler T S. Analyzing manu-facturers' impact on green products' market diffusion - the case of electric vehicles [J]. Journal Of Cleaner Production, 2017, 162: S11-S25.

[92] Kim B-D, Blattberg R C, Rossi P E. Modeling the distribution of price sensitivity and implications for optimal retail pricing[J]. Journal of Business & Economic Statistics, 1995, 13(3): 291 - 303.

[93] Kivimaa P, Mickwitz P. The challenge of greening technologies—environmental policy integration in Finnish technology policies[J]. Research Policy, 2006, 35(5): 729 - 744.

[94] Kowalska-Pyzalska A, Ieee: Willingess to pay for green energy: an agent-based model in NetLogo Platform[C]. 2017 14th International Conference on the European Energy Market, 2017.

[95] Lamperti F, Dosi G, Napoletano M, et al. Faraway, So close: coupled climate and economic dynamics in an agent-based integrated assessment model [J]. Ecological Economics, 2018, 150: 315 - 339.

[96] Lascu D-N, Zinkhan G. Consumer conformity: review and applications for marketing theory and practice[J]. Journal of Marketing Theory and Practice, 1999, 7(3): 1 - 12.

[97] Lee K, Lee H, Kim C O. Pricing and timing strategies for new product using agent-based simulation of behavioral consumers[J]. Journal of Artificial Societies and Social Simulation, 2014, 17(2):1 - 19.

[98] Levy S E, Getz D, Hudson S. A field experimental investigation of managerially facilitated consumer-to-consumer interaction [J]. Journal of Travel & Tourism Marketing, 2011, 28(6): 656 - 674.

［99］ Levy S. Consumer-to-consumer interactions during group travel experiences: assessing motivations, influencers, and management actions[J]. Journal of Travel & Tourism Marketing, 2015, 43(8): 316 - 326.

［100］ Li B, Chen W, Xu C, et al. Impacts of government subsidies for environmental-friendly products in a dual-channel supply chain[J]. Journal of Cleaner Production, 2018, 171: 1558 - 1576.

［101］ Li B, Hou P, Chen P, Li Q. Pricing strategy and coordination in a dual channel supply chain with a risk-averse retailer[J]. International Journal of Production Economics, 2016, 178: 154 - 168.

［102］ Li F, Liu J, Wei Y. Pricing decision in a dual-channel system with heterogeneous consumers［M］. LISS 2013. Springer, Berlin, Heidelberg, 2015: 307 - 314.

［103］ Li S, Li M, Zhou N. Pricing and coordination in a dual-channel supply chain with a socially responsible manufacturer[J]. Plos One, 2020, 15.

［104］ Li Y, Lu Y, Zhang X, et al. Propensity of green consumption behaviors in representative cities in China［J］. Journal of Cleaner Production, 2016, 133: 1328 - 1336.

［105］ Li Z, Lv X, Zhu H, et al. Analysis of complexity of unsafe behavior in construction teams and a multiagent simulation ［J］. Complexity, 2018, 2018.

［106］ Libai B, Bolton R, Bugel M S, et al. Customer-to-customer interactions: broadening the scope of word of mouth research[J]. Journal of Service Research, 2010, 13(3): 267 - 282.

[107] Lichters M, Bengart P, Sarstedt M, et al. What really matters in attraction effect research: when choices have economic consequences[J]. Marketing Letters, 2017, 28(1): 1 - 12.

[108] Lin YC, Chang CC A. Double standard: the role of environmental consciousness in green product usage [J]. Journal of Marketing, 2012, 76(5): 125 - 134.

[109] Linkosalmi L, Husgafvel R, Fomkin A, et al. Main factors influencing greenhouse gas emissions of wood-based furniture industry in Finland [J]. Journal of Cleaner Production, 2016, 113: 596 - 605.

[110] Liu C, Lee C K M, Leung K H. Pricing strategy in dual-channel supply chains with loss-averse consumers[J]. Asia-Pacific Journal of Operational Research, 2019, 36(5): 1 - 22.

[111] Liu H T, Tsaur R C. The theory of reasoned action applied to green smartphones: moderating effect of government subsidies[J]. Sustainability, 2020, 12(15): 5979.

[112] Liu P, Yi S. Pricing policies of green supply chain considering targeted advertising and product green degree in the big data environment[J]. Journal of Cleaner Production, 2017, 164: 1614 - 1622.

[113] Liu Z L, Anderson T D, Cruz J M. Consumer environmental awareness and competition in two-stage supply chains[J]. European Journal of Operational Research, 2012, 218(3):

602 – 613.

[114] Lou G, Lai Z, Ma H, Fan T. Coordination in a composite green-product supply chain under different power structures [J]. Industrial Management & Data Systems, 2020, 120 (6): 1101 – 1123.

[115] Lou Z, LouX, Dai X. Game-theoretic models of green products in a two-echelon dual-channel supply chain under government subsidies [J]. Mathematical Problems in Engineering, 2020, 2020(3): 1 – 11.

[116] Lu P. Heterogeneity, judgment, and social trust of agents in rumor spreading[J]. Applied Mathematics And Computation, 2019, 350: 447 – 461.

[117] Luo C, Leng M, Huang J, et al. Supply chain analysis under a price-discount incentive scheme for electric vehicles [J]. European Journal of Operational Research, 2014, 235 (1): 329 – 333.

[118] Luo M, Li G, Cheng T C E. Free riding and coordination in a dual-channel supply chain in e-commerce[J]. International Journal of Shipping and Transport Logistics, 2016, 8(3): 223 – 249.

[119] Ma L, Krishnan R, Montgomery A L. Latent homophily or social influence? An empirical analysis of purchase within a social network[J]. Management Science, 2015, 61(2): págs. 454 – 473.

[120] Ma W, Zhao Z, Ke H. Dual-channel closed-loop supply chain with government consumption-subsidy[J]. European

Journal of Operational Research, 2013, 226(2): 221 - 227.

[121] Macal C M, North M J. Agent-based modeling and simulation [C]. Simulation Conference, 2009: 86 - 98.

[122] Madani S R, Rasti-Barzoki M. Sustainable supply chain management with pricing, greening and governmental tariffs determining strategies: a game-theoretic approach [J]. Computer & Industrial Engineering, 2017, 105: 287 - 298.

[123] Mccoy D, Lyons S. Consumer preferences and the influence of networks in electric vehicle diffusion: An agent-based microsimulation in Ireland[J]. Energy Research & Social Science, 2014, 3: 89 - 101.

[124] Mcdonagh P, Prothero A. Green management: a reader[M]. International Thomson Business Press, 1997.

[125] Medeiros D L, Do Carmo Tavares A O, E Silva L Q R, et al. Life cycle assessment in the furniture industry: the case study of an office cabinet[J]. The International Journal of Life Cycle Assessment, 2017, 22(11): 1823 - 1836.

[126] Meng Q, Li Z, Liu H, et al. Agent-based simulation of competitive performance for supply chains based on combined contracts[J]. International Journal of Production Economics, 2017, 193: 663 - 676.

[127] Miller G, Mobarak A M. Learning about new technologies through social networks: experimental evidence on nontraditional stoves in Bangladesh[J]. Marketing Science, 2015, 34(4): 480 - 499.

[128] Modak N M, Panda S, Sana S S, et al. Corporate social

responsibility, coordination and profit distribution in a dual-channel supply chain[J]. Pacific Science Review, 2014, 16 (4): 235 - 249.

[129] Moser E, Seidl A, Feichtinger G. History-dependence in production-pollution-trade-off models: a multi-stage approach [J]. Annals of Operations Research, 2014, 222(1): 457 - 481.

[130] Müller H, Schliwa V, Lehmann S. Prize decoys at work — new experimental evidence for asymmetric dominance effects in choices on prizes in competitions[J]. International Journal of Research in Marketing, 2014, 31(4): 457 - 460.

[131] Newman M E. Models of the small world[J]. Journal of Statistical Physics, 2000, 101(3 - 4): 819 - 841.

[132] Ottman J A, Stafford E R, Hartman C L. Avoiding green marketing myopia: ways to improve consumer appeal for environmentally preferable products [J]. Environment: Science and Policy for Sustainable Development, 2006, 48 (5): 22 - 36.

[133] Pan Y, Lehmann D R. The influence of new brand entry on subjective brand judgments [J]. Journal of Consumer Research, 1993, 20(1): 76 - 86.

[134] Parducci A, Knobel S, Thomas C. Independent contexts for category ratings: a range-frequency analysis[J]. Perception & Psychophysics, 1976, 20(5): 360 - 366.

[135] Park C, Lee H, Jun J, et al. Two-sided effects of customer participation: roles of relationships and social-interaction

values in social services[J]. Service Business, 2018: 1 - 20.

[136] Park M S, Shin J K, Ju Y. The effect of online social network characteristics on consumer purchasing intention of social deals[J]. Global Economic Review, 2014, 43(1): 25 - 41.

[137] Patel S, Schlijper A. Models of consumer behaviour[R]. 49th European Study Group with Industry, 2004.

[138] Peattie K. Environmental marketing management: Meeting the green challenge[M]. Financial Times Management, 1995.

[139] Pechtl H. Value structures in a decoy and compromise effect experiment[J]. Psychology & Marketing, 2009, 26(8): 736 - 759.

[140] Pegoretti G, Rentocchini F, Marzetti G V. An agent-based model of innovation diffusion: network structure and coexistence under different information regimes[J]. Journal of Economic Interaction & Coordination, 2012, 7(2): 145 - 165.

[141] Pettibone J C, Wedell D H. Examining models of nondominated decoy effects across judgment and choice[J]. Organization Behaviorand Human Decision Processess, 2000, 81(2): 300 - 328.

[142] Pettibone J C, Wedell D H. Testing alternative explanations of phantom decoy effects[J]. Journal of Behavioral Decision Making, 2007, 20(3): 323 - 341.

[143] Pettibone J C. Testing the effect of time pressure on asymmetric dominance and compromise decoys in choice[J]. Judgment & Decision Making, 2012, 7(4): 513 - 521.

［144］Pujari D. Eco-innovation and new product development：understanding the influences on market performance［J］. Technovation，2006，26(1)：76 - 85.

［145］Rahmani K，Yavari M. Pricing policies for a dual-channel green supply chain under demand disruptions［J］. Computers & Industrial Engineering，2019，127：493 - 510.

［146］Ranjan A，Jha J K. Pricing and coordination strategies of a dual-channel supply chain considering green quality and sales effort［J］. Journal of Cleaner Production. 2019，218：409 - 424.

［147］Raza S A，Rathinam S，Turiac M，et al. An integrated revenue management framework for a firm's greening, pricing and inventory decisions［J］. International Journal of Production Economics，2018，195：373 - 390.

［148］Reb J，Li A，Bagger J. Decoy effect，anticipated regret，and preferences for work-family benefits［J］. Journal of Occupational and Organizational Psychology，2018，91(3)：441 - 464.

［149］Reinhardt F L. Environmental product differentiation：implications for corporate strategy［J］. California Management Review，1998，40(4)：43 - 73.

［150］Rongqing Zhang，Xiang Cheng，and Liuqing Yang. Energy management framework for electric vehicles in the smart grid a three-party game［J］. IEEE Communications Magazine，2016，54.

［151］Saarijaervi H，Joensuu J，Rintamaki T，et al. One person's trash is another person's treasure profiling consumer-to-consumer e-commerce in Facebook[J]. International Journal of Retail & Distribution Management, 2018, 46(11 - 12): 1092 - 1107.

[152] Scarpi D, Pizzi G. The impact of phantom decoys on choices and perceptions[J]. Journal of Behavioral Decision Making, 2013, 26(5): 451 - 461.

[153] Schramm M E, Trainor K J, Shanker M, et al. An agent-based diffusion model with consumer and brand agents[J]. Decision Support Systems, 2010, 50(1): 234 - 242.

[154] Seuring S, Müller M. From a literature review to a conceptual framework for sustainable supply chainmanagement [J]. Journal of Cleaner Production, 2008, 16: 1699 - 1710.

[155] Seuring S. A review of modeling approaches for sustainable supply chain management[J]. Decision Support Systems, 2013, 54: 1513 - 1520.

[156] Seyfang G. Shopping for sustainability: can sustainable consumption promote ecological citizenship? [J]. Environmental Politics, 2005, 14(2): 290 - 306.

[157] Shams M F, Kordlouie H. Studying the behavior of fund managers at tehran stock exchange [J]. African Journal of Business Management, 2012, 6(11):4041 - 4047.

[158] Shang W, Yang L. Contract negotiation and risk preferences in dual-channel supply chain coordination[J]. International Journal of Production Research, 2015, 53(16): 4837 - 4856.

[159] Sheth J N, Sethia N K, Srinivas S. Mindful consumption: a customer-centric approach to sustainability[J]. Journal of

the Academy of Marketing Science, 2011, 39(1): 21 - 39.

[160] Sheu J-B, Chen Y J. Impact of government financial intervention on competition among green supply chains[J]. International Journal of Production Economics, 2012, 138(1): 201 - 213.

[161] Shi Y, Eberhart R. A modified particle swarm optimizer[C]. 1998 IEEE international conference on evolutionary computation proceedings. IEEE world congress on computational intelligence (Cat. No. 98TH8360), 1998: 69 - 73.

[162] Shi Y, Guan J C. Small-world network effects on innovation: evidences from nanotechnology patenting [J]. Journal of Nanoparticle Research, 2016, 18(11): 329 - 344.

[163] Simonson I. Choice based on reasons: the case of attraction and compromise effects[J]. Journal of Consumer Research, 1989, 16(2): 158 - 174.

[164] Slaughter J E, Bagger J, Li A. Context effects on group-based employee selection decisions[J]. Organizational Behavior & Human Decision Processes, 2006, 100(1): 47 - 59.

[165] Slaughter J E, Christian M S, Podsakoff N P, et al. On the limitations of using situational judgment tests to measure interpersonal skills: the moderating influence of employee anger[J]. Personnel Psychology, 2013, 67(4): 847 - 885.

[166] Slaughter J E, Kausel E E, Quiñones M A. The decoy effect as a covert influence tactic[J]. Journal of Behavioral Decision Making, 2011, 24(3): 249 - 266.

[167] Smith J S, Andrews D, Jr J J C, et al. Against the green: a multi-method examination of the barriers to green

consumption[J]. Journal of Retailing, 2013, 89(1): 44 - 61.

[168] Smith J S, Andrews D, Jr J J C, et al. Against the green: a multi-method examination of the barriers to green consumption[J]. Journal of Retailing, 2013, 89(1): 44 - 61.

[169] Sopha B M, Klockner C A, Febrianti D. Using agent-based modeling to explore policy options supporting adoption of natural gas vehicles in Indonesia[J]. Journal Of Environmental Psychology, 2017, 52: 149 - 165.

[170] Stucki T, Woerter M, Arvanitis S, Peneder M, Rammer C. How different policy instruments affect green product innovation: a differentiated perspective[J]. Energy Policy, 2018, 114: 245 - 261.

[171] Talukder M S, Chiong R, Bao Y, et al. Acceptance and use predictors of fitness wearable technology and intention to recommend an empirical study[J]. Industrial Management & Data Systems, 2019, 119(1): 170 - 188.

[172] Tian Y, Govindan K, Zhu Q. A system dynamics model based on evolutionary game theory for green supply chain management diffusion among Chinese manufacturers[J]. Journal of Cleaner Production, 2014, 80: 96 - 105.

[173] Trueblood J S, Pettibone J C. The phantom decoy effect in perceptual decision making [J]. Journal of Behavioral Decision Making, 2017, 30(2): 157 - 167.

[174] Tsao W-C, Hsieh M-T, Shih L-W, et al. Compliance with

eWOM: The influence of hotel reviews on booking intention from the perspective of consumer conformity[J]. International Journal of Hospitality Management, 2015, 46: 99 - 111.

[175] Tversky A. Prospect theory: an analysis of decision under risk[J]. Econometrica, 1979, 47(2): 263 - 291.

[176] Vasileiou E, Georgantzís N. An experiment on energy-saving competition with socially responsible consumers: opening the black box[J]. Journal of Behavioral and Experimental Economics, 2015, 58: 1 - 10.

[177] Vlek C, Steg L. Human behavior and environmental sustainability: problems, driving forces, and research topics[J]. Journal of Social Issues, 2010, 63(1): 1 - 19.

[178] Wattes D J, Strogatz SH. Collective dynamics of 'small-world' networks[J]. Nature, 1998, 393(6684):440 - 442.

[179] Wedell D H, Pettibone J C. Using judgments to understand decoy effects in choice[J]. Organizational Behavior & Human Decision Processes, 1996, 67(3): 326 - 344.

[180] Wiener D N. Subtle and obvious keys for the minnesota multiphasic personality inventory[J]. Journal of Consulting Psychology, 1948, 12(3): 164 - 170.

[181] Wu H J. The impact of customer-to-customer interaction and customer homogeneity on customer satisfaction in tourism service—the service encounter prospective [J]. Tourism Management, 2007, 28(6): 1518 - 1528.

[182] Xin C, Zhou Y, Zhu X, et al. Optimal decisions for carbon emission reduction through technological innovation in a

hybrid-channel supply chain with consumers' channel preferences[J]. Discrete Dynamics in Nature and Society, 2019, 2019.

[183] Xu X, Li Q, Peng L, et al. The impact of informational incentives and social influence on consumer behavior during Alibaba's online shopping carnival[J]. Computers in Human Behavior, 2017, 76:245 - 254.

[184] XuB, XuQY, BoQS, et al. Green product development with consumer heterogenrity under horizontal competition [J]. Sustainability, 2018, 10(6):1 - 20.

[185] Xue J, Gong R, Zhao L, et al. A green supply-chain decision model for energy-saving products that accounts for government subsidies [J]. Sustainability, 2019, 11 (8): 2209.

[186] Yan W, Xiong Y, Xiong Z, Guo N. Bricks vs. clicks: Which is better for marketing remanufactured products? [J] European Journal of Operational Research, 2015, 242(2): 434 - 444.

[187] Yang D, Xiao T. Pricing and green level decisions of a green supply chain with governmental interventions under fuzzy uncertainties[J]. Journal of Cleaner Production, 2017, 149: 1174 - 1187.

[188] Yang S, Zhao D. Do subsidies work better in low-income than in high-income families? Survey on domestic energy-efficient and renewable energy equipment purchase in China [J]. Journal of Cleaner Production, 2015, 108: 841 - 851.

[189] Yi S, Ahn JH. Managing initial expectations when word-of-

mouth matters effects of product value and consumer heterogeneity [J]. European Journal of Marketing, 2017, 51(1): 123 - 156.

[190] Yu Y, Han X, Hu G. Optimal production for manufacturers considering consumer environmental awareness and green subsidies[J]. International Journal of Production Economics, 2016, 182: 397 - 408.

[191] Zaffar M A, Kumar R L, Zhao K. Using agent-based modelling to investigate diffusion of mobile-based branchless banking services in a developing country [J]. Decision Support Systems, 2019, 117: 62 - 74.

[192] Zhan S, Shu Z, Jiang H. Research on two-echelon green supply chain decision under government subsidy [J]. American Journal of Industrial and Business Management, 2018, 8(3): 487.

[193] Zhang C T, Wang H X, Ren M L. Research on pricing and coordination strategy of green supply chain under hybrid production mode[J]. Computers & Industrial Engineering, 2014, 72: 24 - 31.

[194] Zhang C-T, Liu L-P. Research on coordination mechanism in three-level green supply chain under non-cooperative game [J]. Applied Mathematical Modelling, 2013, 37(5): 3369 - 3379.

[195] Zhang H, Vorobeychik Y, Letchford J, et al. Data-driven agent-based modeling, with application to rooftop solar adoption [J]. Autonomous Agents and Multi-Agent

Systems, 2016, 30(6): 1023 - 1049.

[196] Zhang P, Xiong Y, Xiong Z. Coordination of a dual-channel supply chain after demand or production cost disruptions[J]. International Journal of Production Research, 2015, 53(10): 3141 - 3160.

[197] Zhang Q, Tang W, Zhang J. Who should determine energy efficiency level in a green cost-sharing supply chain with learning effect? [J]. Computers & Industrial Engineering, 2018, 115: 226 - 239.

[198] Zhang T, Gensler S, Garcia R. A study of the diffusion of alternative fuel vehicles: an agent-based modeling approach [J]. Journal of Product Innovation Management, 2011, 28 (2): 152 - 168.

[199] Zhang T, Zhang D. Agent-based simulation of consumer purchase decision-making and the decoy effect [J]. Journal of Business Research, 2007, 60(8): 912 - 922.

[200] Zhang Y, Li J, Xu B. Designing buy-online-and-pick-up-in-store (BOPS) contract of dual-channel low-carbon supply chain considering consumers' low-carbon preference [J]. Mathematical Problems in Engineering, 2020.

[201] Zhao L, Chen Y. Optimal subsidies for green products: a maximal policy benefit perspective[J]. Symmetry, 2019, 11 (1).

[202] Zhen X, Cai G, Song R, et al. The effects of herding and word of mouth in a two-period advertising signaling model [J]. European Journal Of Operational Research, 2019, 275

(1)：361-373.

[203] Zhou W, Huang W. Contract designs for energy-saving product development in a monopoly [J]. European Journal of Operational Research，2016，250(3)：902-913.

[204] Zhou Y. The role of green customers under competition：a mixed blessing? [J]. Journal of Cleaner Production，2018，170：857-866.

[205] Zhu W，He Y. Green product design in supply chains under competition[J]. European Journal of Operational Research，2017，258(1)：165-180.

[206] 白春光，唐家福：《制造-销售企业绿色供应链合作博弈分析》，《系统工程学报》2017年第6期。

[207] 曹柬，吴晓波，周根贵，等：《制造企业绿色产品创新与扩散过程中的博弈分析》，《系统工程学报》2012年第5期。

[208] 曹细玉，张杰芳：《碳减排补贴与碳税下的供应链碳减排决策优化与协调》，《运筹与管理》2018年第4期。

[209] 曹霞，张路蓬，刘国巍：《基于社会网络结构的创新扩散动力机制及其仿真研究》，《运筹与管理》2018年第5期。

[210] 曹晓刚，黄美，闻卉：《考虑公平关切的闭环供应链差别定价决策及协调策略》，《系统工程理论与实践》2019年第9期。

[211] 曹晓刚，郑本荣，闻卉：《考虑顾客偏好的双渠道闭环供应链定价与协调决策》，《中国管理科学》2015年第6期。

[212] 曹裕，李青松，胡韩莉：《不同政府补贴策略对供应链绿色决策的影响研究》，《管理学报》2019年第2期。

[213] 曹裕，胡韩莉，李青松：《成本分担契约下绿色供应链的环境标签策略选择研究》，《中国管理科学》2020年。

［214］曹裕，寻静雅，李青松：《基于不同政府补贴策略的供应链绿色努力决策比较研究》，《运筹与管理》2020 年第 5 期。

［215］陈明亮，李敏乐：《消费者在线购物从众为何如此普及——从冲突视角的一个神经学研究》，《管理工程学报》2013 年第 3 期。

［216］陈晓红，徐方方：《基于消费者从众特性的团购策略研究》，《管理工程学报》2018 年第 2 期。

［217］程发新，邵汉青，马方星：《差别权重补贴下考虑消费者绿色偏好的闭环供应链定价决策》，《工业工程与管理》2019 年第 1 期。

［218］但斌，徐广业：《随机需求下双渠道供应链协调的收益共享契约》，《系统工程学报》2013 年第 4 期。

［219］丁锋，霍佳震：《服务水平对双渠道供应链协调策略影响研究》，《中国管理科学》2014 年第 S1 期。

［220］董西松，沈震，熊刚，等：《城市轨道交通 CPSS 平台构建研究》，《自动化学报》2019 年第 4 期。

［221］杜建国，于晓慧，孟庆峰：《基于计算实验的企业绿色产品生产行为演化》，《软科学》2016 年第 11 期。

［222］杜建国，赵龙，金帅：《基于计算实验的第三方污染治理行为演化研究》，《运筹与管理》2016 年第 5 期。

［223］范丹丹，徐琦：《不同权力结构下企业碳减排与政府补贴决策分析》，《软科学》2018 年第 12 期。

［224］范小军，刘虎沉：《基于消费者在线渠道接受差异的双渠道定价策略》，《系统管理学报》2015 年第 3 期。

［225］傅端香，张子元，原白云：《政府补贴政策下考虑风险规避的绿色供应链定价决策研究》，《运筹与管理》2019 年第 9 期。

[226] 高键,盛光华,周蕾:《绿色产品购买意向的影响机制:基于消费者创新性视角》,《广东财经大学学报》2016 年第 2 期。

[227] 高举红,韩红帅,侯丽婷,等:《考虑产品绿色度和销售努力的零售商主导型闭环供应链决策研究》,《管理评论》2015 年第 4 期。

[228] 高鹏,聂佳佳,谢忠秋:《考虑消费者绿色偏好的供应链信息分享策略研究》,《系统科学与数学》2013 年第 12 期。

[229] 龚本刚,汤家骏,程晋石,等:《产能约束下考虑消费者偏好的双渠道供应链决策与协调》,《中国管理科学》2019 年第 4 期。

[230] 龚本刚,汤家骏,张孝琪,程永宏:《基于 RFID 技术的双渠道供应链投资收益与协调》,《计算机集成制造系统》2017 年第 9 期。

[231] 韩金星,张喆,古晨妍:《网络团购中消费者社会互动对团购信任的影响》,《管理评论》2016 年第 9 期。

[232] 韩梦圆,冯良清,张蕾:《绿色供应链中三重竞争对发行可替代产品的影响》,《中国管理科学》2020 年。

[233] 黄大荣,赖星霖,舒雪绒:《基于制造商提供服务的双渠道协调机制研究》,《运筹与管理》2016 年第 4 期。

[234] 黄辉,杨冬辉,严永,等:《公平偏好下考虑产品绿色度的闭环供应链定价决策》,《工业工程与管理》2018 年第 6 期。

[235] 黄玮强,姚爽,庄新田:《基于复杂社会网络的创新扩散多智能体仿真研究》,《科学学研究》2013 年第 2 期。

[236] 戢守峰,姜力文,赵丹:《不同融资模式下考虑消费者偏好的双渠道供应链订货与定价策略》,《工业工程与管理》2017 年第 4 期。

[237] 江世英,方鹏骞:《基于绿色供应链的政府补贴效果研究》,《系

统管理学报》2019 年第 3 期。

[238] 江世英,李随成,王欢:《考虑风险规避的绿色供应链定价决策》,《系统工程》2016 年第 3 期。

[239] 江世英,李随成:《考虑产品绿色度的绿色供应链博弈模型及收益共享契约》,《中国管理科学》2015 第 6 期。

[240] 经有国,孟月霞:《搭便车行为下双渠道绿色供应链协调机制研究》,《工业工程与管理》2019 年第 5 期。

[241] 李锋,魏莹:《消费者小世界社会网络下双寡头产品定价策略》,《系统仿真学报》2017 年第 6 期。

[242] 李海,崔南方:《电子商务下的多渠道供应链理论研究及发展趋势》,《图书情报工作》2011 年第 18 期。

[243] 李永波:《绿色消费对企业产品战略的引致机制分析》,《软科学》2014 第 2 期。

[244] 李友东,赵道致,夏良杰:《低碳供应链纵向减排合作下的政府补贴策略》,《运筹与管理》2014 年第 4 期。

[245] 李宗活,杨文胜,司银元,等:《短视型与策略型消费者并存的双渠道两阶段动态定价策略》,《系统工程理论与实践》2019 年第 8 期。

[246] 梁喜,魏承莉:《考虑社会责任和消费者绿色偏好的双渠道闭环供应链决策及协调》,《控制工程》2020 年。

[247] 凌六一,董鸿翔,梁樑:《从政府补贴的角度分析垄断的绿色产品市场》,《运筹与管理》2012 年第 5 期。

[248] 刘飞,曹华军:《绿色制造的理论体系框架》,《中国机械工程》2000 年第 9 期。

[249] 刘红旗,陈世兴:《产品绿色度的综合评价模型和方法体系》,《中国机械工程》2000 年第 9 期。

[250] 刘洪:《组织结构变革的复杂适应系统观》,《南开管理评论》2004 年第 3 期。

[251] 刘会燕,戢守峰:《考虑产品绿色度的供应链横向竞合博弈及定价策略》,《工业工程与管理》2017 年第 4 期。

[252] 刘会燕,戢守峰:《考虑消费者绿色偏好的竞争性供应链的产品选择与定价策略》,《管理学报》2017 年第 3 期。

[253] 刘津汝,曾先峰,曾倩:《环境规制与政府创新补贴对企业绿色产品创新的影响》,《经济与管理研究》2019 年第 6 期。

[254] 刘林林,刘人境:《品牌微博中企业-消费者交互对品牌忠诚的影响研究》,《软科学》2017 年第 1 期。

[255] 刘小峰,盛昭瀚,杜建国:《产品竞争与顾客选择下的清洁生产技术演化模型》,《管理科学》2013 年第 6 期。

[256] 刘新民,蔺康康,王垒:《消费者异质偏好对绿色产品定价决策的影响研究》,《工业工程与管理》2018 年第 4 期。

[257] 罗春林:《基于政府补贴的电动汽车供应链策略研究》,《管理评论》2014 年第 12 期。

[258] 罗福周,王文心:《考虑产品绿色度的闭环供应链政府补贴策略研究》,《工业工程》2020 年第 6 期。

[259] 罗海丹:《基于消费者渠道偏好的供应链决策模型研究》,硕士学位论文,合肥工业大学,2014 年。

[260] 罗云峰:《博弈论教程》,北京:清华大学出版社、北京交通大学出版社,2007 年。

[261] 吕宝龙,张桂涛,刘阳,等:《考虑碳税和产品绿色度的闭环供应链网络 Nash 博弈均衡模型》,《中国人口·资源与环境》2019 年第 1 期。

[262] 马鹏,张晨:《绿色供应链背景下互补品定价策略》,《控制与决

策》2018 年第 10 期。

［263］彭惠，宋倩倩：《C2C 模式下消费者的购买行为研究——从众购买还是口碑交易》，《预测》2014 年第 4 期。

［264］浦徐进，龚磊：《消费者"搭便车"行为影响下的双渠道供应链定价和促销策略研究》，《中国管理科学》2016 年第 10 期。

［265］浦徐进，李栋栋，孙书省：《考虑实体店服务效应的双渠道供应链协调机制》，《系统管理学报》2018 年第 4 期。

［266］戚娇娇：《考虑转运因素下双渠道供应链库存协调机制研究》，硕士学位论文，天津理工大学，2018 年。

［267］祁俊雄，李珏，王红卫：《基于计算实验的施工现场安全适应性分析及其应用》，《系统管理学报》2018 年第 1 期。

［268］曲优，关志民，叶同：《基于 CVaR 准则的供应链协同绿色创新动态优化与协调研究》，《工业工程与管理》2018 年第 4 期。

［269］尚春燕，关志民，米力阳：《考虑双重消费偏好的绿色供应链政府补贴策略分析》，《系统工程》2020 年第 5 期。

［270］盛光华，葛万达：《社会互动视角下驱动消费者绿色购买的社会机制研究》，《华中农业大学学报（社会科学版）》2019 年第 2 期。

［271］盛昭瀚，张维：《管理科学研究中的计算实验方法》，《管理科学学报》2011 年第 5 期。

［272］石平，颜波，石松：《考虑公平的绿色供应链定价与产品绿色度决策》，《系统工程理论与实践》2016 年第 8 期。

［273］宋翡：《考虑零售商与消费者公平关切行为的双渠道定价策略研究》，硕士学位论文，东南大学，2017 年。

［274］宋英华，曹雪竹，刘丹：《考虑风险规避与零售商谎报行为的绿色供应链决策研究》，《工业工程》2021 年第 1 期。

［275］ 搜狐网：《上海通用汽车发布"2020 战略"》，https：//www.
sohu.com/a/11504241_122114，2015 年 4 月 19 日。

［276］ 隋聪，刘青，宗计川：《不良资产引发系统性风险的计算实验分
析与政策模拟》，《世界经济》2019 年第 1 期。

［277］ 孙迪，余玉苗：《绿色产品市场中政府最优补贴政策的确定》，
《管理学报》2018 年第 1 期。

［278］ 唐润，彭洋洋：《考虑时间和温度因素的生鲜食品双渠道供应
链协调》，《中国管理科学》2017 年第 10 期。

［279］ 田晨，肖条军，石晶：《不确定性环境下制造商双渠道策略的计
算实验》，《系统管理学报》2017 年第 4 期。

［280］ 田虹，陈柔霖：《绿色产品创新对企业绿色竞争优势的影
响——东北农产品加工企业的实证数据》，《科技进步与对策》
2018 年第 16 期。

［281］ 田一辉，朱庆华：《政府价格补贴下绿色供应链管理扩散博弈
模型》，《系统工程学报》2016 年第 4 期。

［282］ 涂静：《科研合作网络中知识共享的演化研究》，《情报理论与
实践》2018 年第 2 期。

［283］ 汪波，杨尊森，刘凌云：《绿色产品开发的组织管理》，《管理工
程学报》2001 年第 3 期。

［284］ 王波，王万良，杨旭华：《WS 与 NW 两种小世界网络模型的建
模及仿真研究》，《浙江工业大学学报》2009 年第 2 期。

［285］ 王丽杰，郑艳丽，《绿色供应链管理中对供应商激励机制的构
建研究》，《管理世界》2014 年第 8 期。

［286］ 王能民：《打造绿色供应链之绿色标准建设》，《物流技术与应
用》2015 第 8 期。

［287］ 王宁，潘慧中，刘向，等：《基于小世界网络的电动汽车市场接

受度预测模型》,《同济大学学报》2017 年第 8 期。

[288] 王淑芳,薛霄,葛岳静,等:《基于计算实验方法的地缘经济策略评估——以中—印尼和中—越的海关通关时间调整为例》,《经济地理》2019 年第 2 期。

[289] 王先甲,周亚平,钱桂生:《生产商规模不经济的双渠道供应链协调策略选择》,《管理科学学报》2017 年第 1 期。

[290] 王永明,张爱雪,彭春芽:《政府补贴下考虑产品环保程度及消费者环保意识的绿色供应链决策模型》,《科技与经济》2018 年第 5 期。

[291] 吴波,李东进,谢宗晓:《消费者绿色产品偏好的影响因素研究》,《软科学》2014 年第 12 期。

[292] 吴晓志,陈宏,张俊:《需求和成本同时扰动下零售商双渠道供应链协调研究》,《系统管理学报》2017 年第 6 期。

[293] 向东,段广洪,汪劲松,等:《基于产品系统的产品绿色度综合评价》,《计算机集成制造系统》2001 年第 8 期。

[294] 谢光明,蒋玉石,石纯来:《考虑禀赋效应调节作用的网络口碑离散对消费者购买意愿的影响》,《管理学报》2019 年第 3 期。

[295] 徐春秋,赵道致,原白云:《政府补贴政策下产品差别定价与供应链协调机制》,《系统工程》2014 年第 3 期。

[296] 许垒,李勇建:《考虑消费者行为的供应链混合销售渠道结构研究》,《系统工程理论与实践》2013 年第 7 期。

[297] 杨善林,朱克毓,付超,等:《基于元胞自动机的群决策从众行为仿真》,《系统工程理论与实践》2009 年第 9 期。

[298] 杨涛,张力菠:《基于计算实验的光伏电站质量优化利益分配》,《系统工程》2016 年第 11 期。

[299] 杨天剑,田建改:《不同渠道权力结构下供应链定价及绿色创

新策略》,《软科学》2019 年第 12 期。

[300] 杨晓辉,游达明:《考虑消费者环保意识与政府补贴的企业绿色技术创新决策研究》,《中国管理科学》2021 年。

[301] 姚洪心,吴伊婷:《绿色补贴、技术溢出与生态倾销》,《管理科学学报》2018 年第 10 期。

[302] 叶飞,盛昭瀚,徐峰:《基于二阶隐马尔可夫模型的桥梁健康状况分析与评定》,《系统管理学报》2018 年第 4 期。

[303] 严建援,李扬,冯淼,李凯:《用户问答与在线评论对消费者产品态度的交互影响》,《管理科学》2020 年第 2 期。

[304] 于丽静,陈忠全:《基于演化博弈的物流企业绿色创新扩散机制研究》,《运筹与管理》2018 年第 12 期。

[305] 张海斌,刘小峰,李芳林:《新能源汽车技术演化统计仿真研究》,《统计与决策》2017 年第 2 期。

[306] 张千帆,于晓娟,张亚军,等:《基于消费者从众特性的零售平台的定价机制研究》,《管理学报》2015 年第 9 期。

[307] 张欣,苏继超:《民间金融网络中的风险传染机制与监管策略》,《统计与决策》2018 年第 14 期。

[308] 张翼,王书蓓:《政府环境规制、研发税收优惠政策与绿色产品创新》,《华东经济管理》2019 年第 9 期。

[309] 张艳丽,胡小建,杨海洪,等:《政府补贴下考虑消费者策略行为的绿色供应链决策模型》,《预测》2017 年第 2 期。

[310] 张子元,傅端香:《考虑互惠利他偏好和政府补贴的绿色供应链最优决策研究》,《工业工程》2020 年第 5 期。

[311] 赵爱武,杜建国,关洪军:《基于计算实验的有限理性消费者绿色购买行为》,《系统工程理论与实践》2015 年第 1 期。

[312] 赵爱武,杜建国,关洪军:《绿色购买行为演化路径与影响机理

分析》，《中国管理科学》2015 年第 11 期。

[313] 赵宏霞，王新海，周宝刚，等：《B2C 网络购物中在线互动及临场感与消费者信任研究》，《管理评论》2015 年第 2 期。

[314] 赵礼强，郭亚军：《B2C 电子商务模式下多渠道分销系统研究综述》，《管理评论》2010 年第 2 期。

[315] 赵良杰，姜晨，鲁皓：《复杂社会网络结构、局部网络效应与创新扩散研究》，《软科学》2011 年第 8 期。

[316] 赵雯砚，杨建新：《基于产品全生命周期视角的中国绿色消费政策体系初探》，《中国人口资源与环境》2016 年第 S2 期。

[317] 中国网信网：《CNNIC 发布第 45 次〈中国互联网络发展状况统计报告〉》，http://www.cac.gov.cn/2020-04/28/c_1589619527364495.htm，2020 年 4 月 28 日。

[318] 周琦萍，徐迪，杨芳：《基于复杂社会网络和局部网络效应的新产品竞争扩散的计算实验研究》，《软科学》2013 年第 7 期。

[319] 朱琳，窦祥胜：《考虑风险态度的绿色供应链定价策略及政府补贴政策分析》，《工业工程》2020 年第 5 期。

[320] 朱庆华，窦一杰：《基于政府补贴分析的绿色供应链管理博弈模型》，《管理科学学报》2011 年第 6 期。

[321] 周彦莉，荣梅，冯群：《社交消费中消费者信任及持久信任关系承诺的影响机制》，《中国流通经济》2020 第 9 期。

[322] 周艳菊，胡凤英，周正龙：《零售商主导下促进绿色产品需求的联合研发契约协调研究》，《管理工程学报》2020 年第 2 期。

[323] 朱玉炜，徐琪：《考虑消费者时间敏感的双渠道供应链竞争策略》，《计算机集成制造系统》2013 年第 6 期。

后　记

2015年9月份，我来到江苏大学管理学院工作，我的研究兴趣包含两个大的方面，一个是复杂工程管理，一个是绿色供应链管理。虽然我知道绿色发展是一个非常好的问题，但相关问题的研究并不容易，我们试图从系统复杂性视角去审视绿色发展问题，挖掘其中的内在规律和机理，并逐渐积累形成了本书内容。

我想感谢的人很多，首先是我的恩师盛昭瀚教授和师母李力女士，他们将我当成自己的孩子，不仅在学术方面给予指导，在做人做事方面也是不断的教诲。其次，感谢江苏大学管理学院杜建国院长，王丽敏书记以及其他各位领导、同事，特别是信息管理系的同事，和大家相处非常愉快，是你们使我的工作生活更加多彩绚丽，我会永远以自己是江大的管院人而自豪和骄傲。

此外，要感谢团队成员在本书编著过程中所付出的辛劳和努力，李梦婉参与了第一篇企业绿色产品的定价决策的写作,沈鹏群参与了第二篇企业绿色产品的诱饵决策的写作,朱弘鸣参与了第三篇企业产品的绿色度决策的写作,江苏大学附属医院李星星副研究员也为本书的成稿贡献了许多时间和精力,在此衷心表示感谢!硕士生金雨彤、盛莹莹、顾雯、郑宇茜、支含浩、吉宇、彭麒园、杨婉迪、徐佳颖、陈宇晴、张泽伟、朱锦春、解璋昊、唐崇鑫、赵星乾也参与了本书的修改和校对工作,在此一并感谢。

感谢江苏大学管理学院孟庆峰教授,他是我的同学、同事,也是我的爱人。2021年是我和孟老师婚姻的第10个年头,时间见证了我们从刚走出校门的博士到教授、博导的转变;见证了一对年轻小夫妻到四口之家的转变;我们一起经历了生活的跌宕起伏、酸甜苦辣,不知不觉,青丝中已掺杂了一些白发,但我们的心从未改变,依然充满了对学术的执著、对生活的热爱。

需要说明的是,在本书中,有一些内容发表于《系统工程学报》《系统工程》《Sustainable Production and Consumption》《Complexity》等学术期刊。在此,特别感谢这些刊物给予的发表机会和审稿专家的评审意见,这对提高我们的研究能力以及成果的学术水平均具有非常重要的意义。

谨以此书献给走进我们生活的每一个人,发生的每一件事。感恩所有的遇见,一切都是最好的安排。

李真

2021 年 5 月于江苏大学管理学院

图书在版编目（CIP）数据

　　绿色产品的市场竞争决策研究：企业可持续发展视角/李真，
孟庆峰著. —上海：上海三联书店，2021.11
　　ISBN 978 - 7 - 5426 - 7532 - 3

　　Ⅰ.①绿…　Ⅱ.①李…②孟…　Ⅲ.①工业产品-市场竞争-
研究　Ⅳ.①F405

中国版本图书馆 CIP 数据核字（2021）第 195386 号

本书获江苏大学专著出版基金资助出版

绿色产品的市场竞争决策研究：企业可持续发展视角

著　　者 / 李　真　孟庆峰

责任编辑 / 徐建新
装帧设计 / 一本好书
监　　制 / 姚　军
责任校对 / 王凌霄

出版发行 / 上海三联书店
　　　　（200030）中国上海市漕溪北路 331 号 A 座 6 楼
邮购电话 / 021 - 22895540
印　　刷 / 上海惠敦印务科技有限公司

版　　次 / 2021 年 11 月第 1 版
印　　次 / 2021 年 11 月第 1 次印刷
开　　本 / 640mm×960mm　1/16
字　　数 / 280 千字
印　　张 / 22.5
书　　号 / ISBN 978 - 7 - 5426 - 7532 - 3/F · 847
定　　价 / 72.00 元

敬启读者，如发现本书有印装质量问题，请与印刷厂联系 021 - 63779028